住房城乡建设部土建类学科专业"十三五"规划教材
全国住房和城乡建设职业教育教学指导委员会规划推荐教材

工程建设法规与合同管理
（第三版）

（工程监理专业）

主编 战启芳

中国建筑工业出版社

图书在版编目(CIP)数据

工程建设法规与合同管理/战启芳主编. —3 版. —北京：中国建筑工业出版社，2020.8（2024.11重印）

住房城乡建设部土建类学科专业"十三五"规划教材

全国住房和城乡建设职业教育教学指导委员会规划推荐教材

ISBN 978-7-112-25343-2

Ⅰ.①工… Ⅱ.①战… Ⅲ.①建筑法-中国-高等职业教育-教材②建筑工程-经济合同-管理-高等职业教育-教材 Ⅳ.①D922.297②TU723.1

中国版本图书馆 CIP 数据核字(2020)第 137337 号

全书共分10个教学单元，主要内容包括：建设法规概论、工程建设程序与工程建设执业资格法规、建设工程质量管理法规、工程建设安全生产及环境保护法规、城乡规划法规、建设工程发包与承包法规、建设工程监理法规、合同法律基础、建设工程合同、建设工程施工索赔等。

本书可作为高等职业教育工程监理专业、工程造价专业、建筑工程技术和管理类专业的教材，也可供从事工程建设监理、技术和管理人员的学习参考。

本书提供免费教学课件，请发送邮件至 jgzykj@cabp.com.cn 索取。

* * *

责任编辑：朱首明 李 明
责任校对：赵 菲

住房城乡建设部土建类学科专业"十三五"规划教材

全国住房和城乡建设职业教育教学指导委员会规划推荐教材

工程建设法规与合同管理

（第三版）

（工程监理专业）

主编 战启芳

*

中国建筑工业出版社出版、发行（北京海淀三里河路9号）

各地新华书店、建筑书店经销

北京红光制版公司制版

建工社（河北）印刷有限公司印刷

*

开本：787×1092毫米 1/16 印张：12¾ 字数：306 千字

2020 年 9 月第三版 2024 年11月第二十二次印刷

定价：**33.00** 元（赠课件）

ISBN 978-7-112-25343-2

（35953）

修订版教材编审委员会名单

主　任：赵　研

副主任：胡兴福　危道军　王　强

委　员（按姓氏笔画为序）：

于　英　王春宁　石文广　石立安　卢经杨

史钟华均　刘金生　池　斌　孙现申

李　峰　李海琦　杨太生　宋新龙　武佩牛

季　翔　周建郑　赵来彬　郝　俊　战启芳

姚谨英　徐　南　梁建民　鲁　军　熊　峰

薛国威　魏鸿汉

教材编审委员会名单

主　任：杜国城

副主任：杨力彬　胡兴福

委　员：（按姓氏笔画排序）

华　均　刘金生　危道军　李　峰　李海琦

武佩牛　战启芳　赵来彬　郝　俊　徐　南

修 订 版 序 言

高职高专教育工程监理专业在我国的办学历史至今已近二十年。为了满足各院校对该专业教材的急需，2004年，高职高专教育土建类专业教学指导委员会土建施工类专业分指导委员会（以下简称"土建施工类专业分指导委员会"）依据《工程监理专业教育标准和培养方案及主干课程教学大纲》，组织有关院校优秀教师编写了该专业核心课程教材，于2006年全部由中国建筑工业出版社正式出版发行。本套教材共12本：《建筑施工组织与进度控制》《建筑工程计价与投资控制》《建筑工程质量控制》《工程建设法规与合同管理》《建筑设备工程》《建筑识图与构造》《建筑力学》《建筑结构》《地基与基础》《建筑材料》《建筑施工技术》《建筑工程测量》，其中7本教材与建筑工程技术专业共用。本套教材自2006年面世以来，被全国高职高专院校相关专业广泛选用，得到了普遍赞誉，在专业建设、课程改革中发挥了重要的作用。其中，《建筑工程质量控制》《建筑识图与构造》《建筑结构》《地基与基础》《建筑工程测量》《建筑施工技术》等被评为普通高等教育"十一五"国家级规划教材，《建筑结构》《建筑施工技术》等被评为普通高等教育国家精品教材。2011年，本套教材被评为普通高等教育土建学科专业"十二五"规划教材。2016年又被评为住房城乡建设部土建类学科专业"十三五"规划教材。

本套教材的出版对工程监理专业的改革与发展产生了深远的影响。但是，随着建设行业的迅速发展和专业建设的不断深入，本套教材逐渐显现出不适应。鉴于此，土建施工类专业分指导委员会于2013年组织进行了第二版系统性的修订、完善工作，主要目的是为了适应专业建设发展的需要，适应课程改革对教材提出的新要求，及时反映建筑科技的最新成果和工程监理行业新的管理模式，更好地为提高学校的人才培养质量服务。本次启动第三版全面修订，一是为了达到住房城乡建设部"十三五"规划教材的出版要求；二是随着建设领域新技术、新材料、新工艺及新装备的进一步发展，部分工程建设标准、规范等改版更新，工程建设监理制度乃至整个工程咨询行业也发生了或者正在发生较大变化；三是我国高等职业教育借鉴各国职业教育发展经验，从做大到做强做优做特不断向纵深发展，其职业性、开放性、实践性更加凸显，尤其是随着"互联网十"的应用与发展，无论是建设行业还是职业教育的现代化、信息化均发生着重大变革。本次修订将与时俱进、与课程建设同步，借鉴行业发展和教学需求，更新编写内容、编写体例、编写方式。

教学改革是一个不断深化的过程，教材建设也是一个不断推陈出新的过程，希望全体编写人员及时总结各院校教学改革的新经验，通过不断修订完善，将本套教材打造成"精品"。

全国住房和城乡建设职业教育教学指导委员会
土建施工类专业指导委员会
2019年10月

序　言

　　我国自1988年开始实行工程建设监理制度，目前全国监理企业已发展到6200余家，取得注册监理工程师执业资格证书者达10万余人。工程监理制度的建立与推行，对于控制我国工程项目的投资、保证工程项目的建设周期、确保工程项目的质量，以及开拓国际建筑市场均具有十分重要的意义。

　　工程监理制度在我国起步晚、基础差，监理人才尤其是工程建设一线的监理人员十分匮乏，且人员分布不均、水平参差不齐。针对这一现状，近几年来，不少高职高专院校开办工程监理专业，但高质量教材的缺乏，成为工程监理专业发展的重要制约因素。

　　高职高专教育土建类专业教学指导委员会（以下简称"教指委"）是在教育部、建设部领导下的专家组织，肩负着指导全国土建类高职高专教育的责任，其主要工作任务是研究如何适应建设事业发展的需要设置高等职业教育专业，明确建设类高等职业教育人才的培养标准和规格，构建理论与实践紧密结合的教学内容体系，构筑"校企合作、产学结合"的人才培养模式，为我国建设事业的健康发展提供智力支持。在建设部人事教育司的具体指导下，教指委于2004年12月启动了"工程监理专业教育标准、培养方案和主干课程教学大纲"课题研究，并被建设部批准为部级教学研究课题，其成果《工程监理专业教育标准和培养方案及主干课程教学大纲》已由中国建筑工业出版社正式出版发行。通过这一课题的研究，各院校对工程监理专业的培养目标、人才规格、课程体系、教学内容、课程标准等达成了广泛共识。在此基础上，组织全国的骨干教师编写了《建筑工程质量控制》《建筑施工组织与进度控制》《建筑工程计价与投资控制》《工程建设法规与合同管理》《建筑设备工程》5门课程教材，并与建筑工程技术专业《建筑识图与构造》《建筑力学》《建筑结构》《地基与基础》《建筑材料》《建筑施工技术》《建筑工程测量》7门课程教材配套作为工程监理专业主干课程教材。

　　本套教材的出版，无疑将对工程监理专业的改革与发展产生深远的影响。但是，教学改革是一个不断深化的过程，教材建设也是一个推陈出新的过程。希望全体编写人员及时总结各院校教学改革的新经验，不断吸收建筑科技的新成果，通过修订完善，将这套教材做成"精品"。

全国高职高专教育土建类专业教学指导委员会

2006年6月

修订版前言

近几年，我国工程建设领域法规建设不断加强，工程建设实践经验不断丰富，新法规、新规范、新经验层出不穷，从而加快了建设法规理论研究的步伐，取得了一些新的研究成果。基于此，编者在第二版教材的基础上再一次进行了修订。

建设法规作为一门研究工程建设领域法律制度的学科，具有很强的应用性和鲜明的时代特征，与我国法治进程的发展以及我国建设行业的发展紧密相关。本课程是一门专业性、实践性和政策性均很强的课程。在本次教材修订中，编者吸收了全国各兄弟院校的使用意见及编者的教学实践经验，在内容上，对第二版教材的部分章节进行了调整，主要是针对近年来发生变化的法律、法规展开，全面采用新的法律、法规内容。具体而言，本教材是以《中华人民共和国建筑法》《中华人民共和国招标投标法》《中华人民共和国合同法》等专业法律为主要内容，较系统地阐述了建筑工程有关法律法规、建筑工程招标投标与合同管理三部分内容。全面介绍了我国有关工程建设程序、工程建设执业资格法规、建设工程质量管理和安全生产法规、城乡建设法规、工程建设监理法规、招标投标法、建筑法、合同法律基础等在工程建设领域中的法律与法规知识，以及建设合同管理、工程索赔等知识。

本次修订由石家庄铁路职业技术学院战启芳主编，李少丽、丁峰任副主编。其中教学单元1、7、10由战启芳修订，教学单元2、3由大连海洋大学职业技术学院王照雯修订，教学单元4、5、6由石家庄铁路职业技术学院李少丽修订，教学单元8、9由石家庄铁路职业技术学院丁峰修订。全书由中铁十八局集团第六工程有限公司石文广高级工程师和山西建筑职业技术学院赵来彬副教授主审。

本教材在编写过程中，参考了大量的文献资料，在此谨向其作者表示衷心感谢。

由于编者水平有限，书中缺点和错误之处在所难免，恳请广大读者批评指正。

前　　言

工程建设法规与合同管理是工程监理专业的专业技术课。本课程着重讲述工程建设方面的法律与法规知识、建筑工程招标投标和合同管理等知识，是一门专业性、实践性和政策性均很强的课程。

本书在充分体现《中华人民共和国建筑法》《中华人民共和国招标投标法》和《中华人民共和国合同法》基本思想和主要内容的基础上，较系统地阐述了建筑工程有关法律与法规、建筑工程招标投标与合同管理等内容。全面介绍了我国有关工程建设程序、工程建设执业资格法规、建设工程质量管理和安全生产法规、工程建设监理法规、招标投标法、建筑法、合同法等在工程建设领域中的法律常识和建设合同管理、FIDIC土木工程施工合同条件、工程索赔等知识。

本书根据全国高职高专教育土建类专业教学指导委员会制定的工程监理专业教育标准、培养方案和本课程教学的基本要求组织编写。在编写中力求内容全面、充实，方法新颖、实用，并采用当前工程建设领域最新颁布的法律、法规和行政性规章制度。为使理论能更好地联系实际，便于读者理解和掌握，本书每章的最后都提供相关内容的实际案例及分析，并结合本章内容给出复习思考题。

本书由石家庄铁路职业技术学院战启芳主编。其中第一章、第七章、第十章及附录部分由战启芳编写，第二章、第三章、第四章、第五章由大连水产学院职业技术学院王照雯编写，第六章、第十一章由内蒙古建筑职业技术学院张国辉编写，第八章、第九章由湖北城建职业技术学院曾立吾编写。全书由山西建筑职业技术学院赵来彬主审。

本书在编写过程中，参考了大量的文献资料，在此谨向其作者表示衷心感谢。

由于编者水平有限，书中缺点和错误之处在所难免，恳请广大读者批评指正。

目　　录

教学单元1 建设法规概论

本单元主要介绍建设法规的概念、调整对象、作用和基本原则，重点介绍了建设法规体系的构成和建设法规的施行。

1.1 建设法规概述

1.1.1 建设法规的概念及调整对象

1. 建设法规的概念

建设法规即规范建设工程的法律规范，它是调整建筑工程、土木工程、线路管道和设备安装及装修工程等建设活动中发生的建设管理及建设协作关系的法律规范的总称。

建设法规是指国家立法机关或其授权的行政机关制定的，旨在调整国家及其有关机构、企事业单位、社会团体、公民之间，在建设活动中或建设行政管理活动中发生的各种社会关系的法律、法规的总称。建设法规在国家法律体系中占有重要地位，是国家现行法律体系中不可缺少的重要组成部分。建设法规覆盖面广，涉及国民经济各个行业的基本建设活动，是运用综合的手段对行政的、经济的、民事的社会关系加以规范调整的法律规范体系，其法律规范性质主要属于行政法或经济法的范畴。

国家立法机关颁发的调整建设活动的法律规范及相关的法律规范有《中华人民共和国城乡规划法》《中华人民共和国建筑法》（简称《建筑法》）《中华人民共和国城市房地产管理法》《中华人民共和国土地管理法》《中华人民共和国招标投标法》（简称《招标投标法》)、《中华人民共和国文物保护法》《中华人民共和国合同法》等法律文件；国家颁发的调整建设活动的行政法规有《建设工程勘察设计管理条例》《建设工程质量管理条例》《城市房屋拆迁管理条例》等；国家建设行政主管部门颁发的规范建设活动的规章，包括建筑工程质量管理、建设市场管理、建设活动主体资质管理、建设活动从业人员资质管理、工程建设标准化管理、房地产开发经营管理、城市建设等方面约400多个规范性文件。

2. 建设法规的调整对象

建设法规的调整对象，是在建设活动中所发生的各种社会关系。它包括建设活动中所发生的行政管理关系、经济协作关系及其相关的民事关系。

（1）建设工程行政管理关系

建设活动的内容包括建设工程的计划、立项、资金筹措、设计、施工、验收等，必须对其进行严格的监督管理。

建设活动的行政管理关系是国家及其建设行政主管部门与建设单位、设计单位、施工单位、建设监理单位及其他有关单位之间的管理与被管理关系。它包括两个相关联的方面：一方面提供指导、协调与服务；另一方面进行检查、监督、控制与调节。建设法规规范了建设活动管理中建设行政主管部门的权力和职责；各经济活动主体的权利和义务关

1

系，也应由建设法规来加以调整和规范。

（2）经济协作关系

在建设活动中，各个经济活动主体为自身的经济利益，在建设法规允许的范围内建立建设经济协作关系。这种经济协作关系是平等、自愿、互利的横向协作关系，是通过法定的合同形式来确定的，如勘察设计单位与建设单位的勘察、设计合同关系；建筑安装企业与建设单位的工程施工合同关系等。

（3）民事关系

建设活动中的民事关系是指因从事建设活动而产生的国家、单位法人、公民之间的民事权利、义务关系。如房屋拆迁补偿、从业人员与有关单位间的劳动关系等一系列民事关系，这些关系也需要由建设法规以及相关的其他法律部门来共同调整。

1.1.2 建设法规的作用

建设法规是国家组织和管理建设活动、规范建设活动行为、加强建设市场管理、保障城乡建设事业健康发展的重要工具。主要体现在三个方面：

（1）规范、指导建设行为

建设行为只有在建设法规许可的范围内进行，才能得到承认并受到法律的保护。规范指导建设行为包括建设活动组织管理、建设活动市场管理、建设活动的技术标准等。建设实体法规规范了设立企业的程序和资质等级标准；建设市场法规规范了勘察设计、施工、建设监理、房地产开发等市场行为；建设技术法规规范了勘察设计、施工、验收、维修等技术标准。

（2）保护合法建设行为

建设法规对符合法规的建设行为予以确认和保护，建设程序法规对建设活动必须遵守的行为作了详细具体的规定，建设技术法规中的强制性标准是建设活动中必须严格执行的技术规范。认真贯彻执行工程建设法规是建设活动主体的责任和基本义务，国家保护和鼓励合法建设行为，在建设法规规范性文件中有许多保护和鼓励合法建设行为的内容。

（3）处罚违法建设行为

要实现建设法规对建设行为的规范、指导和制约作用，必须对违法建设行为给予及时、应有的处罚。建设法规规范性文件中对违法建设行为制定了具体的处罚条款。处罚违法建设行为是一种强制性手段。通过对违法建设行为的处罚，客观上起到保护和鼓励合法建设行为的积极性作用。处罚违法建设行为的手段包括建设行政处罚和司法处罚。

1.2 建设法规体系

1.2.1 建设法规体系的概念

所谓建设法规体系，是指已经制定和需要制定的建设法律、建设行政法规和建设部门规章构成的一个相互联系、相互补充、相互协调的完整统一的框架结构。广义的建设法规体系还包括地方性建设法规和建设规章。

建设法规体系是国家法律体系的重要组成部分。它与国家的宪法和相关法律保持一致，同时又相对独立、自成体系。它覆盖建设活动的各个行业、各个领域以及工程建设的全过程，使建设活动的各个方面都有法可依。

1.2.2 建设法规体系的构成

我国建设法规体系，是以建设法律为龙头，建设行政法规为主干，建设部门规章和地方建设法规、地方建设规章为支干而构成的。建设法规按其立法权限可分为五个层次：

1. 建设法律

建设法律指全国人民代表大会及其常务委员会审议发布的属于国务院建设行政主管部门主管业务范围的各项法律。建设法律在建设法规体系框架中位于顶层，其法律地位和效力最高，是建设法规体系的核心和基础。如《中华人民共和国合同法》《中华人民共和国城乡规划法》《中华人民共和国建筑法》等。

2. 建设行政法规

建设行政法规指国务院依法制定并颁布的属于国务院建设行政主管部门主管业务范围的各项法规。其效力低于建设法律，在全国范围内有效。行政法规常以"条例""办法""规定"等名称出现，如《建设工程勘察设计管理条例》《建设工程质量管理条例》等。

3. 建设部门规章

建设部门规章由国务院建设行政主管部门根据国务院规定的职责范围，依法制定并发布，或由国务院建设行政主管部门与国务院有关部门联合制定并发布，其地位和效力低于建设行政法规，如《建筑业企业资质管理规定》《房屋建筑和市政基础设施工程竣工验收规定》等。

4. 地方性建设法规

地方性建设法规指在不与宪法、法律、行政法规相抵触的前提下，由省、自治区、直辖市人民代表大会及其常务委员会制定并发布的建设方面的法规。包括省会城市和经国务院批准的较大市的人民代表大会及其常务委员会制定的，报经省、自治区人民代表大会或其常务委员会批准的各种法规。地方性法规只在本地区适用，如《北京市招标投标条例》。

5. 地方性建设规章

地方性建设规章指省、自治区、直辖市以及省会城市和经国务院批准的较大市的人民政府，根据法律和国务院的行政法规制定并颁布的建设方面的规章，如《重庆市建设工程造价管理规定》《安徽省建设工程造价管理办法》等。

此外，与建设活动关系密切的法律、行政法规和部门规章，也起着调整一部分建设活动的作用，其所包含的内容或某些规定，也是构成建设法规体系的内容。

1.3 建设法规施行

建设法规的施行是指国家机关及其公务员、社会组织、公民实现建设法律规范的活动，主要包括以下方面。

1.3.1 建设行政执法

建设行政执法是指建设行政主管部门和被授权或被委托的单位，依法对各项建设活动和建设行为进行监督检查，并对违法行为执行行政处罚的行为。具体为：① 建设行政决定，包括行政许可、行政命令和行政奖励；② 建设行政检查，包括实地检查和书面检查；③ 建设行政处罚，包括财产处罚、行为处罚和惩戒；④ 建设行政强制执行。

1. 建设工程项目执法监察

建设工程项目执法监察是为了加强对建设工程项目的管理，规范建筑市场，纠正和查处建设领域中存在的不正之风和腐败行为，促进经济和社会健康发展。

（1）范围和重点

范围为已竣工、在建及新开工项目，根据需要确定检查范围。重点是检查建设工程项目的立项、报建、招标投标、工程质量与竣工验收五个方面及工程建设中的严重违法违纪和不正当竞争行为。

（2）目标

调查核实本地区、本部门建设工程项目的基本情况，加强对建设规模的有效控制；培育并完善规范的建筑市场，促进建筑业健康发展；严格资金管理，防止国有资产流失；健全监督机制，加强廉政建设，遏制不正之风和腐败现象的滋生蔓延。

（3）方法步骤

一般分为以下四个阶段：

1）准备发动阶段。各地区各部门组织力量研究制定方案，动员部署工作。

2）摸底调查阶段。组织建设单位或施工企业填写"建设工程项目登记表"，全面掌握工程项目总数和投资底数，了解立项、报建、招投标、工程质量、竣工验收和执行有关规定的情况。

3）重点检查阶段。在各地区、各部门、各单位自查自纠并写出情况报告的基础上，组织力量进行重点检查，其比例不低于40%。

4）整改验收阶段。督促建设主管部门、建设单位和施工企业整改存在的问题，建立健全规章制度和监督制约机制，加强建设工程的管理，规范建筑市场行为，写出整改报告。确定具体验收标准，组织对整改情况进行检查验收，验收比例不低于60%。

2. 建设行政执法监督检查的内容

建设行政执法监督检查的内容包括抽象行政行为和具体行政行为。其具体内容是：

（1）规范性文件的合法性；

（2）建设行政主管部门的具体行为的合法性与适用性；

（3）建设行政执法主体的合法性；

（4）建设法律、法规、规章的实施情况；

（5）处理行政执法中出现的一些重大问题，特别是社会关注的问题；

（6）调查研究法律、法规、规章实行中的问题，并提出处理意见；

（7）其他需要监督检查的事项。

3. 建设行政执法监督检查方式

建设行政执法监督检查主要采取以下方式：

（1）建设法律、法规、规章和规范性文件的备案制度和各级建设行政主管部门制定的规范性文件，包括地方性法规、规章，要及时向上一级建设行政主管部门备案。

（2）建设法律、法规和规章实施情况报告制度

建设法律、法规、规章实施一年后，负责实施的建设行政主管部门应向上级建设行政主管部门报告实施情况。

（3）建设法律、法规、规章实施情况检查制度

每年就建设法规实施的专门性问题或综合问题进行检查。

（4）重大行政处罚决定备案制度

县以上建设行政主管部门作出的重大建设行政处罚或建设行政强制执行，应向上一级建设行政主管部门备案。

（5）重要行政案件督查制度

县以上建设行政主管部门应受理公民、法人和其他组织对重要行政案件或违法行为的申诉、控告和检举，视具体情况组织调查或责成有关部门查处。

4. 建设行政执法监督检查的程序

建设行政执法监督检查必须按照法定的程序进行。一般来说，建设行政执法监督检查按以下程序进行：

（1）制定执法检查计划。执法检查计划一般为年度计划，计划包括检查的目的、内容、方式、时间安排和参加单位等。

（2）书面检查。检查内容用提纲的形式列举出来，下发至被检查的部门和单位，有关部门和单位对被检查的内容作出书面应答。

（3）实地检查。检查组选择典型地方进行检查，采取听汇报、座谈会、个别走访、抽样调查、实地考察等形式进行。

（4）检查总结报告。执法检查机关应写出总结报告，应对检查执行的成绩和问题作出评估，对违法行为提出处理意见，并提出进一步完善和改进意见。

（5）问题的处理。对违反法律、法规和规章的行为，责令其改正，并追究其相应的违法责任。对不具备行政执法主体资格或授权、委托不当的，责令停止行政执法或由授权、委托的机关处理。对行政执法无合法依据或执法不当的，应予以变更、撤销或责令重新作出行政处理。对不履行或拖延履行法定职责，不执行或拖延执行法律、法规和规章规定的法律义务，督促其履行或限期执行。

1.3.2 建设行政处罚

建设行政处罚是建设行政主管部门或其他权力机关对违反建设法律、法规和规章，尚未构成犯罪的行政管理相对人实行惩戒或制裁的行为。

1. 建设行政处罚的原则

建设行政处罚的原则是指对建设行政处罚的设定和实施具有指导性的准则，与其他行政处罚具有一致性。

（1）法定原则

行政处罚法定原则是行政合法性原则在行政处罚行为中的集中体现。一是实施处罚的主体必须是法定的行政主体；二是处罚的依据是法定的；三是行政处罚的程序合法。

（2）公开、公正原则

建设行政处罚，必须以事实为依据，以法律、行政法规和规章为准则，公开、公正。

（3）处罚与教育相结合的原则

建设行政处罚的目的重在纠正违法行为，教育公民、法人或者其他组织自觉守法。

（4）保障当事人权利的原则

在处罚实施过程中，保障当事人权利包括五个方面：一是当事人对所认定的事实及适用的法律是否准确、适当，有陈述意见的权利；二是当事人对行政机关的指控、证据有申辩的权利；三是公民、法人或其他组织对行政机关作出的行政处罚不服，有向上一级行政机关提出行政复议的权利；四是公民、法人或其他组织对行政机关作出的行政处罚不服，有向上一级行政机关提出行政诉讼的权利；五是公民、法人或其他组织因行政机关违法给予行政处罚受到损害的，有依法提出赔偿要求的权利。

2. 建设行政处罚的实施机关

建设行政处罚的实施机关是指对违反建设法律、法规和规章的行为有权给予行政处罚的机关或法定组织。

（1）行政机关

行政处罚权作为行政机关实现行政管理目标的强制手段，是行政机关的法定职权，应该由行政机关实施。

（2）授权的实施机关

法律、法规授权的实施机关是指具有法律、行政法规、地方性法规授权依据的，可以在法定职权范围内实施行政处罚的管理公共事务职能的组织。如建筑市场执法队伍、建筑安全生产监督站等。授权的实施机关可以根据行政处罚法的规定，通过法律、法规的授权取得行政处罚权。

（3）委托实施机关

委托实施机关是指按照法律、法规和规章的规定，接受行政机关的委托，以委托行政机关的名义实施行政处罚的机关。

委托实施行政处罚的机关，应当是符合法定条件的建筑市场执法队伍、建筑工程质量监督站、建筑工程安全监督站等取得建设行政处罚权的机构。

建设行政处罚的施行应根据《中华人民共和国行政处罚法》的规定加以规范。

3. 建设行政处罚的程序

建设行政处罚的程序是指建设行政处罚的方式、方法、步骤的总称。建设行政处罚的程序为：

（1）简易程序

简易程序指国家行政机关或法律授权的组织对符合法定条件的行政处罚事项当场进行处罚的行政处罚程序。

其程序为：一是表明身份，执法人员应向当事人出示必要的证件以表明自己是合法的执法人员；二是确认违法事实，说明处罚理由；三是告知当事人依法享有的权利；四是制定行政处罚决定书；五是送达处罚决定书，即当场交付当事人；六是执法人员作出的行政处罚决定必须向所属行政机关备案；七是当事人对行政处罚不服的，可以依法申请行政复议或提起行政诉讼。

（2）一般程序

一般程序是指除法律特别规定应当适用简易程序和听证程序以外，行政处罚通常所适用的程序。一般程序包括立案、调查取证、处罚决定、处罚决定书送达、申诉等程序。

（3）听证程序

听证程序是指行政机关为了查明案件事实，公正合理地实施行政处罚，在决定行政处罚的过程中通过公开举行由有关各方利害关系人参加的听证会，广泛听取意见的方式、方法和制度。实行听证程序是我国行政执法程序在民主化方面迈进的一大步。

听证程序的使用必须有两个条件：一是只有责令停产、停业、吊销许可证和执照及较大数额罚款等行政处罚案件才能适用听证程序；二是当事人要求听证。

听证结束后，行政机关依照《中华人民共和国行政处罚法》的有关规定作出决定。

1.3.3 建设行政司法

建设行政司法是指建设行政机关依据法定的权限和程序进行行政调解、行政复议和行政仲裁，以解决相应争议的行政行为。

1. 行政调解

行政调解指在行政机关的主持下，以法律为依据，以自愿为原则，通过说服教育等方法，促使双方当事人通过协商互谅达成协议。

2. 行政复议

行政复议指在相对人不服行政执法决定时，依法向指定的部门提出重新处理的申请。

3. 行政仲裁

行政仲裁是指国家行政机关依照法律、法规和当事人之间达成的协议，按照法定程序对特定的民事、经济的劳动争议居中调解，进行有约束力的裁决活动。

1.3.4 建设行政诉讼和专门机关司法

建设行政诉讼和专门机关司法是指国家司法机关，主要是指人民法院依照诉讼程序，对建设活动中的争议和违法建设行为进行的审理与判决活动。

1. 建设行政诉讼的范围

建设行政诉讼的范围是指法律规定的、法院受理审判一定范围内建设行政案件的权限。

2. 建设行政诉讼的起诉和受理

建设行政诉讼的起诉是指原告对建设活动的争议和违法建设行为向人民法院提出诉讼请求的一种诉讼行为。建设行政诉讼的受理是指人民法院对公民、法人或其他组织的起诉进行审查，认为符合法律规定的起诉条件而决定立案并予审理的诉讼行为。

3. 建设行政诉讼的审理和判决

（1）建设行政诉讼审理的原则和制度

1）决定是否停止具体行政行为的执行；

2）公开审理原则；

3）回避原则；

4）不适用调解的原则；

5）撤诉制度；

6）缺席判决制度。

（2）行政诉讼的法律适用

人民法院审理建设行政案件，以建设法律、建设行政法规、地方性法规为依据，地方性法规适用于本行政区域内发生的行政案件。人民法院审理民族自治地方的行政案件，应以该民族自治地方的自治条例和单行条例为依据。

（3）第一审程序

第一审程序包括审理前准备、开庭审理和判决。审理前准备是人民法院对受理的建设行政案件，进行必要的审理组织工作，包括送达诉状、组成合议庭、调查和收集证据、确定开庭时间。开庭审理是在人民法院审判人员和当事人及其他诉讼参与人参与下，依照法定的顺序和方式，对案件进行审理的全部诉讼活动。判决是人民法院代表国家依照事实和法律，对案件审理终结后所作的判定。判决应当制定判决书。

（4）第二审程序

第二审程序即上诉程序。诉讼当事人不服第一审法院判决，有权在判决书送达之日起15日内向上级人民法院提起上诉；当事人不服第一审法院裁定的，有权在裁定书送达之日起10日内向上一级人民法院提起上诉。

第二审人民法院对上诉案件经过审理，做出的判决有几种结果：① 维持原判；② 依法改判；③ 发回重审；④ 直接改判。二审判决是终审判决，一经作出即发生法律效力。

（5）审判监督程序

审判监督程序又称再审程序，是指人民法院对已发生法律效力的判决、裁定发现确有错误，进行再次审理的诉讼程序。

4. 建设行政诉讼执行

建设行政诉讼执行是指执行组织对已生效的建设行政案件的法律文书，在义务人逾期拒不履行时，依法采取强制措施，从而使生效法律文书的内容得以实现的活动。

公民、法人或其他组织拒绝履行生效的判决、裁定的，行政机关可以向第一审人民法院申请强制执行。

行政机关拒绝履行生效的判决、裁定的，第一审法院可以采取以下措施：

（1）对应当归还的罚款或者应当给付的赔偿金，通知银行从该行政机关的账户内划拨。

（2）在规定期不执行的，从期满之日起，对该行政机关按日处 50～100 元的罚款。

（3）向该行政机关的上一级行政机关或者监察、人事机关提出司法建议。接受司法建议的机关，根据有关规定处理，并将处理情况告知人民法院。

（4）拒不执行判决、裁定，情节严重构成犯罪的，依法追究主管人员和直接责任人员的刑事责任。

复 习 思 考 题

1. 什么是建设法规，建设法规调整的对象是什么？
2. 简述建设法规体系的概念及其构成。
3. 建设法规的施行主要包括哪些方面？

教学单元 2　工程建设程序与工程建设执业资格法规

本单元主要介绍了工程建设程序、工程建设程序法规的概念，工程建设程序阶段的划分及各阶段的主要内容；工程建设执业资格制度的概念、立法现状，执业资格制度的基本情况，从业单位、从业人员资格管理等内容。

2.1　工程建设程序法规

2.1.1　工程建设程序法规的概念

工程建设是指土木建筑工程、线路管道和设备安装工程、建筑装饰工程等工程项目的新建、扩建和改建，是形成固定资产的基本生产过程及与之相关联的其他建设工作的总称。

工程建设程序是指工程建设全过程中各项工作都必须遵守的先后次序。由于在工程建设过程中，工作量极大、牵涉面很广、内外协作关系复杂，而且存在着活动空间有限和后续工作无法提前进行的矛盾，因此工程建设就必然存在着一个分阶段、按步骤、各项工作按序进行的客观规律。这种规律是不可违反的，如人为将工程建设的顺序颠倒，就会造成严重的资源浪费和经济损失。另外，工程建设投资大，建成后的建筑物将长期存在，其质量好坏与人们的生命财产息息相关，因此，工程建设活动是与社会公共利益密切相关的活动。为维护社会公共利益，政府也必须在工程建设过程中，设置一些审批环节，来对各方主体的工程建设行为进行监督管理，这就需要通过工程建设程序的相关法规来实现。所以国家颁布了有关法规，将工程建设程序以法律的形式固定下来，强迫人们从事工程建设活动时遵守。随着社会的发展和科学技术的进步，加上人们对工程建设认识的不断加深，工程建设程序也会在现有的基础上更加趋于合理、科学。

工程建设程序法规就是指调整工程建设程序活动中发生的各种社会关系的法律规范的总称。

2.1.2　我国工程建设程序的有关规定

按照我国现行工程建设程序法规的规定，我国工程建设程序共分五个阶段：工程建设前期阶段（决策分析）；工程建设准备阶段；工程建设实施阶段；工程验收与保修阶段；终结阶段。每个阶段又包含若干环节。各阶段、各环节的工作应按规定顺序进行。由于工程项目的性质不同，规模不一，同一阶段内各环节的工作会有一些交叉，有些环节还可省略，因此在具体执行时，可根据本行业、本项目的特点，在遵守工程建设程序的大前提下，灵活开展各项工作。

依据我国现行工程建设程序法规的规定，我国工程建设程序如图 2-1 所示。

```
                              ┌─ 投资意向
                              │      ↓
                              │  投资机会分析
                              │      ↓
      工程建设前期阶段          ┤  项目建议书
      ──决策分析               │      ↓
                              │  可行性研究（包括初步可行性研究）
                              │      ↓
                              └─ 审批立项

                              ┌─ 规　　划
                              │      ↓
                              │  征　　地
                              │      ↓
      工程建设准备阶段          ┤  拆　　迁
                              │      ↓
                              │  报　　建
                              │      ↓
                              └─ 发包与承包

                              ┌─ 勘察设计
                              │      ↓
                              │  设计文件审批
                              │      ↓
      工程建设实施阶段          ┤  施工准备
                              │      ↓
                              │  工程施工
                              │      ↓
                              └─ 生产准备

                              ┌─ 竣工验收
      工程验收与保修阶段        ┤      ↓
                              └─ 工程保修

                              ┌─ 生产运营
      终结阶段                 ┤      ↓
                              └─ 投资后评价
```

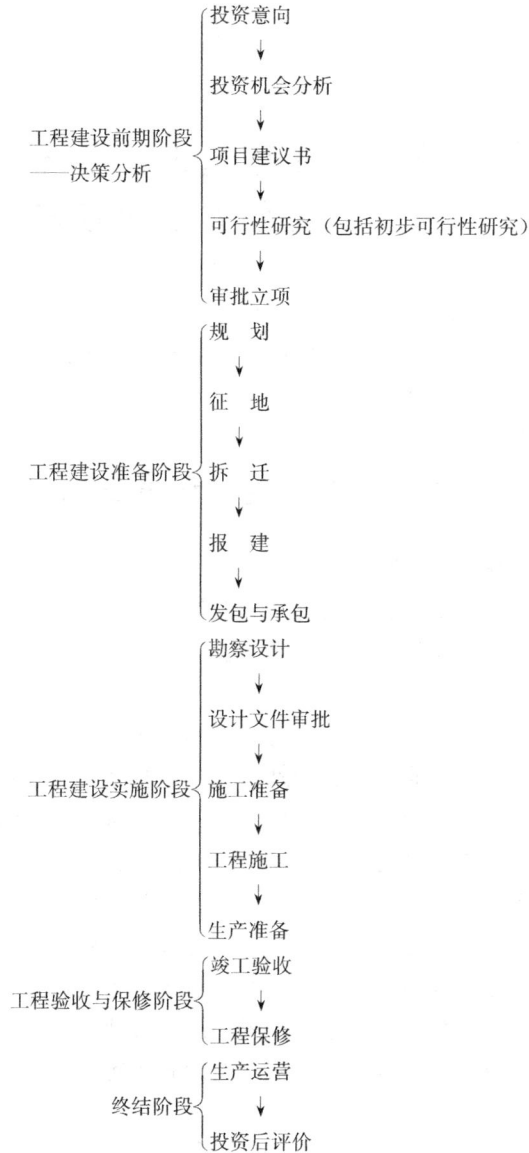

图 2-1　我国工程建设程序

1. 工程建设前期阶段的内容

工程建设前期阶段即决策分析阶段，这一阶段主要是对工程项目投资的合理性进行考察和对工程项目进行选择。对投资者来讲，这是进行战略决策，它将从根本上决定其投资效益，因此是十分重要的。这个阶段包含投资意向、投资机会分析、项目建议书、可行性研究、审批立项几个环节。

（1）投资意向

投资意向是投资主体发现社会存在合适的投资机会所产生的投资愿望。它是工程建设活动的起点，也是工程建设得以进行的必备条件。

（2）投资机会分析

投资机会分析是投资主体对投资机会所进行的初步考察和分析，在认为机会合适、有良好的预期效益时，可进行进一步的行动。

（3）项目建议书

项目建议书是投资机会分析结果文字化后所形成的书面文件，以方便投资决策者分析、抉择。项目建议书应对拟建工程的必要性、客观可行性和获利的可能性逐一进行论述。

对大中型基本建设项目、限额以上更新改造项目的项目建议书，委托有资格的工程咨询、设计单位初评后，经省级主管部门初审后，报国家发展改革委审批、小型基本建设项目、限额以下更新改造项目由国务院主管部门或地方发展改革委员会审批。

（4）可行性研究

可行性研究是指项目建议书批准后，对拟建项目技术上是否可行、经济上是否合理等内容所进行的分析论证。广义的可行性研究还包括投资机会分析。

可行性研究应对项目所涉及的社会、经济、技术问题进行深入的调查研究，对各种各样的建设方案和技术方案进行发掘并加以比较、优化。对项目建成后的经济效益、社会效益进行科学的预测及评价，提出该项目建设是否可行的结论性意见。对可行性研究的具体内容和所应达到的深度，有关法规都有明确的规定。可行性研究报告必须经有资格的咨询机构评估确认后，才能作为投资决策的依据。

被批准后的可行性研究报告不得随意修改变更，如果在建设规模、产品方案、建设地区、主要协作关系等方面有变动以及突破投资控制数时，应经过原批准机关同意。

（5）审批立项

审批立项是有关部门对可行性研究报告的审查批准程序，审查通过后即予以立项，正式进入工程项目的建设准备阶段。

大中型建设项目的可行性研究报告由各主管部门、各省、市、自治区或全国性工业公司负责预审，报国务院审批。

小型项目的可行性研究报告，按隶属关系由各主管部、各省、市、自治区或全国性工业公司审批。

2. 工程建设准备阶段的内容

工程建设准备是为勘察、设计、施工创造条件所做的建设现场、建设队伍、建设设备等方面的准备工作。这一阶段包括规划、征地、拆迁、报建、发包与承包等主要环节。

（1）规划

在规划区内建设的工程，必须符合城市规划或村庄、集镇规划的要求，其工程选址和布局，必须取得城市规划行政主管部门核发的"选址意见书""建设用地规划许可证""建设工程规划许可证"，方能进行获取土地使用权、设计、施工等相应的建设活动。

（2）征地

《中华人民共和国土地管理法》规定：农村和城市郊区的土地（除法律规定属国家所有者外）属于农民集体所有，其余的土地归国家所有。工程建设用地都必须通过国家对土地使用权出让或划拨而取得，须在农民集体所有的土地上进行工程建设的，也必须先由国家征用农民土地，然后再将土地使用权出让或划拨给建设单位或个人。通过国家出让而取得土地使用权的，应向国家支付出让金，并与市、县人民政府土地管理部门签订书面出让合同，然后按合同规定的年限与要求进行工程建设。

（3）拆迁

在城市进行工程建设，一般都要对建设用地上的原有房屋和附属物进行拆迁。国务院颁发的《城市房屋拆迁管理条例》规定，任何单位和个人需要拆迁房屋的，都必须持有国家规定的批准文件、拆迁计划和拆迁方案，向县级以上人民政府房屋拆迁主管部门提出申请，经批准并取得房屋拆迁许可证后，方可拆迁。拆迁人和被拆迁人应签订书面协议，被拆迁人必须服从城市建设的需要，在规定的期限内完成搬迁，拆迁人对被拆迁人（被拆迁房屋及附属物的所有人、代管人及国家授权的管理人）依法给予补偿，并对被拆迁房屋的使用人进行安置。对违章建筑、超过批准期限的临时建筑的被拆迁人和使用人，则不予补偿和安置。

（4）报建

建设项目被批准立项后，建设单位或其代理机构必须持工程项目立项批准文件、银行出具的资信证明、建设用地的批准文件等资料，向当地建设行政主管部门或其授权机构进行报建。凡未报建的工程项目，不得办理招标手续和发放施工许可证，设计、施工单位不得承接该项目的设计、施工任务。

（5）发包与承包

建设单位或其代理机构在上述准备工作完成后，须对拟建工程进行发包，以择优选定工程勘察设计单位、施工单位或总承包单位。

工程发包与承包有招标投标和直接发包两种形式，为鼓励公平竞争，建立公正的竞争秩序，国家提倡招标投标方式，并对许多工程实行强制招标投标。

3. 工程建设实施阶段

（1）勘察设计

勘察设计是工程项目建设的重要环节，设计文件是制定建设计划、组织工程施工和控制建设投资的依据，对实现投资者的意愿起关键作用。设计与勘察是密不可分的，设计必须在进行工程勘察，取得足够的地质、水文等基础资料之后才能进行。另外，勘察工作也服务于工程建设的全过程，在工程选址、可行性研究、工程施工等各阶段，必须进行必要的勘察。

（2）施工准备

施工单位要进行技术、物质方面的准备。包括：熟悉、审查图纸，编制施工组织设计，向下属单位进行计划、技术、质量、安全、经济责任的交底，下达施工任务书，准备工程施工所需的设备、材料等活动。

根据规定，建设单位需要满足以下条件方可申请领取施工许可证：办好用地批准手续，取得规划许可证，拆迁进度满足施工要求，施工企业已确定，有施工图纸和技术资料，有保证工程质量和安全的具体措施，建设资金已落实并满足有关法律、法规规定的其他条件。

已取得施工许可证的，应自批准之日起三个月内组织开工，因故不能按期开工的，可向发证机关申请延期，延期以两次为限，每次不得超过三个月。既不按期开工，又不申请延期或超过延期时限的，已批准的施工许可证自行作废。

（3）工程施工

工程施工是施工队伍具体地配置各种施工要素，将工程设计物化为建筑产品的过程，也是投入劳动量最大，所费时间较长的工作。其管理水平的高低、工作质量的好坏对建设项目的质量和所产生的效益起着十分重要的作用。工程施工管理具体包括施工调度、施工安全、文明施工、环境保护等几方面的内容。

施工调度是进行施工管理，掌握施工情况，及时处理施工中存在的问题，严格控制工程的施工质量、进度和成本的重要环节。施工单位的各级管理机构均应配备专职调度人员，建立和健全各级调度机构。

施工安全是指施工活动中，对职工身体健康与安全、机械设备使用的安全及物资的安全等应有的保障制度和所采取的措施。根据《建设工程现场管理规定》，施工单位必须执行国家有关安全生产和劳动保护的法规，建立安全生产责任制，加强规范化管理，进行安全交底、安全教育和安全宣传，严格执行安全技术方案，定期检修、维护各种安全设施，做好施工现场的安全保卫工作，建立和执行防火管理制度，切实保障工程施工的安全。

文明施工是指施工单位应推行现代管理方法，科学组织施工，保证施工活动整洁、有序、合理地进行。具体内容有：按施工总平面布置图设置各项临时设施，施工现场设置明显标牌，主要管理人员要佩戴身份标志。机械操作人员要持证上岗，施工现场的用电线路、用电设施的安装使用和现场水源、道路的设置要符合规范要求等。

环境保护是指施工单位必须遵守国家有关环境保护的法律、法规，采取措施控制各种粉尘、废气、噪声等对环境的污染和危害。如不能控制在规定的范围内，则应事先报请有关部门批准。

（4）生产准备

生产准备是指工程施工临近结束时，为保证建设项目能及时投产使用所进行的准备活动。生产准备包括招收和培训人员、生产组织准备、生产技术准备、生产资料准备等。建设单位要根据建设项目或主要单项工程的生产技术特点，及时组成专门班子或机构，有计划地做好这一工作。

1）招收和培训人员。大型工程项目往往自动化水平高，相互关联性强，操作难度大，工艺条件要求严格。而新招收的职工大多数可能以前并没有生产的实践经验，解决这一矛盾的主要途径就是人员培训，通过多种方式培训并组织生产人员参加设备的安装调试工作，掌握好生产技术和工艺流程。

2）生产组织准备。生产组织是生产厂为按照生产过程的客观要求和有关企业法规定的程序进行的，主要包括生产管理机构设置、管理制度的制定、生产人员配备等内容。

3）生产技术准备。主要包括国内装备设计资料的汇总，有关的国外技术资料的翻译、编辑，各种开车方案、岗位操作法的编制以及新技术的准备。

4）生产资料准备。主要是落实原材料、协作产品、燃料、水、电、气等的来源和其他需协作配合条件。组织工装、器具、备品、备件等的制造和订货。

4. 工程验收与保修阶段

工程项目按设计文件规定的内容和标准全部建成，并按规定将工程内外全部清理完毕后称为竣工。国家计委颁发的《建设项目（工程）竣工验收办法》规定，凡新建、扩建、改建的基本建设项目（工程）和技术改造项目，按批准的设计文件所规定的内容建成，符合验收标准的必须及时组织验收，办理固定资产移交手续。根据《建筑法》及《建设工程质量管理条例》等相关法规规定，交付竣工验收的工程必须具备下列条件：

（1）完成建设工程设计和合同约定的各项内容；

（2）有完整的技术档案和施工管理资料；

（3）有工程使用的主要建筑材料、建筑构配件和设备等的进场试验报告；

（4）有勘察、设计、施工、工程监理等单位分别签署的质量合格文件；

（5）有施工单位签署的工程保证书。

竣工验收的依据是已批准的可执行研究报告、初步设计或扩大初步设计、施工图和设备技术说明书以及现行施工技术验收的规范和主管部门（公司）有关审批、修改、调整的文件等。工程竣工验收合格后，方可交付使用。此时承发包双方应尽快办理固定资产移交手续和工程结算，将所有工程款项结算清楚。根据《建筑法》及相关法规的规定，工程竣工验收交付使用后，在保修期限内，承包单位要对工程中出现的质量缺陷承担保修与赔偿责任。

5. 终结阶段

竣工验收合格后，正式进行生产运营，而生产运营一段时间后要进行投资后评价。

建设项目投资后评价是工程竣工投产、生产运营一段时间后，对项目的立项决策、设计施工、竣工投产、生产运营等全过程进行系统评价的一种技术经济活动。它是工程建设管理的一项重要内容，也是工程建设程序的最后一个环节。它可使投资主体达到总结经验、吸取教训、改进工作，不断提高项目决策水平和投资效益的目的。目前我国的投资后评价一般分建设单位的自我评价、项目所属行业（地区）主管部门的评价及各级计划部门（或主要投资主体）的评价这三个层次进行。

（1）项目单位自我评价工作的组织。项目单位自我评价由项目单位负责，也叫自评。所有建设项目竣工投产（使用、营运）一段时间以后，都应进行自我评价。项目后评价是一项复杂细致的系统工作，在开展后评价工作之前，一定要做好各项准备工作，包括组织准备、思想准备和资料准备。

（2）行业（或地区）主管部门对后评价工作的组织。行业（或地区）主管部门必须配备专人主管项目后评价工作。当收到所属项目单位报来的自我后评价报告后，首先要进行审查，审查报来的资料是否齐全，自我评价是否实事求是，如实反映情况。同时要根据工作需要从行业的角度选一些项目进行评价。如从行业布局、行业的发展、同行业的技术水平、经营成果等方面进行评价。在进行行业评价时，应组织一些专家学者和熟悉情况的人士认真阅读项目单位的自我后评价报告，针对问题深入现场调查研究，写出行业部门后评价报告，报同级、上级计划部门和主要投资方。

（3）各级发改委（或主要投资方）对后评价工作的组织。各级发改委（或主要投资方）是建设项目后评价工作的组织者、领导者、方法制度的制定者。当收到项目单位和行业（或地区）业务主管部门报来的后评价报告后，应根据工作需要选择一些项目列入年度计划，开展后评价复审工作。也可委托有资格的咨询公司代为组织实施。按基本建设程序办事，还要区别不同情况，具体问题具体分析。各行各业的建设项目，具体情况千差万别，都有自己的特殊性。而一般的基本建设程序，只反映他们共同的规律性，不可能反映各行业的差异性。因此，在建设实践中，还要结合行业项目的特点和条件，有效地去贯彻执行基本建设程序。

2.2 工程建设执业资格法规

2.2.1 工程建设执业资格法规的概念

工程建设执业资格制度是国家通过法定条件和立法程序对建设活动主体及其个人进行认定和批准，赋予其在法律所规定的范围内从事一定建筑活动的制度。

改革开放以后，我国建筑市场快速发展，而建筑法律法规发展相对滞后，这就导致一些不具备从事建设活动相应条件的单位和个人通过不正当的途径进入建筑市场，承揽建筑工程，严重扰乱了建筑市场的正常秩序，造成建设工程质量隐患甚至导致发生重大的人身伤亡和财产损失等恶性事故。因此建立和维护建筑市场的正常秩序，确立进入建筑市场从事建设活动的准入规则，十分必要。这对提高我国的工程建设水平，保障公民的生命财产安全，优化建筑业组织结构，提高建筑业的国际竞争力都具有重要作用和意义。

工程建设执业资格法规就是指调整工程建设执业资格活动中发生的各种社会关系的法律规范的总称。

2.2.2 工程建设执业资格法规的立法现状

目前，我国有关建设执业资格的法律有：1994 年 7 月 5 日第八届全国人民代表大会第八次会议通过的《中华人民共和国城市房地产管理法》（1995 年 1 月 1 日起正式施行），1997 年 11 月 1 日第八届全国人民代表大会第二十八次会议通过的《中华人民共和国建筑法》（1998 年 3 月 1 日起正式施行）。

有关建设执业资格的法规、规章主要有：《建筑企事业单位关键岗位持证上岗管理规定》（1991 年），《工程建设监理单位资质管理试行办法》（1992 年），《工程总承包企业资质管理暂行规定》（1992 年），《监理工程师资格考试和注册试行办法》（1992 年），《建筑装饰设计资格分级标准》（1992 年），《混凝土预制构件和商品混凝土生产企业资质管理（试行）》（1993 年），《房地产开发企业资质管理规定》（1993 年），《工程咨询单位资格认定暂行办法》（1994 年），《在中国境内承包工程的外国企业资质管理暂行办法》（1994 年），《建筑施工企业项目经理资质管理办法》（1995 年），《中华人民共和国注册建筑师条例》（1995 年），《建筑业企业资质管理》（1995 年），《中华人民共和国注册建筑师条例实施细则》（1996 年），《建设工程勘察和设计单位资质管理规定》（1997 年），《注册结构工程师执业资格制度暂行规定》（1997 年），《房地产估价师注册管理办法》（1998 年），《注册城市规划师执业资格制度暂行规定》（1999 年），《建设工程质量管理条例》（2000 年），《工程造价咨询单位管理办法》（2000 年），《造价工程师注册管理办法》（2000 年），《房地产开发企业资质管理规定》（2000 年），《建筑业企业资质管理规定》（2001 年），《建筑工程勘察设计企业资质管理规定》（2001 年），《工程监理企业资质管理规定》（2001 年），《外商投资建筑业企业管理规定》（2002 年），《外商投资建设工程设计企业管理规定》（2002 年），《注册土木工程师（岩土）执业资格制度暂行规定》（2002 年），《建造师执业资格制度暂行规定》（2002 年），《外商投资城市规划服务企业管理规定》（2003 年），《物业管理企业资质管理办法》（2004 年），《勘察设计注册工程师管理规定》（2005 年），《房地产估价机构管理办法》（2005 年），《注册建造师管理规定》（2006 年），《注册监理工程师管理规定》（2006 年），《注册造价工程师管理规定》（2006 年），《注册房地产估价师管理办法》（2006 年），《施工总承包企业特级资质标准》(2007 年)，《建设工程勘察设计资质管理规定》(2007 年)，《工程监理企业资质管理规定》(2007 年)，《工程建设项目招标代理机构资格认定办法》(2007 年)，《注册建造师执业管理办法（试行）》(2008 年)，《中华人民共和国注册建筑师条例实施细则》(2008 年)，《建筑业企业资质管理规定》(2015 年)。

2.2.3　从业单位资质管理

《建筑法》第 13 条明确规定："从事建筑活动的建筑施工企业、勘察单位、设计单位和工程监理单位，按照其拥有的注册资本、专业技术人员、技术装备和已完成的建筑工程业绩等资质条件，划分为不同的资质等级，经资质审查合格，取得相应等级的资质证书后，方可在其资质等级许可的范围内从事建筑活动。"

从业单位资质管理包括从业单位的条件和从业单位的资质。

1. 从业单位的条件

从事建筑活动的建筑施工企业、勘察单位、设计单位和工程监理单位，应当具备下列条件：

1）有符合国家规定的注册资本。

2）有与其从事的建筑活动相适应的具有法定执业资格的专业技术人员。

3）有从事相关建筑活动所拥有的技术装备。

4）法律、行政法规规定的其他条件。

2. 从业单位的资质

（1）工程勘察设计单位从业资质

根据《建设工程勘察设计资质管理规定》，凡从事工程勘察、工程设计活动的单位，必须取得资质证书，方可在资质许可的范围内开展工程勘察或工程设计业务。

1）勘察资质分为工程勘察综合资质、专业资质和劳务资质三种。

工程勘察综合资质只设甲级；工程勘察专业资质设甲级、乙级，根据工程性质和技术特点，部分专业可设丙级；工程勘察劳务资质不分等级。

取得工程勘察综合资质的企业，可以承接各专业（海洋工程勘察除外）、各等级的工程勘察任务；取得工程勘察专业资质的企业，可以承接相应等级相应专业的工程勘察业务；取得工程勘察劳务资质的企业，只能承接相应的劳务业务。

2）设计资质分为工程设计综合资质、工程设计行业资质、工程设计专业资质和工程设计专项资质四种。

工程设计综合资质只设甲级；工程设计行业资质、工程设计专业资质、工程设计专项资质设甲级和乙级。根据工程性质和技术特点，个别行业、专业、专项资质可以设丙级，建筑工程专业资质可以设丁级。

取得工程设计综合资质的企业，可以承接各行业、各等级的建设工程设计业务；取得工程设计行业资质的企业，可以承接相应行业相应等级的工程设计业务及本行业范围内同级别的相应专业、专项（设计施工一体化资质除外）工程设计业务；取得工程设计专业资质的企业，可以承接本专业相应等级的专业工程设计业务及同级别的相应专项工程设计业务（设计施工一体化资质除外）；取得工程设计专项资质的企业，可以承接本专项相应等级的专项工程设计业务。

申请工程勘察甲级资质和工程设计甲级资质以及涉及铁路、交通、水利、信息产业、民航等方面的工程设计乙级资质的，应向企业工商注册所在地的省、自治区、直辖市人民政府建设主管部门提出申请，报国务院建设主管部门审核。

工程勘察乙级及以下资质、劳务资质、工程设计乙级（涉及铁路、交通、水利、信息产业、民航等方面的工程设计乙级资质除外）及以下资质许可由省、自治区、直辖市人民政府建设主管部门实施。

工程勘察、设计资质的资质证书有效期为五年。对在资质有效期内遵守有关法律、法规、规章、技术标准，信用档案中无不良行为记录、专业技术人员满足资质标准要求的企业，经资质许可机关同意，有效期延续五年。

国务院建设主管部门对工程勘察、设计资质实施统一的监督管理。对不符合相应资质条件的，或违反规定的有撤销资质或处分的措施。

（2）监理企业从业资质

1）监理企业资质的划分

根据《工程监理企业资质管理规定》，工程监理企业资质分为综合资质、专业资质和事务所资质。其中，专业资质按照工程性质和技术特点划分为若干工程类别。

综合资质和事务所资质不分级别。专业资质分为甲级和乙级，其中房屋建筑、水利水电、公路和市政公用专业资质可设立丙级。

2）监理企业的业务范围

综合资质可以承担所有专业工程类别建设工程项目的工程监理业务。

专业甲级资质可承担相应专业工程类别建设工程项目的工程监理业务；专业乙级资质可承担相应专业工程类别二级以下（含二级）建设工程项目的工程监理业务；专业丙级资质可承担三级建设工程项目的工程监理业务。

事务所资质可承担三级建设工程项目的工程监理业务，但是，国家规定必须实行强制监理的工程除外。

工程监理企业可以开展相应类别建设工程的项目管理、技术咨询等业务。

3）资质申请和审批

工程监理综合资质、专业类甲级资质，应当向企业工商注册所在地的省、自治区、直辖市人民政府建设主管部门提出申请，由国务院建设主管部门审批。工程监理专业类乙级、丙级资质和事务所资质由企业所在地省、自治区、直辖市人民政府建设主管部门负责审批。

（3）建筑业企业资质

建筑业企业是指从事土木工程、建筑工程、线路管道及设备安装工程的新建、改建等活动的企业。

1）建筑业企业资质等级及业务范围

根据《建筑业企业资质管理规定》（住房城乡建设部令第 22 号）和《建筑业企业资质标准》（建市〔2014〕159 号），建筑业企业资质分为施工总承包资质、专业承包资质和施工劳务资质三个序列。

① 取得施工总承包资质的企业可以对所承接的施工总承包工程内各专业工程全部自行施工，也可以将专业工程依法进行分包。对设有资质的专业工程进行分包时，应分包给具有相应专业承包资质的企业。施工总承包企业将劳务作业分包时，应分包给具有施工劳

务资质的企业。施工总承包企业资质分为特级、一级、二级、三级，共有 12 个专业类别。

② 取得专业承包资质的企业可以承接施工总承包企业依法分包的专业工程或建设单位依法发包的专业工程。专业承包企业应对所承接的专业工程全部自行施工，劳务作业可以分包，但应分包给具有施工劳务资质的企业。专业承包企业资质分为一级、二级、三级，共有 36 个专业类别。

③ 取得施工劳务资质的企业可以承接施工总承包企业或专业承包企业分包的劳务作业。按建筑法的规定，承接的分包作业不得再进行分包。劳务分包企业不分类别和等级。

2）建筑业企业资质申请与审批

施工总承包序列的特级和一级资质应向企业工商注册所在地省、自治区、直辖市人民政府住房城乡建设主管部门提出申请，省、自治区、直辖市人民政府住房城乡建设主管部门应当自受理申请之日起 20 个工作日内初审完毕，并将初审意见和申请材料报国务院住房城乡建设主管部门审查。各省、自治区、直辖市人民政府建设主管部门审核施工总承包序列二级资质以及专业承包序列一级、二级资质；设区的市人民政府建设主管部门审核施工总承包序列三级资质、专业承包序列三级资质、施工劳务资质。

资质证书有效期为五年。建筑业企业资质证书有效期届满，企业继续从事建筑施工活动的，应当于资质证书有效期届满 3 个月前，向原资质许可机关提出延续申请。资质许可机关应当在建筑业企业资质证书有效期届满前做出是否准予延续的决定；逾期未做出决定的，视为准予延续。

3）建筑业企业资质的监督管理

县级以上人民政府住房城乡建设主管部门和其他有关部门应当依照有关法律、法规和《建筑业企业资质管理规定》（住房城乡建设部令第 22 号）规定，加强对企业取得建筑业企业资质后是否满足资质标准和市场行为的监督管理。

上级住房城乡建设主管部门应当加强对下级住房城乡建设主管部门资质管理工作的监督检查，及时纠正建筑业企业资质管理中的违法行为。

（4）房屋建筑工程施工总承包企业资质等级标准

1）特级企业资质标准

根据《施工总承包企业特级资质标准》（建市〔2007〕72 号）规定，房屋建筑工程施工总承包企业申请特级资质，必须具备以下条件：

第一，企业资信能力：

① 企业注册资本金 3 亿元以上。

② 企业净资产 3.6 亿元以上。

③ 企业近三年上缴建筑业营业税均在 5000 万元以上。

④ 企业银行授信额度近三年均在 5 亿元以上。

第二，企业主要管理人员和专业技术人员要求：

① 企业经理具有 10 年以上从事工程管理工作经历。

② 技术负责人具有 15 年以上从事工程技术管理工作经历，且具有工程序列高级职称及一级注册建造师或注册工程师执业资格；主持完成过两项及以上施工总承包一级资质要求的代表工程的技术工作或甲级设计资质要求的代表工程或合同额 2 亿元以上的工程总承包项目。

③ 财务负责人具有高级会计师职称及注册会计师资格。

④ 企业具有注册一级建造师（一级项目经理）50人以上。

⑤ 企业具有本类别相关的行业工程设计甲级资质标准要求的专业技术人员。

第三，科技进步水平：

① 企业具有省部级（或相当于省部级水平）及以上的企业技术中心。

② 企业近三年科技活动经费支出平均达到营业额的0.5%以上。

③ 企业已建立内部局域网或管理信息平台，实现了内部办公、信息发布、数据交换的网络化；已建立并开通了企业外部网站；使用了综合项目管理信息系统和人事管理系统、工程设计相关软件，实现了档案管理和设计文档管理。

第四，房屋建筑工程施工总承包企业特级资质标准代表工程业绩：

近5年承担过下列5项工程总承包或施工总承包项目中的3项，工程质量合格。

① 高度100m以上的建筑物；

② 28层以上的房屋建筑工程；

③ 单体建筑面积5万m²以上的房屋建筑工程；

④ 钢筋混凝土结构单跨30m以上的建筑工程或钢结构单跨36m以上的房屋建筑工程；

⑤ 单项建安合同额2亿元以上的房屋建筑工程。

2）一级资质标准

根据《建筑业企业资质标准》（建市〔2014〕159号）规定，房屋建筑工程施工总承包企业一级资质标准如下：

第一、企业资产

净资产1亿元以上。

第二、企业主要人员

① 建筑工程、机电工程专业一级注册建造师合计不少于12人，其中建筑工程专业一级注册建造师不少于9人。

② 技术负责人具有10年以上从事工程施工技术管理工作经历，且具有结构专业高级职称；建筑工程相关专业中级以上职称人员不少于30人，且结构、给排水、暖通、电气等专业齐全。

③ 持有岗位证书的施工现场管理人员不少于50人，且施工员、质量员、安全员、机械员、造价员、劳务员等人员齐全。

④ 经考核或培训合格的中级工以上技术工人不少于150人。

第三、企业工程业绩

近5年承担过下列4类中的2类工程的施工总承包或主体工程承包，工程质量合格。

① 地上25层以上的民用建筑工程1项或地上18～24层的民用建筑工程2项；

② 高度100m以上的构筑物工程1项或高度80～100m（不含）的构筑物工程2项；

③ 建筑面积3万m²以上的单体工业、民用建筑工程1项或建筑面积2万～3万m²（不含）的单体工业、民用建筑工程2项；

④ 钢筋混凝土结构单跨30m以上（或钢结构单跨36m以上）的建筑工程1项或钢筋混凝土结构单跨27～30m（不含）〔或钢结构单跨30～36m（不含）〕的建筑工程2项。

3）二级资质标准

根据《建筑业企业资质标准》（建市〔2014〕159号）规定，房屋建筑工程施工总承包企业二级资质标准如下：

第一、企业资产

净资产4000万元以上。

第二、企业主要人员

① 建筑工程、机电工程专业注册建造师合计不少于12人，其中建筑工程专业注册建造师不少于9人。

② 技术负责人具有8年以上从事工程施工技术管理工作经历，且具有结构专业高级职称或建筑工程专业一级注册建造师执业资格；建筑工程相关专业中级以上职称人员不少于15人，且结构、给排水、暖通、电气等专业齐全。

③ 持有岗位证书的施工现场管理人员不少于30人，且施工员、质量员、安全员、机械员、造价员、劳务员等人员齐全。

④ 经考核或培训合格的中级工以上技术工人不少于75人。

第三、企业工程业绩

近5年承担过下列4类中的2类工程的施工总承包或主体工程承包，工程质量合格。

① 地上12层以上的民用建筑工程1项或地上8～11层的民用建筑工程2项；

② 高度50m以上的构筑物工程1项或高度35～50m（不含）的构筑物工程2项；

③ 建筑面积1万 m² 以上的单体工业、民用建筑工程1项或建筑面积0.6万～1万 m²（不含）的单体工业、民用建筑工程2项；

④ 钢筋混凝土结构单跨21m以上（或钢结构单跨24m以上）的建筑工程1项或钢筋混凝土结构单跨18～21m（不含）［或钢结构单跨21～24m（不含）］的建筑工程2项。

4）三级资质标准

根据《建筑业企业资质标准》（建市〔2014〕159号）规定，房屋建筑工程施工总承包企业三级资质标准如下：

第一、企业资产

净资产800万元以上。

第二、企业主要人员

① 建筑工程、机电工程专业注册建造师合计不少于5人，其中建筑工程专业注册建造师不少于4人。

② 技术负责人具有5年以上从事工程施工技术管理工作经历，且具有结构专业中级以上职称或建筑工程专业注册建造师执业资格；建筑工程相关专业中级以上职称人员不少于6人，且结构、给排水、暖通、电气等专业齐全。

③ 持有岗位证书的施工现场管理人员不少于15人，且施工员、质量员、安全员、机械员、造价员、劳务员等人员齐全。

④ 经考核或培训合格的中级工以上技术工人不少于30人。

⑤ 技术负责人（或注册建造师）主持完成过本类别资质二级以上标准要求的工程业绩不少于2项。

2.2.4　从业人员资格管理

《建筑法》第十四条规定："从事建筑活动的专业技术人员，应当依法取得相应的执业资格证书，并在执业资格证书许可的范围内从事建筑活动。"为此，建设工程领域实施了执业资格许可制度，设立了住房城乡建设部执业资格注册中心，主要承担注册建筑师、注册结构工程师、注册监理工程师、勘察设计注册工程师、注册城市规划师、注册建造师、注册造价工程师、注册房地产估价师等的考试和注册工作。国务院建设主管部门对执业资格制度实行统一监督管理；县以上地方建设主管部门对注册执业人员的执业活动实施监督管理。

1. 注册建筑师制度

注册建筑师是指经考试、特许、考核认定取得中华人民共和国注册建筑师执业资格证书，或者经资格互认方式取得建筑师互认资格证书，并按照《中华人民共和国注册建筑师条例实施细则》注册，取得中华人民共和国注册建筑师注册证书和中华人民共和国注册建筑师执业印章，从事建筑设计及相关业务活动的专业技术人员。

（1）注册建筑师的级别

注册建筑师级别分一级注册建筑师和二级注册建筑师。

（2）注册建筑师的专业

国家对从事人类生活与生产服务的各种民用与工业房屋及群体的综合设计、规划设计、室内外环境设计、建筑装饰装修设计、建筑修复、建筑雕塑、有特殊建筑要求的构筑物的设计，从事建筑设计技术咨询，建筑物调查与鉴定，对本人主持设计的项目进行施工指导和监督等专业技术工作的人员，实施注册建筑师执业资格制度。

（3）注册建筑师的考试和注册

注册建筑师考试分为一级注册建筑师考试和二级注册建筑师考试。注册建筑师考试实行全国统一考试，一般每年进行一次。注册建筑师考试由全国注册建筑师管理委员会统一部署，省、自治区、直辖市注册建筑师管理委员会组织实施。

一级注册建筑师考试内容包括：建筑设计前期工作、场地设计、建筑设计与表达、建筑结构、环境控制、建筑设备、建筑材料与构造、建筑经济、施工与设计业务管理、建筑法规等。上述内容分成9门科目进行考试。科目考试合格有效期为8年。在有效期内全部科目合格的，由全国注册建筑师管理委员会核发《中华人民共和国一级注册建筑师执业资格证书》。持有有效的《注册建筑师执业资格证书》者，具有申请注册的资格，但未经注册，不得称为注册建筑师，不得执行注册建筑师业务。一级注册建筑师的注册工作由全国注册建筑师管理委员会负责。

二级注册建筑师考试内容包括：场地设计、建筑设计与表达、建筑结构与设备、建筑法规、建筑经济与施工等。上述内容分成若干科目进行考试，科目考试合格有效期为4年。经二级注册建筑师考试，全部科目在有效期内考试合格，由省、自治区、直辖市注册建筑师管理委员会核发《中华人民共和国二级注册建筑师执业资格考试合格证书》。二级注册建筑师的注册工作由省、自治区、直辖市注册建筑师管理委员会负责。

（4）注册建筑师的报考条件

1）一级注册建筑师报考条件

符合下列条件之一的，可以申请参加一级注册建筑师考试：

① 取得建筑学硕士以上学位或者相近专业工学博士学位，并从事建筑设计或者相关

业务 2 年以上的；

② 取得建筑学学士学位或者相近专业工学硕士学位，并从事建筑设计或者相关业务 3 年以上的；

③ 具有建筑学专业大学本科毕业学历并从事建筑设计或者相关业务 5 年以上的，或者具有建筑学相近专业大学本科毕业学历并从事建筑设计或者相关业务 7 年以上的；

④ 取得高级工程师技术职称并从事建筑设计或者相关业务 3 年以上的，或者取得工程师技术职称并从事建筑设计或者相关业务 5 年以上的；

⑤ 不具有前四项规定的条件，但设计成绩突出，经全国注册建筑师管理委员会认定达到前四项规定的专业水平的。

2）二级注册建筑师报考条件

符合下列条件之一的，可以申请参加二级注册建筑师考试：

① 具有建筑学或者相近专业大学本科毕业以上学历，从事建筑设计或者相关业务 2 年以上的；

② 具有建筑设计技术专业或者相近专业大学毕业以上学历，并从事建筑设计或者相关业务 3 年以上的；

③ 具有建筑设计技术专业 4 年制中专毕业学历，并从事建筑设计或者相关业务 5 年以上的；

④ 具有建筑设计技术相近专业中专毕业学历，并从事建筑设计或者相关业务 7 年以上的；

⑤ 取得助理工程师以上技术职称，并从事建筑设计或者相关业务 3 年以上的。

（5）注册建筑师执业范围

一级注册建筑师的执业范围不受工程项目规模和工程复杂程度的限制。二级注册建筑师的执业范围只限于承担工程设计资质标准中建设项目设计规模划分表中规定的小型规模的项目，二级注册建筑师的建筑设计范围只限于承担国家规定的民用建筑工程等级分级标准三级（含三级）以下项目；五级以下项目，允许非注册建筑师进行设计。注册建筑师的执业范围不得超越其聘用单位的业务范围。注册建筑师的执业范围与其聘用单位的业务范围不符时，个人执业范围服从聘用单位的业务范围。

注册建筑师的执业范围具体为：

① 建筑设计；

② 建筑设计技术咨询；

③ 建筑物调查与鉴定；

④ 对本人主持设计的项目进行施工指导和监督；

⑤ 国务院建设主管部门规定的其他业务。

2. 注册结构工程师制度

注册结构工程师是指经全国统一考试合格，依法登记注册，取得中华人民共和国注册结构工程师执业资格证书和注册证书，从事房屋结构、桥梁结构及塔架结构等工程设计及相关业务的专业技术人员。

1997 年 9 月，建设部、人事部下发了《建设部、人事部关于印发〈注册结构工程师执业资格制度暂行规定〉的通知》（建设办〔1999〕222 号），决定在我国实行注册结构工程师执业资格制度，并成立了全国注册结构工程师管理委员会。考试工作由建设部、人事部共同负责，日常工作委托全国注册结构工程师管理委员会办公室承担，具体考务工作委托人事部人事考试中心组织实施。

（1）注册结构工程师的级别

注册结构工程师分为一级注册结构工程师和二级注册结构工程师。

（2）注册结构工程师考试

注册结构工程师考试实行全国统一大纲、统一命题、统一组织的办法，原则上每年举行一次。

一级注册结构工程师资格考试由基础考试和专业考试两部分组成。通过基础考试的人员，从事结构工程设计或相关业务满规定年限，方可申请参加专业考试。二级注册结构工程师资格考试只有专业考试。考试一次性通过有效，基础考试闭卷考试，专业考试开卷考试，可以带规范和个人笔记、资料。

基础考试科目包括：①高等数学；②普通物理；③普通化学；④理论力学；⑤材料力学；⑥流体力学；⑦计算机应用基础；⑧电工电子技术；⑨工程经济；⑩土木工程材料；⑪工程测量；⑫职业法规；⑬土木工程施工与管理；⑭结构设计；⑮结构力学；⑯结构试验；⑰土力学与地基基础。

专业考试科目包括：①钢筋混凝土结构；②钢结构；③砌体结构与木结构；④地基与基础；⑤高层建筑、高耸结构与横向作用；⑥桥梁结构。二级注册结构工程师考式科目为①～⑤。

（3）注册结构工程师的报考条件

土木工程专业本科毕业1年可以参加一级注册结构工程师基础考试，毕业2年可以参加二级注册结构工程师专业考试，在通过一级注册结构工程师基础考试后4年，就可以参加一级注册结构工程师专业考试。考试通过后即可以成为结构工程师，可以注册、执业。

（4）注册结构工程师的注册

取得注册结构工程师执业资格证书者，要从事结构工程设计业务的，须申请注册。

注册结构工程师注册有效期为2年，有效期届满需要继续注册的，应当在期满前30日内办理注册手续。

（5）注册结构工程师的执业范围

注册结构工程师执业，应加入一个勘察设计单位，由勘察设计单位统一接受并统一收费。

注册结构工程师的执业范围包括：① 结构工程设计；② 结构工程设计技术咨询；③建筑物、构筑物、工程设施等调查和鉴定；④对本人主持设计的项目进行施工指导和监督；⑤建设部和国务院有关部门规定的其他业务。

一级注册结构工程师的执业范围不受工程规模及工程复杂程度的限制。二级注册工程师的勘察设计范围仅限承担国家规定的民用建筑工程三级及以下或工业小型项目。

3. 注册建造师制度

注册建造师是指通过考核认定或考试合格取得"中华人民共和国建造师资格证书"（以下简称资格证书），并按照本规定注册，取得"中华人民共和国建造师注册证书"（以下简称注册证书），担任施工单位项目负责人、项目技术负责人及从事相关活动的专业技

术人员 。建造师注册受聘后，可以建造师的名义担任建设工程项目施工的项目经理。

（1）注册建造师的级别

注册建造师分为一级注册建造师和二级注册建造师。

（2）注册建造师的专业

注册建造师划分为 14 个专业：房屋建筑工程、公路工程、铁路工程、民航机场工程、港口与航道工程、水利水电工程、电力工程、矿山工程、冶炼工程、石油化工工程、市政公用与城市轨道工程、通信与广电工程、机电安装工程、装饰装修工程。

（3）注册建造师的资格考试

建造师要通过考试获取执业资格。考试成绩实行 2 年为一个周期的滚动管理办法，且必须在连续的两个考试年度内通过全部科目。

一级注册建造师执业资格考试实行全国统一大纲、统一命题、统一组织的考试制度，由人事部、建设部共同组织实施，原则上每年举行一次考试。一级建造师考试科目有《建设工程经济》《建设工程项目管理》《建设工程法规及相关知识》和《专业工程管理与实务》。

二级注册建造师执业资格考试实行全国统一大纲，各省、自治区、直辖市命题并组织的考试制度。二级建造师考试科目有《建设工程施工管理》《建设工程法规及相关知识》和《专业工程管理与实务》。

（4）报考条件

凡遵守国家法律、法规，具备下列条件之一者，可以申请参加一级建造师执业资格考试：

1）取得工程类或工程经济类大学专科学历，工作满 6 年，其中从事建设工程项目施工管理工作满 4 年。

2）取得工程类或工程经济类大学本科学历，工作满 4 年，其中从事建设工程项目施工管理工作满 3 年。

3）取得工程类或工程经济类双学士学位或研究生班毕业，工作满 3 年，其中从事建设工程项目施工管理工作满 2 年。

4）取得工程类或工程经济类硕士学位，工作满 2 年，其中从事建设工程项目施工管理工作满 1 年。

5）取得工程类或工程经济类博士学位，从事建设工程项目施工管理工作满 1 年。

凡遵纪守法并具备工程类或工程经济类中等专科以上学历并从事建设工程项目施工管理工作满 2 年，可报名参加二级建造师执业资格考试。

（5）建造师的注册

取得一级建造师资格证书并受聘于一个从事工程建设单位的人员，应当通过聘用单位向国务院住房城乡建设主管部门提出注册申请；也可以向聘用单位工商注册所在地的省、自治区、直辖市人民政府住房城乡建设主管部门提交申请材料。省、自治区、直辖市人民政府住房城乡建设主管部门收到申请材料后，应当在 5 日内将全部申请材料报国务院住房城乡建设主管部门审批。

取得二级建造师资格证书的人员申请注册，由省、自治区、直辖市人民政府住房城乡建设主管部门负责受理和审批，具体审批程序由省、自治区、直辖市人民政府住房城乡建设主管部门依法确定。对批准注册的，核发由国务院住房城乡建设主管部门统一样式的"中华人民共和国二级建造师注册证书"，并在核发证书后 30 日内送国务院住房城乡建设主管部门备案。

已经注册的建造师必须接受继续教育，更新知识，不断提高业务水平。建造师执业资格注册有效期一般为 3 年，注册有效期满需继续执业的，应当在注册有效期届满 30 日前，申请延续注册。延续注册的，有效期为 3 年。逾期未申请注册的，证书自动失效。

（6）注册建造师的执业范围

注册建造师的执业范围包括：担任建设工程项目施工的项目经理，从事其他施工活动的管理工作；法律、行政法规或国务院建设行政主管部门规定的其他业务。

不同级别的建造师，其执业范围是不同的：在行使项目经理职责时，一级注册建造师可以担任《建筑业企业资质等级标准》中规定的特级、一级建筑业企业资质的建设工程项目施工的项目经理；二级注册建造师可以担任二级建筑业企业资质的建设工程项目施工的项目经理。大中型工程项目的项目经理必须逐步由取得建造师执业资格的人员担任；但取得建造师执业资格的人员能否担任大中型工程项目的项目经理，应由建筑业企业自主决定。

4. 注册造价工程师制度

造价工程师是指通过全国统一考试取得中华人民共和国造价工程师职业资格证书，并经注册后从事建设工程造价工作的专业人员。

（1）造价工程师的级别

造价工程师分为一级造价工程师和二级造价工程师。

（2）造价工程师的专业

造价工程师执业资格考试专业科目分为土木建筑工程、交通运输工程、水利工程和安装工程 4 个专业类别。其中，土木建筑工程、安装工程专业由住房城乡建设部负责；交通运输工程专业由交通运输部负责；水利工程专业由水利部负责。

（3）造价工程师的考试形式

一级造价工程师执业资格实行全国统一大纲、统一命题、统一组织的考试制度。二级造价工程师执业资格实行全国统一大纲，各省、自治区、直辖市自主命题并组织实施的考试制度。住房城乡建设部组织拟定一级和二级造价工程师执业资格考试基础科目的考试大纲，组织一级造价工程师基础科目命审题工作，并提出考试合格标准建议。住房城乡建设部、交通运输部、水利部按照职责分别负责拟定一级和二级造价工程师执业资格考试专业科目的考试大纲，组织一级造价工程师专业科目命审题工作，并提出考试合格标准建议。

一级造价工程师执业资格考试设《建设工程造价管理》《建设工程计价》《建设工程技术与计量》《建设工程造价案例分析》4 个科目。其中《建设工程造价管理》和《建设工程计价》为基础科目，《建设工程技术与计量》和《建设工程造价案例分析》为专业科目。

二级造价工程师执业资格考试设《建设工程造价管理基础知识》《建设工程计量与计价实务》2 个科目。其中《建设工程造价管理基础知识》为基础科目，《建设工程计量与计价实务》为专业科目。

一级造价工程师执业资格考试成绩实行 4 年为一个周期的滚动管理办法，在连续的 4 个考试年度内通过全部考试科目，方可取得一级造价工程师执业资格证书。

二级造价工程师执业资格考试成绩实行 2 年为一个周期的滚动管理办法，参加全部 2

个科目考试的人员必须在连续的 2 个考试年度内通过全部科目，方可取得二级造价工程师执业资格证书。

已取得造价工程师一种专业执业资格证书的人员，可报名参加其他专业科目考试。考试合格后，核发人力资源社会保障部门统一印制的相应专业考试合格证明。该证明作为注册时增加执业专业类别的依据。

（4）造价工程师报名条件

1）一级造价工程师执业资格考试报名条件

凡遵守国家法律、法规，具有良好的政治业务素质和道德品行，从事工程造价工作且具备下列条件之一者，可以申请参加一级造价工程师执业资格考试：

① 取得工程造价专业大学专科学历（或高等职业教育），从事工程造价业务工作满 5 年；

② 取得土木建筑、水利、装备制造、交通运输、电子信息、财经商贸大类大学专科学历（或高等职业教育），从事工程造价业务工作满 6 年；

③ 取得通过专业评估（认证）的工程管理、工程造价专业大学本科学历或学位，从事工程造价业务工作满 4 年；

④ 取得工学、管理学、经济学门类大学本科学历或学位，从事工程造价业务工作满 5 年；

⑤ 取得工学、管理学、经济学门类硕士学位或者第二学士学位，从事工程造价业务工作满 3 年；

⑥ 取得工学、管理学、经济学门类博士学位，从事工程造价业务工作满 1 年；

⑦ 取得其他专业类（门类）相应学历或者学位的人员，从事工程造价业务工作年限相应增加 1 年。

2）二级造价工程师执业资格考试报名条件

凡遵守国家法律、法规，具有良好的政治业务素质和道德品行，从事工程造价工作且具备下列条件之一者，可以申请参加二级造价工程师执业资格考试：

① 取得工程造价专业大学专科学历（或高等职业教育），从事工程造价业务工作满 2 年；

② 取得土木建筑、水利、装备制造、交通运输、电子信息、财经商贸大类大学专科（或高等职业教育）学历，从事工程造价业务工作满 3 年；

③ 取得工程管理、工程造价专业大学本科及以上学历或学位，从事工程造价业务工作满 1 年；

④ 取得工学、管理学、经济学门类大学本科及以上学历或学位，从事工程造价业务工作满 2 年；

⑤ 取得其他专业类（门类）相应学历或学位的人员，从事工程造价业务工作年限相应增加 1 年。

（5）造价工程师的注册

国家对造价工程师执业资格实行注册执业管理制度。取得造价工程师执业资格证书且从事工程造价相关工作的人员，经注册方可以注册造价工程师名义从事工程造价工作。一级造价工程师执业资格注册的组织实施由住房城乡建设部、交通运输部、水利部分别负责。二级造价工程师执业资格注册的组织实施由省级住房城乡建设、交通运输、水利行政主管部门分别负责。住房城乡建设部、交通运输部、水利部按照职责分工，制定相应造价工程师执业资格注册管理办法并监督执行。

（6）注册造价工程师的执业范围

根据《造价工程师执业资格制度规定》（征求意见稿）规定，造价工程师只能在一个单位执业。

一级注册造价工程师的执业范围包括建设项目全过程工程造价管理与咨询等，具体工作内容：

1）项目建议书、可行性研究投资估算与审核，项目评价，造价分析；

2）建设工程设计、施工招投标工程计量与计价；

3）建设工程合同价款，结算价款、竣工决算价款的编制与管理；

4）建设工程审计、仲裁、诉讼、保险中的造价鉴定，工程造价纠纷调解；

5）建设工程计价依据、造价指标的编制与管理；

6）与工程造价管理有关的其他事项。

二级注册造价工程师的执业范围包括协助一级注册造价工程师开展相关工作，并可独立开展以下具体工作内容：

1）建设工程工料分析、计划、组织与成本管理，施工图预算、设计概算编制；

2）建设工程量清单、招标控制价、投标报价编制；

3）建设工程合同价款、结算和竣工决算价款的编制。

5. 注册监理工程师制度

注册监理工程师，是指经考试取得中华人民共和国监理工程师资格证书，并按照规定注册，取得中华人民共和国注册监理工程师注册执业证书和执业印章，从事工程监理及相关业务活动的专业技术人员。

（1）注册监理工程师的专业

按照《工程监理企业资质管理规定》（建设部令第158号）划分的工程类别，注册监理工程师划分为14个专业：房屋建筑工程；冶炼工程；矿山工程；化工石油工程；水利水电工程；电力工程；农林工程；铁路工程；公路工程；港口与航道工程；航天航空工程；通信工程；市政公用工程；机电安装工程。注册监理工程师依据其所学专业、工作经历、工程业绩，按专业注册，每人最多可以申请两个专业注册。

（2）注册监理工程师的考试科目

注册监理工程师资格考试设4个科目，分4个半天进行。考试成绩实行2年为一个周期的滚动管理办法，参加全部4个科目考试的人员，必须在连续2个考试年度内通过全部科目考试；符合免试部分科目考试的人员，必须在一个考试年度内通过规定的两个科目的考试，可取得监理工程师执业资格证书。

注册监理工程师执业资格考试实行全国统一大纲、统一命题、统一组织的考试制度，由人事部、住房和城乡建设部共同组织实施，每年举行一次考试，考试时间一般安排在5月中旬。考试科目有：《建设工程监理基本理论与相关法规》《建设工程合同管理》《建设工程质量、投资、进度控制》和《建设工程监理案例分析》，其中《建设工程监理案例分析》为主观题，其余3科均为客观题。

（3）报考条件

凡中华人民共和国公民，身体健康，遵纪守法，具备下列条件之一者，可申请参加监理工程师执业资格考试。

1）参加全科（四科）考试条件：

① 工程技术或工程经济专业大专（含大专）以上学历，按照国家有关规定，取得工程技术或工程经济专业中级职务，并任职满3年。

② 按照国家有关规定，取得工程技术或工程经济专业高级职务。

2）免试部分科目的条件：

对从事工程建设监理工作并同时具备下列四项条件的报考人员，可免试《建设工程合同管理》和《建设工程质量、投资、进度控制》两科。

① 1970年（含1970年）以前工程技术或工程经济专业中专（含中专）以上毕业；

② 按照国家有关规定，取得工程技术或工程经济专业高级职务；

③ 从事工程设计或工程施工管理工作满15年；

④ 从事监理工作满1年。

（4）注册监理工程师的注册

取得资格证书并受聘于一个建设工程勘察、设计、施工、监理、招标代理、造价咨询等单位的人员，应当通过聘用单位向单位工商注册所在地的省、自治区、直辖市人民政府建设主管部门提出注册申请；省、自治区、直辖市人民政府建设主管部门受理后提出初审意见，并将初审意见和全部申报材料报国务院建设主管部门审批；符合条件的，由国务院建设主管部门核发注册证书和执业印章。注册证书和执业印章的有效期为3年。注册有效期满需继续执业的，应当在注册有效期满30日前，按照规定的程序申请延续注册，延续注册有效期3年。

（5）注册监理工程师的执业范围

注册监理工程师可以从事工程监理、工程经济与技术咨询、工程招标与采购咨询、工程项目管理服务以及国务院有关部门规定的其他业务。

工程监理活动中形成的监理文件由注册监理工程师按照规定签字盖章后方可生效。修改经注册监理工程师签字盖章的工程监理文件，应当由该注册监理工程师进行；因特殊情况，该注册监理工程师不能进行修改的，应当由其他注册监理工程师修改，并签字、加盖执业印章，对修改部分承担责任。

因工程监理事故及相关业务造成的经济损失，聘用单位应当承担赔偿责任；聘用单位承担赔偿责任后，可依法向负有过错的注册监理工程师追偿。

案 例 分 析

案例 2-1

【案情简介】

甲方：××通用机械厂　　　　　　　　乙方：××集团第八分公司

甲方为使本厂的自筹资金的招待所工程尽快发挥效益，2005年3月，在施工图还没有完成的情况下，就和乙方签订了施工合同，并拨付了工程备料款，意在早作准备，加快速度，减少物价上涨的影响。乙方按照甲方的要求进场做准备，搭设临时设施、租赁了机械工具，并购进了大批建筑材料等待开工。当甲方拿到设计单位的施工图及设计概算时，出现了以下问题。

甲方原计划自筹项目总投资 150 万元，设计单位按甲方提出的标准和要求设计完成后，设计概算达到 210 万元。一旦开工，很可能造成中途停建，但不开工，施工队伍已进场做了大量的工作。经各方面研究决定："方案另议，缓期施工"。甲方将决定通知乙方后，乙方很快送来了索赔报告。

××通用机械厂基建科：

我方按照贵厂招待所工程的施工合同要求准时进场（2005 年 3 月 25 日），鉴于贵方做出"缓期施工"的时间难以确定，我方必须考虑各种可能以减少双方更大的损失。现将自进场以来所发生的费用报告如下：

临时材料库及工棚搭设费；工人住宿、食堂、厕所搭建费；办公室、传达室、新改建大门费；搅拌机、卷扬机租赁费；钢管脚手架、钢横板租赁费；工人窝工费（接到图纸后时间内）；已购运进场材料费；已为施工办理各种手续费用；上交有关税费等共 10 项合计 40.5 万元。

甲方认真核实了乙方费用证据及实物，同意乙方退场决定，并给予了实际发生的损失补偿。

【案例评析】

工程建设要先设计后施工，工程建设中的自筹资金要满足工程需要，工程建设要量力而行，这些都是基本建设工作中的基本要求。不按照基建程序仓促上马，急于取得经济效益，而最终却得到了相反的结果。一个愿望的实现，当它违背了客观规律、脱离了科学决策的时候，结果往往就是相反的。

案例 2-2

【案情简介】

2003 年 3 月，被告人顾某（个体建筑工匠）在没有资质承建工业厂房的情况下，超越承建范围，与某搪瓷制品有限公司法定代表人胡某签订协议，承建该公司的球磨车间。在施工过程中，被告人顾某违反规章制度，没有按照规定要求的施工图施工，且没有采取有效的安全防范措施，冒险作业，留下事故隐患。2003 年 4 月 16 日 15 时许，施工人员砌筑完球磨车间西墙后，在墙身顶部浇天沟时，由于墙身全部采用五斗一盖砌筑，且中间没有立柱或砖墩加固，天沟模板没有落地支撑，致使墙身失稳倒塌，造成高某被墙体压住而死亡、沈某等 3 人轻伤、韩某轻微伤的重大伤亡事故。

法院审理认为，被告人顾某在无建筑资质的情况下承建工业厂房，超越承建范围，且在施工过程中违章作业，造成一起 1 人死亡 4 人受伤的重大伤亡事故，其行为已构成重大责任事故罪。

法院同时考虑到被告人顾某在案发后认罪态度较好，且已对各受害人的经济损失作了赔偿，确有悔罪表现等情节，依法作出如下判决：被告人顾某犯重大责任事故罪，判处有期徒刑 1 年，缓刑 1 年。

【案例评析】

我国《刑法》第 134 条规定："工厂、矿山、林场、建筑企业或者其他企业、事业单位的职工，由于不服管理、违反规章制度，或者强令工人违章冒险作业，因而发生重大伤亡事故或者造成其他严重后果的，处 3 年以下有期徒刑或者拘役；情节特别恶劣的，处 3 年以上 7 年以下有期徒刑。"重大责任事故罪的成立以行为人在生产、作业过程中违反规章制度或者强令工人违章冒险作业，发生了"重大伤亡事故"或者造成了"其他严重后果"为必备条件。本案中，被告人顾某在无建筑资质的情况下承建工业厂房，超越承建范围，且在施工过程中违章作业，造成一起 1 人死亡 4 人受伤的重大伤亡事故，其行为已构成重大责任事故罪，依法应受到刑事追究。

同时，本案也警示人们，在农村个人建房以及个体工商业主建厂房时，无资质、超越承建范围、违章施工建房的现象仍时有发生，但愿本案血的教训能够引起建房户的关注，杜绝和远离无资质建房，避免因一时贪图小利造成无可挽回的损失。同时，有关部门要重视安全生产，加大对这方面的管理力度，从源头上遏制这类事故的发生。

案例 2-3

【案情简介】

2010 年 11 月 15 日下午 2 时 15 分许，上海静安区胶州路 728 号的一幢 28 层民宅发生严重火灾，起火大楼正在实施今年的静安区政府实事工程——节能综合整治项目。火灾发生后，上海公安、消防、卫生、应急办等部门立即出动，赶赴现场处置，展开灭火救援工作。这场大火于当晚 6 时 30 分被扑灭，目前火灾已导致 58 人死亡。经过初步分析，火灾起因是大楼在装修作业施工中，有 2 名电焊工无特种作业人员资格证违规实施作业，严重违反操作规程，在短时间内形成密集火灾，并且在引发大火后逃离现场。

【案例评析】

为了加强特种作业人员的安全技术培训、考核和管理，实现施工现场安全生产，提高经济效益，根据国家安全生产监督管理总局颁布的《特种作业人员安全技术培训考核管理规定（2015 年修正）》，我国特种作业人员划分为十一个专业类别：电工作业、焊接与热切割作业、高处作业制冷与空调作业、煤矿安全作业、金属非金属矿山安全作业、石油天然气安全作业、冶金（有色）金属生产安全作业、危险化学品安全作业、烟花爆竹安全作业、安全生产总局认定的其他作业。对于特种作业人员必须进行培训，考核合格后取得操作证者才准独立作业。

复习思考题

1. 何谓工程建设程序？我国的建设程序分为哪几个阶段？
2. 规定建设程序有什么意义？
3. 我国对于土地所有权和使用权方面是如何规定的？
4. 什么叫执业资格制度？我国执业资格制度立法情况如何？
5. 从事建筑活动的单位应当具备哪些条件？
6. 什么是注册建造师？注册建造师资质分为哪些级别？不同资质等级的注册建造师的执业范围有哪些区别？
7. 先看下面案例，然后进行分析。

案情简介：长平乡以党委、乡政府的名义向某市绿化委员会申请建设片林 1500 亩，并要求在规划绿地面积的同时，划出 300 亩别墅和公寓建设用地。该乡在办理立项用地许可证、建设规划许可证等手续未得到批准的情况下，成立了经贸发展有限公司进行房地产开发和销售工作，开始了大面积的违法建筑和非法土地转让。在建设过程中，该市、区有关部门曾多次下发"违章开发建设停工通知书"，但是违法开发及强行施工却从未停止过。后来，该市建设工程项目执法监察小组对该建设项目进行处罚：要求该建设项目补交土地转让金和有关税费，按规定补办有关手续，并处以罚款。

请问：该市建设工程项目执法监察小组对该建设项目的处罚正确吗？请加以分析。

教学单元3 建设工程质量管理法规

本单元主要介绍了建设工程质量的概念、管理体系及立法现状；工程建设质量体系认证制度；建设各方在质量管理中的责任，以及建设工程质量保修及损害赔偿责任等内容。

3.1 建设工程质量管理概述

3.1.1 建设工程质量的概念及影响因素

传统质量定义：检测产品，保证它符合规格。

现代质量可定义为：厂家必须生产客户想要的理想产品，以获得客户的满意。改进质量的目的就是要创造热情、满意、忠诚的客户。

建设工程质量有广义和狭义之分。从狭义上说，建设工程质量仅指工程实体质量，指在国家现行的有关法律、法规、技术标准、设计文件和合同中，对工程的安全、适用、经济、美观等特性的综合要求。广义上的建设工程质量还包括工程建设参与者的服务质量和工作质量。它反映在他们的服务是否及时、主动，态度是否诚恳、守信，管理水平是否先进，工作效率是否很高等方面。它又可分为政治思想工作质量、管理工作质量、技术工作质量和后勤工作质量等。应该说，工程实体质量的好坏是决策、计划、勘察、设计、施工等单位各方面各环节工作质量的综合反映。现在，国内外都趋向于从广义上来理解建设工程质量，但本书中的建设工程质量主要还是工程本身的质量，即狭义上的建设工程质量。

影响建设工程质量的因素很多，如决策、设计、材料、机械、地形、地质、水文、气象、施工工艺、操作方法、技术措施、人员素质、管理制度等，但归纳起来可分为五大方面，即通常所说的"4M1E"：人（Man）、机械（Machine）、材料（Material）、方法（Method）和环境（Environment）。在工程建设全过程中严格控制好这五大因素，是保证建设工程质量的关键。

3.1.2 建设工程质量法规立法现状

新中国成立后尤其改革开放以来，我国颁布了一系列关于建设工程质量的法律、法规和规章。其中法律主要有：《中华人民共和国标准化法》（1988年）、《建筑法》（1997年）、《中华人民共和国产品质量法》（2000年）等。其中法规和规章有：《建设部质量奖评审管理办法》（1990年），《中华人民共和国产品质量认证管理条例》（1991年），《工程建设国家标准管理办法》（1992年），《工程建设行业标准管理办法》（1992年），《建筑工程质量管理办法》（1993年），《建筑工程质量管理条例》（2000年），《建筑工程施工图设计文件审查暂行办法》（2000年），《房屋建筑工程和市政基础设施工程竣工验收备案管理暂行办法》（2000年），《房屋建筑工程质量保修办法》（2000年），《实施工程建设强制性标准监督规定》（2000年）；《房屋建筑工程和市政基础设施工程验收暂行规定》（2000年），

《2000 版工程建设标准强制性条文（房屋建筑部分）》（2000 年），《房屋建筑工程制图统一标准》（2001 年），《建筑结构可靠度设计统一标准》（2001 年），《建筑工程施工质量验收统一标准》（2001 年），《建设工程勘察质量管理办法》（2002 年），《工程质量监督工作导则》（2003 年），《建设工程质量检测管理办法》（2005 年），《房屋建筑和市政基础设施工程施工图设计文件审查管理办法》（2013 年）等。

3.1.3 我国建设工程质量管理体系

建设工程质量的优劣直接关系国民经济的发展和人民生命财产的安全，因此，加强建设工程质量的管理，是一个十分重要的问题。根据有关法规规定，我国已经建立起了建设工程质量管理体系，它包括宏观管理和微观管理两个方面。

宏观管理是国家对建设工程质量所进行的监督管理，它具体由建设行政主管部门及其委托授权机构实施，是外部纵向控制。这种管理贯穿在工程建设的全过程和各个环节之中，既对工程建设从计划、规划、土地管理、环保、消防等方面进行监督管理，又对工程建设的主体从资质认定和审查，成果质量检测、验证和奖惩等方面进行监督管理，还对工程建设中各种活动（如工程建设招标投标，工程施工、验收、维修等）进行监督管理。其目的是维护社会公共利益，保证法规和标准贯彻执行。住房城乡建设部是国家建设工程质量监督工作的主管部门；市、县建设工程质量监督站是建设工程质量监督的实施机构。

微观管理又包括两个方面，一是建设工程承包单位，如勘察单位、设计单位、施工单位自己对所承担工作的质量管理，是内部、自身的控制。他们要按要求建立专门质检机构，配备相应的质检人员，建立相应的质量保证制度，如审核校对制、培训上岗制、质量抽检制、各级质量责任制和部门领导质量责任制等。二是建设单位对所建工程的管理，可成立相应的机构和人员，对所建工程的质量进行监督管理，也可委托社会监理单位对工程建设的质量进行监理，是外部、横向的控制。其目的在于保证工程项目能够按合同规定的质量要求达到业主的建设意图，取得良好的投资效益。现在，世界上大多数国家都推行监理制，我国也在推行和完善这一制度。

3.2 建设工程质量体系认证制度

《建筑法》规定：国家对从事建筑活动的单位推行质量体系认证制度。从事建筑活动的单位根据自愿原则可以向国务院产品质量监督管理部门或其授权的部门认可的认证机构申请企业质量体系认证。经认证合格的，由认证机构向该企业颁发企业质量体系认证书。

3.2.1 质量体系认证的标准

1987 年 3 月，国际标准化组织（ISO）正式发布 ISO 9000 质量管理体系系列标准。1992 年，我国也发布了等同采用国际标准的 GB /T 19000/ISO 9000 系列标准。此后 ISO/TC 176 技术委员会通过调研、试点，对 ISO 9000 系列标准进行了不断的改进，在原 1994 版 ISO 9000 系列标准的基础上，正式发布了 2000 版 ISO 9000 系列标准，我国随即将其等同转化为国家标准。2008 年 ISO 又发布了最新修订的 ISO 9001：2008《质量管理体系　要求》，2015 年对系列标准又进行了修订，颁布了 2015 版 ISO 9001 系列标准。我国于 2016 年对质量管理体系基础和术语、要求进行了修订，颁布了《质量管理体系　基础和术语》GB/T 19001—2016、《质量管理体系　要求》GB/T 19001—2016 国家标准。

3.2.2 质量体系系列认证标准

1. 质量管理体系系列标准

"GB/T"是"推荐性国家标准"代号，即：中国的"GB/T 19001—2016"标准等同采用 ISO 9001:2015 标准之意。

GB/T 19000/ISO 9000 系列标准的核心标准包括：

(1) GB/T 19000—2016/ISO 9000：2015《质量管理体系　基础和术语》。

(2) GB/T 19001—2016/ISO 9001：2015《质量管理体系　要求》。

(3) GB/T 19004—2000/ISO 9004：2000《质量管理体系　业绩改进指南》。

(4) GB/T 19011—2003/ISO 19011：2002《质量和（或）环境管理体系审核指南》。

此外，GB/T 19000 系列标准中还包括其他标准、技术规范、技术报告等文件。

ISO 9000 系列标准，由于其制定的高度概括性和认证模式的严谨性，得到世界各国认同，并为各国广泛采用。一度在世界范围内形成席卷工商业的旋风，在我国同样也掀起了 ISO 9000 认证热潮。就 ISO 9000 族标准本身而言，由于其总结了诸多工业发达国家近百年来的管理经验，融合了当今诸多优秀的管理方法，并用最简洁的方式将企业运行的模式加以概括，指明了企业管理的基本流程；同时该体系本身又兼具相当的弹性，容许每个企业根据自身特点加以最大限度的发挥运用。运用这套标准，可以帮助组织建立正常运转的基本框架，制定各个层面最基础的管理制度，同时还能结合组织自身管理队伍素质的高低，选择不同的管理流程和模式以达到质量管理的目的。

2. 建筑施工企业的认证

凡是通过 ISO 9000 认证的企业，在各项管理系统整合上已达到了国际标准，表明企业能持续稳定地向顾客提供预期和满意的合格产品。站在消费者的角度，公司以顾客为中心，能满足顾客需求，达到顾客满意，不诱导消费者。

建筑施工领域质量管理工作专业性强，为了进一步提高建筑施工企业质量管理水平，为社会提供优质建筑，国家认证认可监督管理委员会与住房城乡建设部决定在建筑施工领域质量管理体系认证中认证的内容同时包括《质量管理体系要求》GB/T 19001—2016 和《工程建设施工企业质量管理规范》GB/T 50430—2017 的要求。

认证证书标注的认证依据标准为：GB/T 19001—2016/ISO 9001：2015 和 GB/T 50430—2007。

3.3　建设各方对质量的责任和义务

3.3.1　建设单位的质量责任和义务

建设单位（又称业主）是投资建设工程，并对工程项目享有所有权的主体。按理说，它对建设工程质量应最为关心，也最为精心。但在我国，工程建设的投资者主要还是国家及一些开发商，代表建设单位直接参与工程管理的人并不是工程最后的使用者，建设工程质量的好坏与其自身利益并无十分密切的关系，他们享有建设单位的权利，但不承担工程质量低劣的后果。另外，我国建筑行业竞争十分强烈，基本处于僧多粥少的局面，承包方与建设单位处于不平等的地位，使得建设单位在工程建设中的行为没有多少约束，建设单位的压低造价等一些不合理要求得不到抵制，违背正常建设规律建成的工程质量存在不少隐患。鉴于此，国务院于2000年1月颁发的《建设工程质量管理条例》特别对建设单位的质量责任和义务作出了明确规定，主要包括：

（1）依法发包工程的责任

通过工程发包，选取具有技术和经济实力、享有良好信誉的承包商来承包工程建设，是确保工程质量的重要环节。《建设工程质量管理条例》规定："建设单位应当将工程发包给具有相应资质等级的单位。""建设单位不得将工程肢解发包。"同时，还进一步规定："建设单位应依法对工程建设项目的勘察、设计、施工、监理以及与工程建设相关的重要设备、材料等的采购进行招标。"发包单位及其工作人员在建设工程发包中不得收受贿赂、回扣或索取其他好处。

（2）委托监理的责任

建设单位对工程建设应进行必要的监督、管理，对于国家规定强制实行监理的工程，建设单位应委托具有相应资质等级的工程监理单位进行监理，也可以委托具有工程监理相应资质等级并与被监理工程的施工承包单位没有隶属关系或其他利害关系的该工程的设计单位进行监理。

（3）依法报批、接受政府监督的责任

建设单位在工程设计完成后，应将施工图设计文件报县级以上人民政府建设行政主管部门或其他有关部门审查，未经审查批准的施工图设计文件，不得使用。建设单位在领取施工许可证或进行开工报告前，应按国家有关规定办理工程质量监督手续。

（4）遵守国家规定及技术标准的责任

建立工程建设的技术标准及相关规定，是保证建设工程质量的重要措施，任何单位和个人都必须严格遵守，不得随意更改和破坏。建设单位在工程发包时不得迫使承包方以低于成本的价格竞标，不得任意压缩合理工期。工程建设过程中，建设单位不得明示和暗示设计单位或施工单位违反工程建设强制性标准，降低工程质量。建设单位也不得明示和暗示施工单位使用不合格的建筑材料、建筑构配件和设备。按合同约定由建设单位自己提供的建筑材料、建筑构配件和设备，也必须保证其符合设计文件和合同的要求。在进行涉及建筑主体和承重结构变动的装修时，应委托原设计单位或具有相应资质等级的设计单位进行设计，没有设计方案的，不得强行施工。

（5）提供资料、组织验收的责任

在工程建设的各个阶段，建设单位都负有向有关的勘察、设计、施工、工程监理等单位提供工程有关原始资料，并保证其真实、准确、齐全的责任。在收到工程竣工报告后，建设单位应负责组织设计、施工、工程监理等有关单位对工程进行验收，并应按国家有关档案管理的规定，及时收集、整理建设项目各环节的文件资料，在工程验收后，负责及时向建设行政主管部门或其他有关部门移交建设项目档案。

如建设单位未尽上述责任，将分别受到限期改正、责令停工、处以罚款等处罚；构成犯罪的还将追究单位、直接责任人及其直接负责的主管人员的刑事责任。建设单位如是房屋建设开发公司，除承担一般建设单位的有关责任、义务外，还应建立健全质量保证体系，加强对开发工程的质量管理；其开发经营的工程质量应符合国家现行的有关法律、法规、技术标准和设计文件的要求；其出售的房屋，应符合使用要求，并应提供有关使用、保养和维护的说明，如发生质量问题，应在保修期内负责保修。房屋建设开发公司如违反上述规定，将依其情节轻重，处以降低资质等级、吊销资质证书和罚款的处罚。

3.3.2 施工单位的质量责任与义务

1. 依法承揽工程的责任

《建设工程质量管理条例》第二十五条规定，施工单位应当依法取得相应等级的资质证书，并在其资质等级许可的范围内承揽工程。禁止施工单位超越本单位资质等级许可的业务范围或者以其他施工单位的名义承揽工程。禁止施工单位允许其他单位或者个人以本单位的名义承揽工程。施工单位不得转包或者违法分包工程。

2. 建立质量保证体系的责任

施工单位对建设工程的施工质量负责，应当建立质量责任制，明确工程项目的项目经理、技术负责人和管理负责人。施工单位必须建立、健全并落实质量责任制度，严格工序管理，做好隐蔽工程的质量检查和记录。隐蔽工程在掩埋前，应通知建设单位和建设工程质量监督机构进行检验。施工单位还应当建立、健全教育培训制度，加强对职工的教育培训，未经教育培训或考核不合格的人员，不得上岗作业。施工单位还应加强计量、检测等基础工作。

3. 遵守技术标准、严格按图施工的责任

施工单位必须按照工程设计图纸和施工技术标准施工，不得擅自修改工程设计，不得偷工减料。施工过程中如发现设计文件和图纸的差错，应及时向设计单位提出意见和建议，不得擅自处理。施工单位必须按照工程设计要求、施工技术标准和合同约定，对建筑材料、建筑构配件、设备及商品混凝土进行检验，并做好书面记录，由专人签字，未经检验或检验不合格的上述物品，不得使用。施工单位对涉及结构安全的试块、试件及有关材料，应在建设单位或工程监理单位监督下现场取样，并送具有相应资质等级的质量检测单位进行检测。施工单位对施工中出现质量问题的建设工程或竣工验收不合格的工程，应负责返修。

4. 总包单位与分包单位之间的质量责任

建设工程实行总承包的，总承包单位应对全部建设工程质量负责；实行勘察、设计、施工、设备采购的一项或多项总承包的，总承包单位应对其承包工程或采购设备的质量负责。总承包单位依法进行分包的，分包单位应按分包合同的约定对其分包工程的质量向总承包单位负责，总承包单位与分包单位对分包工程的质量承担连带责任。

3.3.3 监理单位的质量责任和义务

1. 依法承揽业务的责任

工程监理单位应在其资质等级许可的范围内承担工程监理业务，不得超越本单位资质等级许可的范围或以其他工程监理单位的名义承担工程监理业务。禁止工程监理单位允许其他单位或个人以本单位的名义承担工程监理业务。工程监理单位也不得将自己承担的工程监理业务进行转让。

2. 回避责任

工程监理单位与被监理工程的施工承包单位以及建筑材料、建筑构配件和设备供应单位有隶属关系或其他利害关系的，不得承担该项建设工程的监理业务，以保证监理活动的公平、公正。

3. 坚持质量标准、依法进行现场监理的责任工程监理单位应选派具有相应资格的总监理工程师进驻施工现场。监理工程师应依据有关技术标准、设计文件和建设工程承包合同及工程监理规范的要求，采取旁站、巡视和平行检验等形式，对建设工程实施监理，对违反有关规范及技术标准的行为进行制止，责令改正；对工程使用的建筑材料、建筑构配件和设备的质量进行检验，不合格者，不得准许使用。工程监理单位不得与建设单位或施工单位串通一气，弄虚作假，降低工程质量。

工程监理单位未尽上述责任影响工程质量的，将根据其违法行为的严重程度，给予责令改正、没收非法所得、罚款、降低资质等级、吊销资质证书等处罚。造成重大安全事故、构成犯罪的，要追究直接责任人员的刑事责任。

3.3.4 其他

1. 工程勘察设计单位的质量责任与义务

（1）依法承揽工程的责任

勘察设计单位必须在其资质等级允许范围内承揽工程勘察设计任务，不得擅自超越资质等级或以其他勘察、设计单位的名义承揽工程，也不得允许其他单位或个人以本单位的名义承揽工程，还不得转包或违法分包自己所承揽的工程。

（2）建立质量保证体系的责任

勘察设计单位应建立健全质量保证体系，工程勘察项目负责人应组织有关人员做好现场踏勘、调查，按要求编写勘察纲要，并对勘察过程中各项作业资料进行验收并签字。工程勘察工作的原始记录应在勘察工程中及时整理、核对，确保取样、记录的真实和准确，严禁离开现场后再追记和补记。工程勘察企业的法定代表人、项目负责人、审核人、审定人等相关人员应在勘察文件上签字或盖章，并对勘察质量负责。其相关责任分别为：企业法定代表人对勘察质量负全面责任；项目负责人对项目的勘察文件负主要质量责任；项目审核人、审定人对其审核。审定项目的勘察文件负审核审定的质量责任。设计单位应加强设计过程的质量控制，健全设计文件的审核会签制度。注册建筑师、注册结构工程师等执业人员应在设计文件上签字，对设计文件的质量负责。

（3）遵守国家工程建设强制性标准及有关规定的责任

勘察设计单位必须按照工程建设强制性标准及有关规定进行勘察设计。工程勘察文件要反映工程地质、地形地貌、水文地质状况，其勘察成果必须真实准确、评价应准确可靠。勘察文件应符合国家规定的勘察深度要求。设计单位要根据勘察成果文件进行设计，设计文件的深度，应符合国家规定，满足相应设计阶段的技术要求，并注明工程合理使用年限。所完成的施工图应配套，细部节点应交代清楚，标注说明应清晰、完整。由设计所选用的建筑材料、建筑构配件和设备，应注明规格、型号、性能等技术指标，其质量必须符合国家规定的标准；除有特殊要求的建筑材料、专用设备、工艺生产线外，设计单位不得指定生产厂家或供应商。

（4）施工验槽、技术交底和事故处理责任

工程勘察单位应当参与施工验槽，及时解决工程设计和施工中与勘察工作有关的问题。设计单位应就审查合格的施工图向施工单位作出详细说明，做好设计文件的技术交底工作，对大中型建设工程、超高层建筑以及采用新技术、新结构的工程，设计单位还应在施工现场派驻设计代表。当其所设计的工程发生质量事故时，设计单位应参与质量事故分析，并对因设计造成的质量事故，提出相应的技术处理方案。

2. 建筑材料、构配件生产及设备供应单位的质量责任

建筑材料、构配件生产及设备供应单位对其生产或供应的产品质量负责。建筑材料、构配件生产及设备供应单位必须具备相应的生产条件、技术设备和质量保证体系，具备相应的检测人员和设备，并应把好产品看样、订货、储存、运输和核验的质量关，其供应的建筑材料、构配件和设备质量应符合国家或行业现行有关技术标准规定的合格标准和设计要求，并应符合以其产品说明、实物样品等方式表明的质量状况。其产品或其包装上的标识应符合下述要求：

1）有产品质量检验合格证明；

2）有中文标明的产品名称、生产厂的厂名和厂址；

3）产品包装和商标样式符合国家有关规定和标准要求；

4）设备应有详细的产品使用说明书，电器设备还应附有线路图；

5）获得生产许可证或使用产品质量认证标志的产品，应有生产许可证或质量认证。

3.4　建设各方对工程质量应承担的法律责任

为进一步提高我国建筑工程质量安全监管水平和各方责任主体质量意识，强化监管责任，确保工程质量，国家及各地出台了一系列行政法规，加大了对工程质量责任的力度。

3.4.1　建设单位对工程质量应承担的法律责任

（1）建设单位将建设工程发包给不具有相应资质等级的勘察、设计、施工单位或者委托给不具有相应资质等级的工程监理单位的，责令改正，处 50 万元以上 100 万元以下的罚款。

（2）建设单位将建设工程肢解发包的，责令改正，处工程合同价款 0.5% 以上 1% 以下的罚款；对全部或者部分使用国有资金的项目，并可以暂停项目执行或者暂停资金拨付。

（3）建设单位有下列行为之一的，责令改正，处 20 万元以上 50 万元以下的罚款：

1）迫使承包方以低于成本的价格竞标的；

2）任意压缩合理工期的；

3）明示或者暗示设计单位或者施工单位违反工程建设强制性标准，降低工程质量的；

4）施工图设计文件未经审查或者审查不合格，擅自施工的；

5）建设项目必须实行工程监理而未实行工程监理的；

6）未按照国家规定办理工程质量监督手续的；

7）明示或者暗示施工单位使用不合格的建筑材料、建筑构配件和设备的；

8）未按照国家规定将竣工验收报告、有关认可文件或者准许使用文件报送备案的。

（4）建设单位未取得施工许可证或者开工报告未经批准，擅自施工的，责令停止施工，限期改正，处工程合同价款 1% 以上 2% 以下的罚款。

（5）建设单位有下列行为之一的，责令改正，处工程合同价款 2% 以上 4% 以下的罚款；造成损失的，依法承担赔偿责任：

1）未组织竣工验收，擅自交付使用的；

2）验收不合格，擅自交付使用的；

3）对不合格的建设工程按照合格工程验收的。

《建设工程质量管理条例》第五十九条规定：违反本条例规定，建设工程竣工验收后，建设单位未向建设行政主管部门或者其他有关部门移交建设项目档案的，责令改正，处1万元以上10万元以下的罚款。

3.4.2 施工单位对工程质量应承担的法律责任

（1）施工单位在施工中偷工减料的，使用不合格的建筑材料、建筑构配件和设备的，或者有不按照工程设计图纸或者施工技术标准施工的其他行为的，责令改正，处工程合同价款2％以上4％以下的罚款；造成建设工程质量不符合规定的质量标准的，负责返工、修理，并赔偿因此造成的损失；情节严重的，责令停业整顿，降低资质等级或者吊销资质证书。

（2）施工单位未对建筑材料、建筑构配件、设备和商品混凝土进行检验，或者未对涉及结构安全的试块、试件以及有关材料取样检测的，责令改正，处10万元以上20万元以下的罚款；情节严重的，责令停业整顿，降低资质等级或者吊销资质证书；造成损失的，依法承担赔偿责任。

（3）施工单位不履行保修义务或者拖延履行保修义务的，责令改正，处10万元以上20万元以下的罚款，并对在保修期内因质量缺陷造成的损失承担赔偿责任。

（4）涉及建筑主体或者承重结构变动的装修工程，没有设计方案擅自施工的，责令改正，处50万元以上100万元以下的罚款；房屋建筑使用者在装修过程中擅自变动房屋建筑主体或者承重结构的，责令改正，处5万元以上10万元以下的罚款。

有上述所列行为，造成损失的，依法承担赔偿责任。

（5）施工单位超越资质等级承揽工程的，责令停止违法行为，对施工单位处工程合同价款2％以上4％以下的罚款，可以责令停业整顿，降低资质等级；情节严重的，吊销资质证书；有违法所得的，予以没收。

未取得资质证书承揽工程的，予以取缔，依照上述规定处以罚款；有违法所得的，予以没收。

以欺骗手段取得资质证书承揽工程的，吊销资质证书，依照本条第一款规定处以罚款；有违法所得的，予以没收。

（6）施工单位允许其他单位或者个人以本单位名义承揽工程的，责令改正，没收非法所得，对施工单位处工程合同价款2％以上4％以下的罚款；可以责令停业整顿，降低资质等级；情节严重的，吊销资质证书。

（7）承包单位将承包的工程转包或者违法分包的，责令改正，没收非法所得，对施工单位处工程合同价款0.5％以上1％以下的罚款；可以责令停业整顿，降低资质等级；情节严重的，吊销资质证书。

3.4.3 监理单位对工程质量应承担的法律责任

（1）工程监理单位超越资质等级承揽工程的，责令停止违法行为，处合同约定的监理酬金1倍以上2倍以下的罚款；情节严重的，吊销资质证书；有违法所得的，予以没收。

未取得资质证书承揽工程的，予以取缔，依照上述规定处以罚款；有违法所得的，予以没收。

以欺骗手段取得资质证书承揽工程的，吊销资质证书，依照本条第一款规定处以罚款；有违法所得的，予以没收。

（2）工程监理单位允许其他单位或者个人以本单位名义承揽工程的，责令改正，没收非法所得，对工程监理单位处合同约定的监理酬金1倍以上2倍以下的罚款；情节严重的，吊销资质证书。

（3）工程监理单位转让工程监理业务的，责令改正，没收非法所得，处合同约定的监理酬金25%以上50%以下的罚款；可以责令停业整顿，降低资质等级；情节严重的，吊销资质证书。

（4）工程监理单位有下列行为之一的，责令改正，处50万元以上100万元以下的罚款，降低资质等级或者吊销资质证书，有违法所得的，予以没收；造成损失的，承担连带赔偿责任：

1）与建设单位或者施工单位串通，弄虚作假，降低工程质量的；

2）将不合格的建设工程、建筑材料、建筑构配件和设备按照合格签字的。

（5）工程监理单位与被监理工程的施工承包单位以及建筑材料、建筑构配件和设备供应单位有隶属关系或者其他利害关系承担该项建设工程监理业务的，责令改正，并处5万元以上10万元以下的罚款，降低资质等级或者吊销资质证书；有违法所得的，予以没收。

3.4.4 勘察设计单位对工程质量应承担的法律责任

（1）勘察设计单位超越资质等级承揽工程的，责令停止违法行为，处合同约定的勘察设计费1倍以上2倍以下的罚款；情节严重的，吊销资质证书；有违法所得的，予以没收。

未取得资质证书承揽工程的，予以取缔，依照上述规定处以罚款；有违法所得的，予以没收。

以欺骗手段取得资质证书承揽工程的，吊销资质证书，依照本条第一款规定处以罚款；有违法所得的，予以没收。

（2）勘察设计单位允许其他单位或者个人以本单位名义承揽工程的，责令改正，没收非法所得，对勘察设计单位处合同约定的勘察设计费1倍以上2倍以下的罚款；可以责令停业整顿，降低资质等级；情节严重的，吊销资质证书。

（3）勘察设计单位有下列行为之一的，责令改正，处10万元以上30万元以下的罚款：

1）勘察单位未按照工程建设强制性标准进行勘察的；

2）设计单位未根据勘察成果文件进行工程设计的；

3）设计单位指定建筑材料、建筑构配件的生产厂、供应商的；

4）设计单位未按照工程建设强制性标准进行设计的。

有以上行为，造成工程质量事故的，责令停业整顿，降低资质等级；情节严重的，吊销资质证书；造成损失的，依法承担赔偿责任。

3.5 建设工程质量保修

建设工程质量保修制度是指建设工程办理交工验收手续后，在规定的保修期限内，因施工、材料等原因造成的质量缺陷，应当由施工单位负责维修。

3.5.1 保修期内的返修责任

1. 返修范围

建设工程自办理交工验收手续后，只要在规定的保修期内，无论是因施工造成的质量缺陷，还是因勘察设计、材料等原因造成的质量缺陷，都应由施工单位负责维修。此处所称的质量缺陷，是指工程不符合国家或行业的有关技术标准、设计文件及合同中对质量的要求。

《建筑法》规定："建筑工程的保修范围应当包括地基基础工程、主体结构工程、屋面防水工程和其他土建工程，以及电气管线、上下水管线的安装工程，供热、供冷系统工程等项目。"

2. 保修期限

保修期从竣工验收交付使用之日算起，具体保修期限由发包方与承包方约定，但其最低保修期限不得低于国务院规定的下述标准：

（1）基础设施工程、房屋建筑的地基基础工程和主体结构工程，为设计文件规定的该工程的合理使用年限；

（2）房屋防水工程，有防水要求的卫生间、房间和外墙面的防渗漏，为5年；

（3）供热与供冷系统，为2个采暖期、供冷期；

（4）电气管线、给排水管道、设备安装和装修工程，为2年。

其他项目的保修期由发包方与承包方约定。

3. 返修程序

施工单位自接到保修通知书之日起，必须在两周内到达现场与建设单位共同明确责任方、商议返修内容。属于施工单位责任的，施工单位应按约定日期到达现场，如施工单位未能按期到达现场，建设单位应再次通知施工单位，施工单位自接到再次通知书的一周内仍不能到达时，建设单位有权自行返修，所发生的费用由原施工单位承担；不属施工单位责任的，建设单位应与施工单位联系，商议维修的具体期限。

4. 返修的经济责任

（1）因施工单位未按国家有关规范、标准和设计要求施工而造成的质量缺陷，由施工单位负责返修并承担经济责任；

（2）因设计原因造成的质量缺陷，由设计单位承担经济责任，由施工单位负责维修，其费用按有关规定通过建设单位向设计单位索赔，不足部分由建设单位负责；

（3）因建筑材料、构配件和设备质量不合格引起的质量缺陷，属于施工单位采购的或经其验收同意的，由施工单位承担经济责任，属于建设单位采购的，由建设单位承担经济责任；

（4）因使用单位使用不当而造成的质量问题，由使用单位自行负责；

（5）因地震、洪水、台风等不可抗力造成的质量问题，施工单位、设计单位不承担经济责任。

3.5.2 建设工程质量保证金

1. 质量保证金的含义

建设工程质量保证金（以下简称保证金）是指发包人与承包人在建设工程承包合同中约定，从应付的工程款中预留，用以保证承包人在缺陷责任期内对建设工程出现的缺陷进行维修的资金。

2. 缺陷责任期

所谓缺陷，是指建设工程质量不符合工程建设强制性标准、设计文件及承包合同的约定。缺陷责任期一般为 1 年，最长不超过 2 年，具体可由发包和承包双方在合同中约定。

缺陷责任期从工程通过竣（交）工验收之日起计。由于承包人原因导致工程无法按规定期限进行竣（交）工验收的，缺陷责任期从实际通过竣（交）工验收之日起计。由于发包人原因导致工程无法按规定期限进行竣（交）工验收的，在承包人提交竣（交）工验收报告 90 天后，工程自动进入缺陷责任期。

3. 质量保证金的数额

发包人应按照合同约定方式预留保证金，保证金总预留比例不得高于工程价款结算总额的 3%。合同约定由承包人以银行保函替代预留保证金的，保函金额不得高于工程价款结算总额的 3%。

4. 质量保证金的返还

缺陷责任期内，承包人认真履行合同约定的责任，到期后，承包人向发包人申请返还保证金。

发包人在接到承包人返还保证金申请后，应于 14 天内会同承包人按照合同约定的内容进行核实。如无异议，发包人应当按照约定将保证金返还给承包人。对返还期限没有约定或者约定不明确的，发包人应当在核实后 14 天内将保证金返还承包人，逾期未返还的，依法承担违约责任。发包人在接到承包人返还保证金申请后 14 天内不予答复，经催告后 14 天内仍不予答复，视同认可承包人的返还保证金申请。

发包人和承包人对保证金预留、返还以及工程维修质量、费用有争议的，按承包合同约定的争议和纠纷解决程序处理。

3.5.3 危房的维修

（1）新建、扩建、改造后的房屋被鉴定为危险房屋的，其安全隐患如为设计造成的，将依法追究设计单位及直接责任人的责任；如为施工造成的，将依法追究施工单位及其直接责任人的责任；如为使用不当造成的，将追究使用人的责任。

（2）历史遗留房屋被鉴定为危险房屋的，其返修责任由房屋所有人负责，房屋所有人必须按照鉴定机构的处理建议，及时加固或修缮治理。当所有人未按鉴定机构的处理建议处理，或使用人有阻碍行为的，房地产行政主管部门有权指定有关部门代修，或采取其他强制措施，发生的费用由责任人承担。

（3）异产毗连危险房屋的各所有人，应按照国家对异产毗连房屋的有关规定，共同履行治理责任。拒不承担责任的，由房屋所在地行政主管部门调查处理；当事人不服的，可向当地人民法院起诉。

（4）因下列原因造成事故的，房屋所有人应承担民事或行政责任：有险不查或损坏不修；经鉴定机构鉴定为危险房屋而未采取有效的解危措施。

（5）因下列原因造成事故的，使用人、行为人应承担民事责任：使用人擅自改变房屋结构、构件、设备或使用性质；使用人阻碍房屋所有人对危险房屋采取解危措施；行为人由于施工、堆物、碰撞等行为危及房屋。

（6）有下列情况，鉴定机构应承担民事或行政责任：故意把非危险房屋鉴定为危险房屋而造成损失；因过失把危险房屋鉴定为非危险房屋，并在有效时限内发生事故；因拖延鉴定时间而发生事故。各当事人上述行为给他人造成生命财产损失，已构成犯罪的由司法机关依法追究刑事责任。

3.5.4 损害赔偿

《消费者权益保护法》规定：使用商品者及接受服务者受到人身、财产损害的，享有依法获得赔偿的权利。《建设工程质量管理办法》也规定：因建设工程质量缺陷造成人身、缺陷工程以外的其他财产损害的，侵害人应按有关规定，给予受害人赔偿。根据《民法通则》和《产品质量法》的精神，因建设工程质量缺陷造成受害人人身伤害的，侵害人应当赔偿医疗费、因误工减少的收入、残废者生活补助费等费用；造成受害人死亡的，并应支付丧葬费、抚恤费、死者生前抚养的人所必要的生活费用等。因建设工程质量缺陷造成受害人财产损失的，侵害人除承担返修责任外，对其财产损失，应予赔偿。因建设工程质量存在缺陷造成损害、要求赔偿的诉讼时效期限为一年，自当事人知道或应当知道其权益受到损害时起计算。

案 例 分 析

案例 3-1

【案情简介】

某施工单位承接了某医院门诊楼的施工任务，该楼建筑面积 159510m^2，框架-剪力墙结构。为了抢进度，在进行塑钢窗的安装施工过程中，没有严格按照塑钢窗的施工工艺规程进行操作，窗框与墙体洞口之间的缝隙未进行密封处理就进行下道工序——抹灰、贴面砖的施工，致使雨季来临时，发生了 65％ 的塑钢窗严重渗水的质量事故。

【问题】

1. 如果该工程施工过程中实施了工程监理，监理单位对该起质量事故是否应承担责任？

2. 对该起质量事故的处理应遵循什么程序？

3. 施工工序质量控制的内容和要求有哪些？

【案例评析】

1. 监理单位应对该起质量事故承担责任。因为监理单位接受了建设单位的委托，并收取了监理费用，具备了承担责任的条件，而施工过程中，监理未能发现塑钢窗的缝隙处理不当的质量问题，因此必须承担相应责任。

2. 处理程序

(1) 进行事故调查，了解事故情况，并确定是否需要采取防护措施；

(2) 分析调查结果，找出事故的主要原因；

(3) 确定是否需要处理，若需处理，施工单位确定处理方案；

(4) 事故处理；

(5) 检查事故处理结果是否达到要求；

(6) 事故处理结论；

(7) 提交处理方案。

3. 施工工序质量控制的内容

(1) 严格遵守工艺规程；

(2) 主动控制工序活动条件的质量；

(3) 及时检查工序活动效果的质量；

(4) 设置工序质量控制点。

4. 施工工序质量控制的要求

(1) 设置工序质量检查点，进行预控；

(2) 落实工序操作质量巡查、抽查及跟踪检查等方法，及时掌握施工质量总体状况；

(3) 对工序产品、分项工程的检查应按标准要求进行目测、实测及抽样试验的程序，做好原始记录，经数据分析后及时作出合格与不合格的判断；

(4) 对合格工序产品及时提交监理进行隐蔽工程验收；

(5) 完善管理过程各项检查记录、检测资料及验收资料，作为工程质量验收的依据，并为工程质量分析提供可追溯的依据。

案例 3-2

【案情简介】

A 房地产开发公司开发小成岛某住宅楼工程，委托 B 设计院进行设计，C 监理公司进行工程监理，D 质量监督站负责质量监督，施工单位为 E 建设集团公司，F 建材公司进行材料供应。住宅楼建筑面积 52000m²，框架结构，满堂红基础。

【问题】

1. 该住宅楼工程建设单位、设计单位、施工单位、监理单位在施工阶段的质量控制目标是什么？

2. 该工程施工质量控制过程中，谁是自控主体？谁是监控主体？

【案例评析】

1. 建设单位的质量控制的目标是保证竣工项目达到投资决策所确定的质量标准。设计单位在施工阶段的质量控制目标是保证竣工项目的各项施工结果与设计文件所规定的标准相一致。施工单位质量控制目标是保证交付满足施工合同及设计文件所规定的质量标准的建设工程产品。监理单位在施工阶段的质量控制目标是保证工程质量达到施工合同和设计文件所规定的质量标准。

2. 该工程施工质量控制过程中，施工单位（E 建设集团公司）、材料供应方（F 建材公司）是自控主体；建设单位（A 房地产开发公司）、监理单位（C 监理公司）、设计单位（B 设计院）、政府工程质量监督部门（D 质量监督站）是监控主体。

案例 3-3

【案情简介】

某建筑公司与某学校签订一教学楼施工合同，明确施工单位要保质保量保工期完成学校的教学楼施工任务。工程竣工后，承包方向学校提交了竣工报告。学校为了不影响学生上课，还没组织验收就直接投入了使用。使用过程中，校方发现了教学楼存在的质量问题，要求施工单位修理。施工单位认为工程未经验收，学校提前使用出现质量问题，施工单位不应再承担责任。

【问题】

1. 本案中的建设法律关系三要素分别是什么？

2. 应如何具体地分析该工程质量问题的责任及责任的承担方式，为什么？

【案例评析】

1. 建设法律关系三要素为：主体、客体和内容。

本案中的主体是某建筑公司和某学校。

本案中的客体是施工的教学楼。

本案中的内容是主体双方各自应当享受的权利和应当承担的义务，具体而言是某学校按照合同的约定，承担按时、足额支付工程款的义务，在按合同约定支付工程款后，该学校就有权要求建筑公司按时交付质量合格的教学楼。建筑公司的权利是获取学校的工程款，在享受该项权利后，就应当承担义务，即按时交付质量合格的教学楼给学校，并承担保修义务。

2. 因为校方在未组织竣工验收的情况下就直接投入了使用，违反了工程竣工验收方面的有关法律法规。所以，一般质量问题，应由校方承担。若涉及结构等方面的质量问题，还是应按照造成质量缺陷的原因分解责任。

因为承包方已向学校提交竣工报告，说明施工单位的自行验收已经通过，学校教学楼仅供学校日常教学使用，不存在不当使用问题，所以，该教学楼的质量缺陷是客观存在的。承包方还是应该承担维修义务，至于产生的费用应由有关责任方承担，协商不成，可请求仲裁或诉讼。

复习思考题

1. 如何理解建设工程质量的概念？

2. 我国现行的质量管理体系系列标准是什么？

3. 我国现行的质量系列标准的核心标准包括哪些？

4. 建设单位有哪些质量责任？

5. 施工单位有哪些质量责任和义务？

6. 谈谈监理单位对工程质量的责任和义务。

7. 建设单位对质量的违约责任是怎样规定的？

8. 施工单位对质量的违约责任是怎样规定的？

9. 谈谈监理单位对质量的违约责任规定的认识。

10. 什么是质量缺陷？

11. 我国建设工程的保修期限是如何规定的？

12. 施工单位拒绝保修时，建设单位应怎么处理？

13. 危险房屋的返修责任是如何认定的？

教学单元 4　工程建设安全生产及环境保护法规

本单元主要介绍了工程建设安全生产的概念、立法现状，安全生产机构及其职责；安全生产基本方针；工程建设安全生产的相关制度；建设各方安全生产的责任，安全事故调查处理，以及建设工程环境保护的有关规定等内容。

4.1　工程建设安全生产概述

4.1.1　工程建设安全生产概念

工程建设安全生产是指建筑生产过程中要避免人员、财产的损失及对周围环境的破坏。它包括建筑生产过程中的施工现场人身安全、财产设备安全、施工现场及附近的道路、管线和房屋的安全，施工现场周围的环境保护及工程建成后的使用安全等方面的内容。

建筑生产的特点是产品固定、人员流动，而且多为露天作业、高处作业，施工条件差，不安全因素较多，这些因素还随工程的进展而不断变化，因而规律性差、事故隐患多。所以在世界各国，建筑业都是事故多发行业之一。据统计，我国建筑业每年因工死亡率大体为 0.3‰，仅次于采矿业而居于全国各行业的第二位，安全生产形势十分严峻。

4.1.2　工程建设安全生产的立法现状

安全生产直接关系广大从业人员及社会民众的生命健康及财产安全，同时，它还是促进经济正常发展，保证人民安居乐业，维护社会稳定的前提条件。因此，世界上大多数国家制定了有关安全生产的法律、法规，运用国家权力对安全生产进行有效的监督管理。我国也于 2002 年 6 月，由九届全国人大通过了《中华人民共和国安全生产法》（以下简称《安全生产法》），为我国各行各业的安全生产管理提供了有力的法律保障。

工程建设的安全生产是保证国家生产安全的重要组成部分。"管建设必须管安全"是工程建设管理的重要原则。国家对此也十分重视。国务院及有关主管部门多次发出通知，强调要大力加强工程建设中的安全管理。国务院建设行政主管部门制定了一系列的工程建设安全生产法规和规范性文件，主要有：《建筑安装工人安全技术操作规程》（1980 年）；《关于加强集体所有制建筑企业安全生产的暂行规定》（1982 年）；《国营建筑企业安全生产工作条例》（1983 年）；《工程建设重大事故报告和调查程序规定》（1989 年）；《建筑安全生产监督管理规定》（1991 年）；《关于加强安全生产工作的通知》（1993 年）；《建筑项目（工程）劳动安全卫生监察规定》（1996 年）；《实施工程建设强制性标准监督规定》（2000 年）；《国务院关于特大安全事故行政责任追究的规定》（2001 年）；《关于加强施工现场围墙安全深入开展安全生产专项治理的紧急通知》（2001 年）；《关于加强安全生产监督管理工作的意见》（2002 年）；《安全生产行政责任规定》（2002 年）；《建设工程安全生产管理条例》（2003 年）；《安全生产许可条例》（2004 年）；《生产安全事故报告和调查处理条例》（2007年）；《建筑工程安全生产考核达标与突发事故应急处理、赔偿国家标准及国家强制性条文》（2007年）；《建筑施工企业安全生产管理机构设置及专职安全生产管理人员配备办法》（2008年）；《安全生产违法行为行政处罚办法》（2008年）。此外，工程建设安全在《建筑法》中也有专门规定。

4.1.3 安全生产管理机构及其职责

1. 国务院建设行政主管部门

国务院建设行政主管部门主管全国工程建设安全生产的行业监督管理工作，主要职责是：

（1）贯彻执行国家有关安全生产的法规和方针、政策，起草或制定建筑安全生产管理法规、标准；

（2）统一监督管理全国工程建设方面的安全生产工作，完善建筑安全生产的组织保证体系；

（3）制定建筑安全生产管理的中、长期规划和近期目标，组织建筑安全生产技术的开发与推广应用；

（4）指导和监督检查省、自治区、直辖市人民政府建设行政主管部门开展建筑安全生产的行业监督管理工作；

（5）统计全国建筑职工因工伤亡人数，掌握并发布全国建筑安全生产动态；

（6）负责对申报资质等级一级企业和国家一、二级企业以及国家和部级先进建筑企业进行安全资格审查或审批，行使安全生产否决权；

（7）组织全国建筑安全生产检查，总结交流建筑安全生产管理经验，表彰先进；

（8）检查和督促工程建设重大事故的调查处理，组织或者参与工程建设特别重大事故的调查。

2. 县级以上地方人民政府建设行政主管部门

县级以上地方人民政府建设行政主管部门负责本行政区域建筑安全生产的行业监督管理工作，主要职责是：

（1）贯彻执行国家和地方有关安全生产的法规、标准和方针、政策，起草或制定本行政区域建筑安全生产管理的实施细则或者实施办法；

（2）制定本行政区域建设安全生产管理中、长期规划和近期目标，组织建筑安全生产技术的开发与推广应用；

（3）建立建筑安全生产的监督管理体系，制定本行政区域建筑安全生产监督管理工作制度；

（4）组织落实各级领导分工负责的建筑安全生产责任制；

（5）负责本行政区域建筑职工因工伤亡的统计和上报工作，掌握和发布本行政区域建筑安全生产动态；

（6）负责对申报晋升企业资质等级、企业升级和报评先进企业的安全资格进行审查或者审批，行使安全生产否决权；

（7）组织或参与本行政区域工程建设中人身伤亡事故的调查处理工作，并依照规定上报重大伤亡事故；

（8）组织开展本行政区域建筑安全生产检查，总结交流建筑安全生产管理经验，表彰先进，监督检查施工现场、构配件生产车间等安全管理和防护措施，纠正违章指挥和违章作业；

（9）组织开展本行政区域建筑企业的生产管理人员、作业人员的安全生产教育、培训、考核及发证工作，监督检查建筑企业对安全技术措施费的提取和使用；

（10）领导和管理建筑安全生产监督机构的工作。

3. 国务院有关部门

国务院有关部门对于其所属建筑企业建筑安全生产的管理职责，由国务院有关主管部门自行规定。

4.1.4　工程建设安全生产管理的基本方针

《中华人民共和国安全生产法》（2014 修正）（简称《安全生产法》）中规定：安全生产工作应当以人为本，坚持安全发展，坚持安全第一、预防为主、综合治理的方针，强化和落实生产经营单位的主体责任，建立生产经营单位负责、职工参与、政府监管、行业自律和社会监督的机制。

所谓"安全第一"，是指在生产经营活动中，在处理保证安全与实现生产经营活动的其他各项目标的关系上，要始终把安全，特别是从业人员和其他人员的人身安全放在首要的位置，实现"安全优先"的原则，在确保安全的前提下，再来努力实现生产经营的其他目标。

所谓"预防为主"，是指对安全生产的管理，主要不是放在发生事故后去组织抢救、进行事故调查、找原因、追究责任、堵漏洞，而是要谋事在先，尊重科学，探索规律，采取有效事前控制措施，千方百计预防事故的发生，做到防患于未然，将事故消灭在萌芽状态。虽然人类在生产活动中还不可能完全杜绝安全事故的发生，但只有思想重视，预防措施得当，事故特别是重大事故的发生还是可以大大减少的。

随着社会经济的快速发展，生产经营活动面临的情况错综复杂，稍有疏忽就会酿成事故，且事故后带来的破坏性越来越大。将"综合治理"纳入安全生产方针，标志着对安全生产的认识上升到一个新的高度，是贯彻落实科学发展观的具体体现，秉承"安全发展"的理念，从遵循和适应安全生产的规律出发，综合运用法律、经济、行政等手段，人管、法管、技防等多管齐下，并充分发挥社会、职工、舆论的监督作用，从责任、制度、培训等多方面着力，形成标本兼治、齐抓共管的格局。

"安全第一、预防为主、综合治理"是开展安全生产管理工作总的指导方针，是一个完整的体系，是相辅相成、辩证统一的整体。安全第一是原则，预防为主是手段，综合治理是方法。

4.2　工程建设安全生产相关制度

依据《建筑法》和《安全生产法》的规定，《建设工程安全生产管理条例》进一步明确了建设工程安全生产管理基本制度。

4.2.1　安全生产责任制度

安全生产责任制度是建筑生产中最基本的安全管理制度，是所有安全规章制度的核心。安全生产责任制度是指将各项保障生产安全的责任具体落实到各有关管理人员和不同岗位人员身上的一种制度。这一制度是"安全第一，预防为主，综合治理"方针的具体体现，是建筑安全生产的基本制度。

在建筑活动中，只有明确安全责任，分工负责，才能形成完整有效的安全管理体系，激发每个人的安全责任感，严格执行建筑工程安全的法律、法规和安全规程、技术规范，防患于未然，减少和杜绝建筑工程事故，为建筑工程的生产创造一个良好的环境。就建筑施工企业而言，企业的安全生产责任制，是由企业内部各个不同层次的安全生产责任制所构成的保障生产安全的责任体系，主要包括以下三方面：

1. 建筑施工企业主要负责人的安全生产责任制

建筑施工企业的法定代表人要对本企业的安全负主要的安全责任。

2. 企业各职能机构或职能处室负责人及其工作人员的安全生产责任制

建筑施工企业中的生产、技术、材料供应、设备管理、财务、教育、劳资、卫生等各职能机构，都应在各自业务范围内，对实现安全生产的要求负责。生产部门要合理组织生产，贯彻安全规章制度，加强现场平面管理，建立安全生产、文明生产秩序；技术部门要严格按照国家有关安全标准和技术规程编制设计、施工、工艺等技术文件，提出相应的保证生产安全的技术措施，负责安全设备、仪表等的技术鉴定和安全技术可研项目的研究工作；设备管理部门应当对有关机电设备配齐安全防护保险装置，加强机电设备、锅炉和压力容器的经常检查、维修、保养，确保安全运转；材料供应部门对实现安全技术措施所需材料应当保证供应，对绳杆架木、安全帽、安全带、安全网等要定期检验，不合格的要报废更新；财务部门要按照规定提供实现安全技术措施的经费，并监督其合理使用；教育部门负责将安全教育纳入全员培训计划，组织职工的安全技术训练；劳动工资部门要配合安全部门做好新工人、调换岗位工人、特殊工种工人的培训、考核、发证工作，贯彻劳逸结合，严格控制加班加点，对因工伤残和患职业病职工及时安排适合的工作；卫生部门负责对职工的定期健康检查和现场劳动卫生工作，监测有毒有害作业场所的尘毒浓度，提出职业病预防和改善卫生条件的措施。

3. 岗位人员的安全生产责任制

岗位人员必须对安全负责。从事特种作业的安全人员必须进行培训，经过考试合格后方能上岗作业。就建筑施工企业来讲：一是企业技术负责人对本企业劳动保护和安全生产的技术工作负总的责任。在组织编制和审批施工组织设计（施工方案）和采用新技术、新工艺、新设备时，必须制定相应的安全技术措施；负责提出改善劳动条件的项目和实施措施，并付诸实现；对职工进行安全技术教育；及时解决施工中的安全技术问题；参加重大伤亡事故的调查分析，提出技术鉴定意见和改进措施。二是工区（工程处、厂、站）主任、施工队长应对本单位劳动保护和安全生产工作负具体领导责任。认真执行安全生产规章制度，不违章指挥；制定和实施安全技术措施；经常进行安全检查，消除事故隐患，制止违章作业；对职工进行安全技术和安全纪律教育；发生伤亡事故要及时上报，并认真分析事故原因，提出和实现改进措施。三是工长、施工员、车间主任对所管工程的安全生产负直接责任。组织实施安全技术措施，进行技术安全交底；对施工现场搭设的架子和安装的电气、机械设备等安全防护装置，都要组织验收，合格后方能使用；不违章指挥；组织工人学习安全操作规程，教育工人不违章作业；认真消除事故隐患，发生工伤事故要立即上报，保护现场，参加调查处理。四是班组长要模范遵守安全生产规章制度，领导本组安全作业；认真执行安全交底，有权拒绝违章指挥。班前要对所使用的机具、设备、防护用具及作业环境进行安全检查，发现问题立即采取改进措施；组织班组安全活动日，开好班前安全生产会；发生工伤事故要立即向工长报告。

4.2.2 群防群治制度

群防群治制度是由广大职工群众共同参与的预防安全事故的发生、治理各种安全事故隐患的制度。这一制度也是"安全第一、预防为主、综合治理"的具体体现，同时也是群众路线在安全工作中的具体体现，是企业进行民主管理的重要内容。实践证明，搞好安全生产只靠少数人是不成的，安全工作必须发动群众，使得大家懂得安全生产的重要性，注意安全生产，才能防患于未然。

从实践中看，建立建筑安全生产管理的群防群治制度应当做到：

（1）企业制定的有关安全生产管理的重要制度和制定的有关重大技术组织措施计划应提交职工代表大会讨论，在充分听取职工代表大会意见的基础上作出决策，发挥职工群众在安全生产方面的民主管理作用；

（2）要把专业管理同群众管理结合起来，充分发挥职工安全员网络的作用；

（3）发挥工会在安全生产管理中的作用，利用工会发动群众、教育群众、动员群众的力量预防安全事故的发生；

（4）对新职工要加强安全教育，对特种作业岗位的工人要进行专业安全教育，不经训练，不能上岗操作；

（5）发动群众开展技术革新、技术改造，采用有利于保证生产安全的新技术、新工艺，积极改善劳动条件，努力将使不安全的、有害健康的作业变为无害作业；

（6）组织开展遵章守纪和预防事故的群众性监督检查，职工对于违反有关安全生产的法律、法规和建筑行业安全规章、规程的行为有权提出批评、检举和控告。

4.2.3 安全生产教育培训制度

《建筑法》第四十六条规定："建筑施工企业应当建立健全安全生产教育培训制度，加强对职工安全生产的教育培训；未经安全生产教育培训的人员，不得上岗作业。"安全生产教育培训制度是安全管理的一项重要的内容，是保证安全生产的重要手段。通过安全教育培训，不仅能提高各级领导和广大职工对"安全第一、预防为主、综合治理"方针的认识，提高安全责任感，提高自觉遵守各项安全生产和规章制度的自觉性，而且能使企业各级管理人员和工人群众掌握安全生产的科学知识，提高安全生产的操作技能，为确保安全生产创造条件。

建筑施工企业对职工进行劳动安全生产教育培训的主要内容应当包括以下两方面：

1. 安全思想教育

安全思想教育是通过对职工进行有关安全生产方面的法律、法规和政策的教育，使职工能够正确理解和掌握有关安全生产的法律、法规和政策，并在建筑生产活动中严格遵照执行。在这方面，尤其要加强对于企业各级领导干部和安全管理人员的教育，增强安全生产的法律意识，熟悉有关安全生产方面的法律、法规的规定，依法做好安全工作。

2. 安全技术教育

安全技术教育是指基本的安全技术知识和专业性安全技术知识的教育。对职工进行安全技术教育必须做到以下几点：一是新职工应当进行岗前教育，教育内容包括安全技术知识、设备性能、操作规程、安全制度和严禁事项，经教育培训合格后，方可进入操作岗位。二是对特殊工种应针对其工作特点进行专门的安全教育，如对电工、焊工、架子工、司炉工、爆破工、起重工、打桩工和各种机动车辆司机等，除进行一般安全教育外，还要经过本工种的安全技术教育，经考试合格后，方准独立操作；对从事尘毒危害作业的职工，要进行尘毒危害和防治知识教育。三是采用新技术、新工艺、新设备施工和调换工作岗位时，要对操作人员进行新技术操作和新岗位的安全教育，未经教育不得上岗操作。

4.2.4 安全生产检查制度

安全生产检查制度是上级管理部门或企业自身对安全生产状况进行定期或不定期检查的制度。通过检查可以发现问题，查出隐患，从而采取有效措施，堵塞漏洞，把事故消灭在发生之前，做到防患于未然，是"预防为主"的具体体现。通过检查，还可总结出好的经验加以推广，为进一步搞好安全工作打下基础。安全检查制度是安全生产的保障。

4.2.5 伤亡事故处理报告制度

施工中发生事故时，建筑企业应当采取紧急措施减少人员伤亡和事故损失，并按照国家有关规定及时向有关部门报告的制度。事故处理必须遵循一定的程序，做到四不放过（事故原因不清不放过、事故责任者没有受到处理不放过、事故责任者和群众没有受到教育不放过、没有防范措施不放过）。通过对事故的严格处理，可以总结出教训，为制定规程、规章提供第一手素材，做到亡羊补牢。

4.2.6 安全生产许可制度

2014 年 7 月经修改后发布的《安全生产许可证条例》中规定所有施工总承包企业、专业承包企业均应依法申领建筑施工企业安全生产许可证，没有取得建筑施工企业安全生产许可证的企业不得从事建筑施工活动。

4.2.7 安全责任追究制度

《建筑法》第七章法律责任中，规定建设单位、设计单位、施工单位、监理单位，由于没有履行职责造成人员伤亡和事故损失的，视情节给予相应处理；情节严重的，责令停业整顿，降低资质等级或吊销资质证书；构成犯罪的，依法追究刑事责任。

4.3 建设各方对建筑工程安全应承担的责任

4.3.1 建设单位的安全责任

建设单位应当向施工单位提供施工现场及毗邻区域内供水、排水、供电、供气、供热、通信、广播电视等地下管线资料，气象和水文观测资料，相邻建筑物和构筑物、地下工程的有关资料，并保证资料的真实、准确、完整。建设单位因建设工程需要，向有关部门或者单位查询相关规定的资料时，有关部门或者单位应当及时提供。

建设单位不得对勘察、设计、施工、工程监理等单位提出不符合建设工程安全生产法律、法规和强制性标准规定的要求，不得压缩合同约定的工期。

建设单位在编制工程概算时，应当确定建设工程安全作业环境及安全施工措施所需费用。

建设单位不得明示或者暗示施工单位购买、租赁、使用不符合安全施工要求的安全防护用具、机械设备、施工机具及配件、消防设施和器材。

建设单位在申请领取施工许可证时，应当提供建设工程有关安全施工措施的资料。依法批准开工报告的建设工程，建设单位应当自开工报告批准之日起 15 日内，将保证安全施工的措施报送建设工程所在地的县级以上地方人民政府建设行政主管部门或者其他有关部门备案。

建设单位应当将拆除工程发包给具有相应资质等级的施工单位。建设单位应当在拆除工程施工 15 日前，将下列资料报送建设工程所在地的县级以上地方人民政府建设行政主管部门或者其他有关部门备案：①施工单位资质等级证明；②拟拆除建筑物、构筑物及可能危及毗邻建筑的说明；③拆除施工组织方案；④堆放、清除废弃物的措施。实施爆破作业的，应当遵守国家有关民用爆炸物品管理的规定。

4.3.2 勘察、设计、工程监理及其他有关单位的安全责任

勘察单位应当按照法律、法规和工程建设强制性标准进行勘察，提供的勘察文件应当真实、准确，满足建设工程安全生产的需要。勘察单位在勘察作业时，应当严格执行操作规程，采取措施保证各类管线、设施和周边建筑物、构筑物的安全。

设计单位应当按照法律、法规和工程建设强制性标准进行设计，防止因设计不合理导致生产安全事故的发生。设计单位应当考虑施工安全操作和防护的需要，对涉及施工安全的重点部位和环节在设计文件中注明，并对防范生产安全事故提出指导意见。采用新结构、新材料、新工艺的建设工程和特殊结构的建设工程，设计单位应当在设计中提出保障施工作业人员安全和预防生产安全事故的措施建议。设计单位和注册建筑师等注册执业人员应当对其设计负责。

工程监理单位应当审查施工组织设计中的安全技术措施或者专项施工方案是否符合工程建设强制性标准。工程监理单位在实施监理过程中，发现存在安全事故隐患的，应当要求施工单位整改；情况严重的，应当要求施工单位暂时停止施工，并及时报告建设单位。施工单位拒不整改或者不停止施工的，工程监理单位应当及时向有关主管部门报告。工程监理单位和监理工程师应当按照法律、法规和工程建设强制性标准实施监理，并对建设工程安全生产承担监理责任。

为建设工程提供机械设备和配件的单位，应当按照安全施工的要求配备齐全有效的保险、限位等安全设施和装置。

出租的机械设备和施工机具及配件，应当具有生产（制造）许可证、产品合格证。出租单位应当对出租的机械设备和施工机具及配件的安全性能进行检测，在签订租赁协议时，应当出具检测合格证明。禁止出租检测不合格的机械设备和施工机具及配件。

在施工现场安装、拆卸施工起重机械和整体提升脚手架、模板等自升式架设设施，必须由具有相应资质的单位承担，安装、拆卸时应当编制拆装方案、制定安全施工措施，并由专业技术人员现场监督，安装完毕后，安装单位应当自检，出具自检合格证明，并向施工单位进行安全使用说明，办理验收手续并签字。

施工起重机械和整体提升脚手架、模板等自升式架设设施的使用达到国家规定的检验检测期限的，必须经具有专业资质的检验检测机构检测。经检测不合格的，不得继续使用。

检验检测机构对检测合格的施工起重机械和整体提升脚手架、模板等自升式架设设施，应当出具安全合格证明文件，并对检测结果负责。

4.3.3 施工单位的安全责任

施工单位从事建设工程的新建、扩建、改建和拆除等活动，应当具备国家规定的注册资本、专业技术人员、技术装备和安全生产等条件，依法取得相应等级的资质证书，并在其资质等级许可的范围内承揽工程。

施工单位主要负责人依法对本单位的安全生产工作全面负责。施工单位应当建立健全安全生产责任制度和安全生产教育培训制度，制定安全生产规章制度和操作规程，保证本单位安全生产条件所需资金的投入，对所承担的建设工程进行定期和专项安全检查，并做好安全检查记录。施工单位的项目负责人应当由取得相应执业资格的人员担任，对建设工程项目的安全施工负责，落实安全生产责任制度、安全生产规章制度和操作规程，确保安全生产费用的有效使用，并根据工程的特点组织制定安全施工措施，消除安全事故隐患，及时、如实报告生产安全事故。

施工单位对列入建设工程概算的安全作业环境及安全施工措施所需费用，应当用于施工安全防护用具及设施的采购和更新、安全施工措施的落实、安全生产条件的改善，不得挪作他用。

施工单位应当设立安全生产管理机构，配备专职安全生产管理人员。专职安全生产管理人员负责对安全生产进行现场监督检查。发现安全事故隐患，应当及时向项目负责人和安全生产管理机构报告；对违章指挥、违章操作的，应当立即制止。专职安全生产管理人员的配备办法由国务院建设行政主管部门会同国务院其他有关部门制定。

建设工程实行施工总承包的，由总承包单位对施工现场的安全生产负总责。总承包单位应当自行完成建设工程主体结构的施工。总承包单位依法将建设工程分包给其他单位的，分包合同中应当明确各自的安全生产方面的权利、义务。总承包单位和分包单位对分包工程的安全生产承担连带责任。分包单位应当服从总承包单位的安全生产管理，分包单位不服从管理导致生产安全事故的，由分包单位承担主要责任。

垂直运输机械作业人员、安装拆卸工、爆破作业人员、起重信号工、登高架设作业人员等特种作业人员，必须按照国家有关规定经过专门的安全作业培训，并取得特种作业操作资格证书后，方可上岗作业。

施工单位应当在施工组织设计中编制安全技术措施和施工现场临时用电方案，对下列达到一定规模的危险性较大的分部分项工程编制专项施工方案，并附具安全验算结果，经施工单位技术负责人、总监理工程师签字后实施，由专职安全生产管理人员进行现场监督：①基坑支护与降水工程；②土方开挖工程；③模板工程；④起重吊装工程；⑤脚手架工程；⑥拆除、爆破工程；⑦国务院建设行政主管部门或者其他有关部门规定的其他危险性较大的工程。对所列工程中涉及深基坑、地下暗挖工程、高大模板工程的专项施工方案，施工单位还应当组织专家进行论证、审查。

建设工程施工前，施工单位负责项目管理的技术人员应当对有关安全施工的技术要求向施工作业班组、作业人员作出详细说明，并由双方签字确认。

施工单位应当在施工现场入口处、施工起重机械、临时用电设施、脚手架、出入通道口、楼梯口、电梯井口、孔洞口、桥梁口、隧道口、基坑边沿、爆破物及有害危险气体和液体存放处等危险部位，设置明显的安全警示标志。安全警示标志必须符合国家标准。施工单位应当根据不同施工阶段和周围环境及季节、气候的变化，在施工现场采取相应的安全施工措施。施工现场暂时停止施工的，施工单位应当做好现场防护，所需费用由责任方承担，或者按照合同约定执行。

施工单位应当将施工现场的办公、生活区与作业区分开设置，并保持安全距离；办公、生活区的选址应当符合安全性要求。职工的膳食、饮水、休息场所等应当符合卫生标准。施工单位不得在尚未竣工的建筑物内设置员工集体宿舍。施工现场临时搭建的建筑物应当符合安全使用要求。施工现场使用的装配式活动房屋应当具有产品合格证。

施工单位对因建设工程施工可能造成损害的毗邻建筑物、构筑物和地下管线等，应当采取专项防护措施。施工单位应当遵守有关环境保护法律、法规的规定，在施工现场采取措施，防止或者减少粉尘、废气、废水、固体废物、噪声、振动和施工照明对人和环境的危害和污染。在城市市区内的建设工程，施工单位应当对施工现场实行封闭围挡。

施工单位应当在施工现场建立消防安全责任制度，确定消防安全责任人，制定用火、用电、使用易燃易爆材料等各项消防安全管理制度和操作规程，设置消防通道、消防水源，配备消防设施和灭火器材，并在施工现场入口处设置明显标志。

施工单位应当向作业人员提供安全防护用具和安全防护服装，并书面告知危险岗位的操作规程和违章操作的危害。作业人员有权对施工现场的作业条件、作业程序和作业方式中存在的安全问题提出批评、检举和控告，有权拒绝违章指挥和强令冒险作业。在施工中发生危及人身安全的紧急情况时，作业人员有权立即停止作业或者在采取必要的应急措施后撤离危险区域。

作业人员应当遵守安全施工的强制性标准、规章制度和操作规程，正确使用安全防护用具、机械设备等。

施工单位采购、租赁的安全防护用具、机械设备、施工机具及配件，应当具有生产（制造）许可证、产品合格证，并在进入施工现场前进行查验。施工现场的安全防护用具、机械设备、施工机具及配件必须由专人管理，定期进行检查、维修和保养，建立相应的资料档案，并按照国家有关规定及时报废。

施工单位在使用施工起重机械和整体提升脚手架、模板等自升式架设设施前，应当组织有关单位进行验收，也可以委托具有相应资质的检验检测机构进行验收；使用承租的机械设备和施工机具及配件的，由施工总承包单位、分包单位、出租单位和安装单位共同进行验收，验收合格的方可使用。《特种设备安全监察条例》规定的施工起重机械，在验收前应当经有相应资质的检验检测机构监督检验合格。施工单位应当自施工起重机械和整体提升脚手架、模板等自升式架设设施验收合格之日起30日内，向建设行政主管部门或者其他有关部门登记。登记标志应当置于或者附着于该设备的显著位置。

施工单位的主要负责人、项目负责人、专职安全生产管理人员应当经建设行政主管部门或者其他有关部门考核合格后方可任职。施工单位应当对管理人员和作业人员每年至少进行一次安全生产教育培训，其教育培训情况记入个人工作档案。安全生产教育培训考核不合格的人员，不得上岗。

作业人员进入新的岗位或者新的施工现场前，应当接受安全生产教育培训，未经教育培训或者教育培训考核不合格的人员，不得上岗作业。施工单位在采用新技术、新工艺、新设备、新材料时，应当对作业人员进行相应的安全生产教育培训。

施工单位应当为施工现场从事危险作业的人员办理意外伤害保险。意外伤害保险费由施工单位支付。实行施工总承包的，由总承包单位支付意外伤害保险费。意外伤害保险期限自建设工程开工之日起至竣工验收合格止。

4.3.4 工程建设安全生产的法律责任

为保障人民群众生命和财产安全，根据国家安全生产责任追究制度，国务院《建设工程安全生产管理条例》规定了项目建设各方的法律责任。

1. 建设行政主管部门的法律责任

县级以上人民政府建设行政主管部门或者其他有关行政管理部门的工作人员，有下列行为之一的，给予降级或者撤职的行政处分；构成犯罪的，依照刑法有关规定追究刑事责任：

（1）对不具备安全生产条件的施工单位颁发资质证书的；

（2）对没有安全施工措施的建设工程颁发施工许可证的；

（3）发现违法行为不予查处的；

（4）不依法履行监督管理职责的其他行为。

2. 建设单位的法律责任

建设单位未提供建设工程安全生产作业环境及安全施工措施所需费用的，责令限期改正；逾期未改正的，责令该建设工程停止施工。

建设单位未将保证安全施工的措施或者拆除工程的有关资料报送有关部门备案的，责令限期改正，给予警告。

建设单位有下列行为之一的，责令限期改正，处 20 万元以上 50 万元以下的罚款；造成重大安全事故，构成犯罪的，对直接责任人员，依照刑法有关规定追究刑事责任；造成损失的，依法承担赔偿责任：

（1）对勘察、设计、施工、工程监理等单位提出不符合安全生产法律、法规和强制性标准规定的要求的；

（2）要求施工单位压缩合同约定的工期的；

（3）将拆除工程发包给不具有相应资质等级的施工单位的。

3. 勘察、设计单位的法律责任

勘察单位、设计单位有下列行为之一的，责令限期改正，处 10 万元以上 30 万元以下的罚款；情节严重的，责令停业整顿，降低资质等级，直至吊销资质证书；造成重大安全事故，构成犯罪的，对直接责任人员，依照刑法有关规定追究刑事责任；造成损失的，依法承担赔偿责任：

（1）未按照法律、法规和工程建设强制性标准进行勘察、设计的；

（2）采用新结构、新材料、新工艺的建设工程和特殊结构的建设工程，设计单位未在设计中提出保障施工作业人员安全和预防生产安全事故的措施建议的。

4. 监理单位的法律责任

工程监理单位有下列行为之一的，责令限期改正；逾期未改正的，责令停业整顿，并处 10 万元以上 30 万元以下的罚款；情节严重的，降低资质等级，直至吊销资质证书；造成重大安全事故，构成犯罪的，对直接责任人员，依照刑法有关规定追究刑事责任；造成损失的，依法承担赔偿责任：

（1）未对施工组织设计中的安全技术措施或者专项施工方案进行审查的；

（2）发现安全事故隐患未及时要求施工单位整改或者暂时停止施工的；

（3）施工单位拒不整改或者不停止施工，未及时向有关主管部门报告的；

（4）未依照法律、法规和工程建设强制性标准实施监理的。

5. 施工单位的法律责任

（1）施工单位有下列行为之一的，责令限期改正；逾期未改正的，责令停业整顿，依照《中华人民共和国安全生产法》的有关规定处以罚款；造成重大安全事故，构成犯罪的，对直接责任人员，依照刑法有关规定追究刑事责任：

1）未设立安全生产管理机构、配备专职安全生产管理人员或者分部分项工程施工时无专职安全生产管理人员现场监督的；

2）施工单位的主要负责人、项目负责人、专职安全生产管理人员、作业人员或者特种作业人员，未经安全教育培训或者经考核不合格即从事相关工作的；

3）未在施工现场的危险部位设置明显的安全警示标志，或者未按照国家有关规定在施工现场设置消防通道、消防水源、配备消防设施和灭火器材的；

4）未向作业人员提供安全防护用具和安全防护服装的；

5）未按照规定在施工起重机械和整体提升脚手架、模板等自升式架设设施验收合格后登记的；

6）使用国家明令淘汰、禁止使用的危及施工安全的工艺、设备、材料的。

（2）施工单位挪用列入建设工程概算的安全生产作业环境及安全施工措施所需费用的，责令限期改正，处挪用费用20％以上50％以下的罚款；造成损失的，依法承担赔偿责任。

（3）施工单位有下列行为之一的，责令限期改正；逾期未改正的，责令停业整顿，并处5万元以上10万元以下的罚款；造成重大安全事故，构成犯罪的，对直接责任人员，依照刑法有关规定追究刑事责任：

1）施工前未对有关安全施工的技术要求作出详细说明的；

2）未根据不同施工阶段和周围环境及季节、气候的变化，在施工现场采取相应的安全施工措施，或者在城市市区内的建设工程的施工现场未实行封闭围挡的；

3）在尚未竣工的建筑物内设置员工集体宿舍的；

4）施工现场临时搭建的建筑物不符合安全使用要求的；

5）未对因建设工程施工可能造成损害的毗邻建筑物、构筑物和地下管线等采取专项防护措施的。

施工单位有第1）项、第5）项行为，造成损失的，依法承担赔偿责任。

（4）施工单位有下列行为之一的，责令限期改正；逾期未改正的，责令停业整顿，并处10万元以上30万元以下的罚款；情节严重的，降低资质等级，直至吊销资质证书；造成重大安全事故，构成犯罪的，对直接责任人员，依照刑法有关规定追究刑事责任；造成损失的，依法承担赔偿责任：

1）安全防护用具、机械设备、施工机具及配件在进入施工现场前未经查验或者查验不合格即投入使用的；

2）使用未经验收或者验收不合格的施工起重机械和整体提升脚手架、模板等自升式架设设施的；

3）委托不具有相应资质的单位承担施工现场安装、拆卸施工起重机械和整体提升脚手架、模板等自升式架设设施的；

4）在施工组织设计中未编制安全技术措施、施工现场临时用电方案或者专项施工方案的。

（5）施工单位的主要负责人、项目负责人未履行安全生产管理职责的，责令限期改正；逾期未改正的，责令施工单位停业整顿；造成重大安全事故、重大伤亡事故或者其他严重后果，构成犯罪的，依照刑法有关规定追究刑事责任。

作业人员不服管理、违反规章制度和操作规程冒险作业造成重大伤亡事故或者其他严重后果，构成犯罪的，依照刑法有关规定追究刑事责任。

施工单位的主要负责人、项目负责人有前款违法行为，尚不够刑事处罚的，处 2 万元以上 20 万元以下的罚款或者按照管理权限给予撤职处分；自刑罚执行完毕或者受处分之日起，5 年内不得担任任何施工单位的主要负责人、项目负责人。

（6）施工单位取得资质证书后，降低安全生产条件的，责令限期改正；经整改仍未达到与其资质等级相适应的安全生产条件的，责令停业整顿，降低其资质等级直至吊销资质证书。

4.4　工程建设安全事故的调查处理

4.4.1　工程建设安全事故的概念与等级划分

工程建设安全事故是指在工程建设过程中由于责任过失造成工程倒塌或报废、机械设备毁坏和安全设施失当，造成人身伤亡或者重大经济损失的意外事件。根据 2007 年 3 月 28 日国务院第 172 次常务会议通过的《生产安全事故报告和调查处理条例》第三条规定，根据生产安全事故（以下简称事故）造成的人员伤亡或者直接经济损失，事故一般分为以下等级：

（1）特别重大事故是指造成 30 人以上死亡，或者 100 人以上重伤（包括急性工业中毒，下同），或者 1 亿元以上直接经济损失的事故；

（2）重大事故是指造成 10 人以上 30 人以下死亡，或者 50 人以上 100 人以下重伤，或者 5000 万元以上 1 亿元以下直接经济损失的事故；

（3）较大事故是指造成 3 人以上 10 人以下死亡，或者 10 人以上 50 人以下重伤，或者 1000 万元以上 5000 万元以下直接经济损失的事故；

（4）一般事故是指造成 3 人以下死亡，或者 10 人以下重伤，或者 1000 万元以下直接经济损失的事故。

国务院安全生产监督管理部门可以会同国务院有关部门，制定事故等级划分的补充性规定。本条第一款所称的"以上"包括本数，所称的"以下"不包括本数。

4.4.2　工程建设安全事故的处理

1. 事故报告

《安全生产管理条例》第五十条规定："施工单位发生生产安全事故，应当按照国家有关伤亡事故报告和调查处理的规定，及时、如实地向负责安全生产监督管理的部门、建设行政主管部门或者其他有关部门报告；特种设备发生事故的，还应当同时向特种设备安全监督管理部门报告。接到报告的部门应当按照国家有关规定，如实上报。实行施工总承包的建设工程，由总承包单位负责上报事故。"

《生产安全事故报告和调查处理条例》规定：事故报告应当及时、准确、完整，任何单位和个人对事故不得迟报、漏报、谎报或者瞒报。

（1）重大事故应当逐级上报至国务院

事故发生后，事故现场有关人员应当立即向本单位负责人报告；单位负责人接到报告后，应当于1小时内向事故发生地县级以上人民政府安全生产监督管理部门和负有安全生产监督管理职责的有关部门报告。

安全生产监督管理部门和负有安全生产监督管理职责的有关部门逐级上报事故情况，每级上报的时间不得超过2小时。同时报告本级人民政府，并通知公安机关、劳动保障行政部门、工会和人民检察院。

（2）报告事故应包括的内容

1）事故发生单位概况；

2）事故发生的时间、地点以及事故现场情况；

3）事故的简要经过；

4）事故已经造成或者可能造成的伤亡人数（包括下落不明的人数）和初步估计的直接经济损失；

5）已经采取的措施；

6）其他应当报告的情况。

事故发生单位负责人接到事故报告后，应当立即启动事故相应应急预案，或者采取有效措施，组织抢救，防止事故扩大，减少人员伤亡和财产损失。

事故发生地有关地方人民政府、安全生产监督管理部门和负有安全生产监督管理职责的有关部门接到事故报告后，其负责人应当立即赶赴事故现场，组织事故救援。

2. 事故现场保护

《安全生产管理条例》第五十一条规定："发生生产安全事故后，施工单位应当采取措施防止事故扩大，保护事故现场。需要移动现场物品时，应当做出标记和书面记录，妥善保管有关证物。"

施工现场发生生产安全事故后，施工单位负责人应当组织对现场安全事故的抢救，实行总承包的项目，总承包单位应统一组织事故的抢救工作，要根据事故的情况按应急救援预案或企业有关事故处理的制度迅速采取有效措施，组织抢救，防止事故扩大，减少人员伤亡和财产损失。同时要保护事故现场，因抢救工作需要移动现场部分物品时，必须作出标志，绘制事故现场图，并详细记录，妥善保管有关证物，为调查分析事故发生的原因，提供真实的证据。

故意破坏事故现场、毁灭有关证据，为将来进行事故调查、确定事故责任制造障碍者，要承担相应的法律责任。分包单位要根据总承包单位统一组织的应急救援预案和各自的职责分工，投入抢救工作，防止事态扩大。

3. 安全事故的调查

事故调查处理应当坚持实事求是、尊重科学的原则，及时、准确地查清事故经过、事故原因和事故损失，查明事故性质，认定事故责任，总结事故教训，提出整改措施，并对事故责任者依法追究责任。

（1）事故调查的管辖

《生产安全事故报告和调查处理条例》规定，特别重大事故由国务院或者国务院授权有关部门组织事故调查组进行调查。

重大事故、较大事故、一般事故分别由事故发生地省级人民政府、设区的市级人民政府、县级人民政府负责调查。省级人民政府、设区的市级人民政府、县级人民政府可以直接组织事故调查组进行调查，也可以授权或者委托有关部门组织事故调查组进行调查。

未造成人员伤亡的一般事故，县级人民政府也可以委托事故发生单位组织事故调查组进行调查。上级人民政府认为必要时，可以调查由下级人民政府负责调查的事故。

自事故发生之日起30日内（道路交通事故、火灾事故自发生之日起7日内），因事故伤亡人数变化导致事故等级发生变化，依照本条例规定应当由上级人民政府负责调查的，上级人民政府可以另行组织事故调查组进行调查。

特别重大事故以下等级事故，事故发生地与事故发生单位不在同一个县级以上行政区域的，由事故发生地人民政府负责调查，事故发生单位所在地人民政府应当派人参加。

（2）事故调查组的组成与职责

调查组的组成应当遵循精简、效能的原则。根据事故的具体情况，事故调查组由有关人民政府、安全生产监督管理部门、负有安全生产监督管理职责的有关部门、监察机关、公安机关以及工会派人组成，并应当邀请人民检察院派人参加。事故调查组可以聘请有关专家参与调查。

事故调查组组长由负责事故调查的人民政府指定。事故调查组组长主持事故调查组的工作。事故调查组成员应当具有事故调查所需要的知识和专长，并与所调查的事故没有直接利害关系。

（3）事故调查组职责

1）查明事故发生的经过、原因、人员伤亡情况及直接经济损失；

2）认定事故的性质和事故责任；

3）提出对事故责任者的处理建议；

4）总结事故教训，提出防范和整改措施；

5）提交事故调查报告。

事故调查组有权向有关单位和个人了解与事故有关的情况，并要求其提供相关文件、资料，有关单位和个人不得拒绝。

（4）事故调查报告的期限与内容

事故调查组应当自事故发生之日起60日内提交事故调查报告；特殊情况下，经负责事故调查的人民政府批准，提交事故调查报告的期限可以适当延长，但延长的期限最长不超过60日。

事故调查报告应当包括下列内容：

1）事故发生单位概况；

2）事故发生经过和事故救援情况；

3）事故造成的人员伤亡和直接经济损失；

4）事故发生的原因和事故性质；

5）事故责任的认定以及对事故责任者的处理建议；

6）事故防范和整改措施。

事故调查报告应当附具有关证据材料。事故调查组成员应当在事故调查报告上签名。

事故调查报告报送负责事故调查的人民政府后，事故调查工作即告结束。事故调查的有关资料应当归档保存。

4. 重大事故处理

对重大事故的处理，坚持"四不放过"的原则。

《生产安全事故报告和调查处理条例》规定：

（1）负责事故调查的人民政府应当自收到事故调查报告之日起 15 日内做出批复。

（2）有关机关应当按照人民政府的批复，依照法律、行政法规规定的权限和程序，对事故发生单位和有关人员进行行政处罚，对负有事故责任的国家工作人员进行处分。

（3）事故发生单位应当按照负责事故调查的人民政府的批复，对本单位负有事故责任的人员进行处理。

（4）负有事故责任的人员涉嫌犯罪的，依法追究刑事责任。

（5）事故发生单位应当认真吸取事故教训，落实防范和整改措施，防止事故再次发生。防范和整改措施的落实情况应当接受工会和职工的监督。

（6）安全生产监督管理部门和负有安全生产监督管理职责的有关部门应当对事故发生单位落实防范和整改措施的情况进行监督检查。

（7）事故处理的情况由负责事故调查的人民政府或者其授权的有关部门、机构向社会公布，依法应当保密的除外。

4.5 建设工程环境保护的一般规定

4.5.1 立法概况

对于建设工程的环境保护，除了建设法律以外，有关的法律、法规还有：《中华人民共和国环境保护法》（1989 年实施，2014 年修正）、《建设项目环境影响评价收费标准的原则和办法》（1989 年）、《建设项目环境保护管理程序》（1990 年）、《关于加强外商投资建设项目环境保护管理的通知》（1992 年）、《关于加强国际金融组织贷款建设项目环境影响评价管理工作的通知》（1993 年）、《关于进一步做好建设项目环境保护管理工作的几点意见》（1993 年）、《关于加强自然资源开发建设项目的生态环境管理的通知》（1994 年）等。这些法律法规对于我国在进行建设的同时搞好环境保护起到了积极作用。

4.5.2 建设工程环境保护有关规定

1. 建设项目环境影响评价制度

根据环境保护法和有关的法律法规，凡从事对环境有影响的建设项目，都必须执行环境影响报告书的审批制度，包括工业、交通、水利、农林、商业、卫生、文教、科研、旅游、市政等对环境有影响的一切基本建设项目和技术改造项目以及区域开发建设项目。环境影响报告书是环境影响评价的书面表现形式，其内容主要包括：建设项目概况，建设项目周围地区的环境状况调查，建设项目对周围地区和环境近期、远期影响分析和预测，环境监测制度建议，环境影响评价经济效益分析、对环境质量的影响，建设规模、性质、选址是否合理，是否符合环境保护要求，所采取的防治措施在技术上是否可行，经济上是否合理，是否需要进一步评价，以及评价的结论等。

2. "三同时"制度

所谓环境保护"三同时"制度，是指建设项目需要配套建设的环境保护设施，必须与主体工程同时设计、同时施工、同时投产使用。《环境影响评价法》第二十六条规定："建设项目建设过程中，建设单位应当同时实施环境影响报告书、环境影响报告表以及环境影响评价文件审批部门审批意见中提出的环境保护对策措施。"环境保护"三同时"制度是建设项目环境保护法律制度的重要组成部分，《建设项目环境保护管理条例》第三章"环境保护设施建设"中，对环境保护"三同时"制度进行了详细规定：

（1）设计阶段

根据《建设项目环境保护管理条例》第十七条的规定，建设项目的初步设计，应当按照环境保护设计规范的要求，编制环境保护篇章，并依据经批准的建设项目环境影响报告书或者环境影响报告表，在环境保护篇章中落实防治环境污染和生态破坏的措施以及环境保护设施投资概算。

（2）试生产阶段

根据《建设项目环境保护管理条例》第十八条、第十九条的规定，建设项目的主体工程完工后，需要进行试生产的，其配套建设的环境保护设施必须与主体工程同时投入试运行。建设项目试生产期间，建设单位应当对环境保护设施运行情况和建设项目对环境的影响进行监测。

（3）竣工验收和投产使用阶段

根据《建设项目环境保护管理条例》第二十至二十三条的规定，建设项目竣工后，建设单位应当向审批环境影响评价文件的环境保护行政主管部门申请该建设项目需要配套建设的环境保护设施竣工验收。环境保护设施竣工验收，应当与主体工程竣工验收同时进行。

需要进行试生产的建设项目，建设单位应当自建设项目投入试生产之日起3个月内，向审批环境影响评价文件的环境保护行政主管部门申请该建设项目需要配套建设的环境保护设施竣工验收。

环境保护行政主管部门应当自收到环境保护设施竣工验收申请之日起30日内，完成验收。建设项目需要配套建设的环境保护设施经验收合格，该建设项目方可正式投入生产或者使用。

分期建设、分期投入生产或者使用的建设项目，其相应的环境保护设施应当分期验收。

3. 施工现场及周边环境的管理

在建设工程施工现场应采取一系列环境保护措施，主要有：

（1）施工现场必须建立环境保护、环境卫生管理和检查制度，并应做好检查记录。对施工现场作业人员的教育培训、考核应包括环境保护、环境卫生等有关法律、法规的内容。

（2）在城市市区范围内从事建筑工程施工，必须在工程开工15日以前向工程所在地县级以上地方人民政府环境保护管理部门申报登记。施工期间的噪声排放应当符合国家规定的建筑施工场界噪声排放标准。夜间施工的，需办理夜间施工许可证明，并公告附近社区居民。

（3）施工现场污水排放在开工前要与所在地县级以上人民政府市政管理部门签署污水排放许可协议，申领《临时排水许可证》。雨水排入市政管网，污水经沉淀处理后二次使用或排入市政污水管网。施工现场泥浆、污水未经处理不得直接排入城市排水设施和河流、湖泊、池塘。

（4）施工现场产生的固体废弃物应在所在地县级以上地方人民政府环卫部门申报登记，分类存放。对于建筑垃圾和生活垃圾施工单位应与所在地垃圾消纳中心签署环保协议，及时清运处置。有毒有害废弃物应运送到专门的有毒有害废弃物中心消纳。

（5）施工现场的主要道路必须进行硬化处理，土方应集中堆放。裸露的场地和集中堆放的土方应采取覆盖、固化或绿化等措施。施工现场土方作业应采取防止扬尘的措施。

（6）拆除建筑物、构筑物时，应采用隔离、洒水等措施，并应在规定期限内将废弃物清理完毕。建筑物内施工垃圾的清运，必须采用相应的容器或管道运输，严禁凌空抛掷。

（7）施工现场使用的水泥和其他易飞扬的细颗粒建筑材料应密闭存放或采取覆盖等措施。混凝土搅拌场所应采取封闭、降尘措施。

（8）除有符合规定的装置外，施工现场内严禁焚烧各类废弃物，禁止将有毒有害废弃物作土方回填。

（9）在居民和单位密集区域进行爆破、打桩等各项工作，项目经理部除按规定报告申请批准外，还应将作业计划、影响范围、程度及有关措施等情况，向有关的居民和单位通报说明，取得协作和配合；对施工机械的噪声与振动扰民，应有相应的措施予以控制。

（10）经过施工现场的地下管线，应由发包人在施工前通知承包人，标出位置，加以保护。

（11）施工时发现文物、古迹、爆炸物、电缆等，应当停止施工，保护好现场，及时向有关部门报告，按照有关规定处理后方可继续施工。

（12）施工中需要停水、停电、封路而影响环境时，必须经有关部门批准，事先告示，并设有标志。

此外，施工企业应加强现场的卫生与防疫工作，改善作业人员的工作环境与生活条件，防止施工过程中各类疾病的发生，保障作业人员的身体健康和生命安全。

案 例 分 析

案例 4-1

【案情简介】

2002 年 3 月 13 日，在江苏某市政公司承接的苏州河滞留污水截流工程金钟路某号段工地上，施工单位正在做工程前期准备工作。为了交接地下管线情况、土质情况及实测原有排水管涵位置标高，下午 15 时 30 分开始地下管线探摸、样槽开挖作业。下午 16 时 30 分左右，挖掘机将样槽挖至约 2m 深时，突然土体发生塌方，当时正在坑底进行挡土板作业的工人周某避让不及，头部以下身体被埋入土中，事故发生后，现场项目经理、施工人员立即组织抢救，并通知 120 救护中心、119 消防部门赶赴现场抢救，虽经多方抢救但未能成功，下午 17 时 20 分左右，周某在某中心医院死亡。

【案例评析】

1. 直接原因

（1）施工过程中土方堆置不合理。土方堆置未按规范单侧堆土高度不得超过1.5m、离沟槽边距离不得小于1.2m要求进行，实际堆土高度达2m，距沟槽边距离仅1m。

（2）现场土质较差。现场为原沟浜回填土约4m深，且紧靠开挖的沟槽，其中夹杂许多垃圾，土体非常松散。

2. 间接原因

（1）施工现场安全措施针对性较差。未能考虑员工逃生办法，对事故的预见性较差，麻痹大意。

（2）施工人员安全意识较淡薄。对三级安全教育、安全技术交底、进场安全教育未能引起足够的重视，凭经验作业。

（3）坑底作业人员站位不当，自身防范意识不强，逃生时晕头转向，从而发生了事故。

（4）施工现场管理不力。由于刚进场作业，对安全生产方面准备不充分，思想上未能引起足够的重视，管理不到位。

3. 主要原因

（1）施工过程中土方堆置不合理。

（2）开挖后未按规定在深度达1.2m时，应及时进行分层支撑。而实际开挖至2m后，才开始支撑挡板。

（3）现场土质较差，土体非常松散。

事故预防及控制措施：

（1）暂停施工，进行全面安全检查整改。

（2）召开事故现场会进一步对职工进行安全教育。

（3）制定针对性强的施工安全技术措施和安全操作规程作业，对上岗职工进行安全技术交底，配备足够的施工保护设施用品，如横列板、钢板柱、逃生扶梯等，并督促落实。

案例 4-2

【案情简介】

某建筑工程施工工地在拆除已施工完毕的烟囱井架时，工长甲要求作业人员松开井架顶部缆风绳的地锚，西侧地锚松开后，东侧尚未松开。工人乙用铁锹挖被埋在土中的北侧缆风绳时，北侧缆风绳迅速滑出，井架向南倒塌倾斜，造成21人死亡，10人受伤，直接经济损失268.3万元。后经查明，该工程项目经理在没有查验滑模施工队资质的情况下，将烟囱项目承包给某施工队施工；滑模施工负责人自行加工非标准井架，未进行专项设计，制作粗糙，施工前未经检验和验收；拆卸作业前没有进行技术交底，现场安全管理混乱。

【问题】

1. 这起重大事故可定为哪种等级的重大事故？依据是什么？

2. 简述重大事故发生后的报告与现场保护程序。

3. 安全管理目标主要包括哪些内容？

【案例评析】

1. 这起重大事故可定为重大事故。根据规定，具备下列条件之一者为重大事故：

(1) 10人以上30人以下死亡；

(2) 50人以上100人以下重伤；

(3) 5000万元以上1亿元以下直接经济损失的事故。

2. 重大事故发生后的报告与现场保护程序

事故发生后，事故现场有关人员应当立即向本单位负责人报告；单位负责人接到报告后，应当于1小时内向事故发生地县级以上人民政府安全生产监督管理部门和负有安全生产监督管理职责的有关部门报告。

安全生产监督管理部门和负有安全生产监督管理职责的有关部门逐级上报事故情况，每级上报的时间不得超过2小时。同时报告本级人民政府；并通知公安机关、劳动保障行政部门、工会和人民检察院。

报告事故应当包括下列内容：

(1) 事故发生单位概况；

(2) 事故发生的时间、地点以及事故现场情况；

(3) 事故的简要经过；

(4) 事故已经造成或者可能造成的伤亡人数（包括下落不明的人数）和初步估计的直接经济损失；

(5) 已经采取的措施；

(6) 其他应当报告的情况。

3. 现场保护

施工现场发生生产安全事故后，施工单位负责人应当组织对现场安全事故的抢救，实行总承包的项目，总承包单位应统一组织事故的抢救工作，要根据事故的情况按应急救援预案或企业有关事故处理的制度迅速采取有效措施，组织抢救，防止事故扩大，减少人员伤亡和财产损失。同时要保护事故现场，因抢救工作需要移动现场部分物品时，必须作出标志，绘制事故现场图，并详细记录，妥善保管有关证物，为调查分析事故发生的原因，提供真实的证据。

案例4-3

【案情简介】

2000年初，某村办厂征得镇党委和县征地办的同意，在未办理环境影响评价和"三同时"手续的情况下，在所在地建造铸造车间，从事将废旧铝制品加温加热熔解成铝锭的生产活动（其污染源主要是燃烧的烟尘和冶炼时的废气）。县环境保护局以该车间选址不当，手续不全，未经县环境保护局批准就投产为理由，依照《建设项目环境保护管理条例》的有关规定，对该厂作出罚款5000元和责令停产的行政处罚决定。该厂接到行政处罚决定书后，认为县环保局没有通过监测证明超标，就作出"罚款和停产"的行政处罚决定，违反行政处罚程序，遂向人民法院起诉。一审法院立案后，为了提取污染程度的科学证据，曾口头通知村办厂保护该车间现状，以便进行监测，原告口头表示照办，但过后对车间的烟囱重建加高到22m（原来10m左右），炉顶加了防尘盖，致使无法提取证据。一审法院开庭审理后认为：原告开办铸造车间，未经当地政府及有关部门办理审批手续就开始生产，是违法行为。根据有关的环保法律、法规，县环保局作出的行政处罚是合法的。据此一审判决驳回村办厂的请求，维持县环保局作出的行政处罚决定。村办厂对一审判决不服，在法定期限内向上级人民法院提起上诉。二审法院经过审理后认为：村办厂改建铸造车间，有关报批手续不完备，在未经当地环保部门批准的情况下，擅自投产，应当进行行政处罚。同时认为，县环保局在没有调查清楚该厂排出的废气是否超标，以及在没有对废气进行监测、取得可靠的科学数据的情况下，作出行政处罚决定是不妥的。

处理结果：二审法院撤销一审法院判决，并要求县环保局重新作出处理决定。

【案例评析】

我国的环保法律及《建设项目环境保护管理条例》都对可能产生环境污染的建设项目必须办理环境影响评价作了相应规定。村办厂以乡党委和县征地办同意为由，建设污染项目，已构成违反环保法的行为，环保部门有权进行处罚。而且这类处罚只须证明被处罚单位进行了改建、扩建存在违法事实，无须以监测数据作为确认其违法行为的依据，而监测数据可作为确定违法行为危害程度的依据之一。一审法院以环保法为依据，驳回村办厂请求，维持县环保局作出的行政处罚决定，是完全正确的。二审法院更改一审法院审理村办厂未办理环境影响评价和"三同时"有关手续的缘由，而以县环保局在没弄清该车间的废气是否超过规定的标准，以及在没有对废气进行监测，取得可靠科学数据的情况下，就作出结论和处理决定为由，撤销一审法院判决可罚又不可罚前后理由是自相矛盾的。因为县环保局并没有依据《中华人民共和国大气污染防治法》等有关法律、法规对村办厂的违法排放污染物行为作出任何处罚，而是对其违反环境影响评价和"三同时"的行为进行处罚，这就没有必要非测定排放废气是否超标不可了。

复习思考题

1. 工程建设安全生产包含哪些内容？

2. 国务院建设行政主管部门在工程建设安全生产方面有哪些主要的管理职责？

3. 工程建设安全生产管理的基本方针是什么？

4. 企业为什么要进行安全教育？

5. 安全责任制的主要内容包括哪些？

6. 为什么说安全检查制度是安全生产的保障？

7. 安全责任追究制度中对于没有履行职责造成人员伤亡和事故损失的企业会怎么处罚？

8. 施工现场的安全管理工作有哪些内容？

9. 如何保障施工现场周边环境的安全？

10. 何谓工程建设重大事故？工程建设重大事故发生的处理程序是如何规定的？

11. 从业人员及工会在安全生产方面都享有哪些权利？

12. 生产经营单位对安全生产负有哪些监督管理职责？

13. 企业主要负责人、各级管理人员及从业人员在安全生产方面都应承担哪些责任？

14. 什么是"三同时"制度？

15. 加强施工现场的环境保护应包括哪些方面内容？

教学单元 5　城 乡 规 划 法 规

本单元主要介绍了城乡规划的概念、种类、立法概况、城乡规划的编制方针和原则；城乡规划的内容、编制与审批；城乡规划的实施，以及城乡规划的监督检查和法律责任等内容。

5.1　概　　述

5.1.1　基本概念

1. 城乡规划的概念

城乡规划是指政府对一定时期内城市、镇、乡、村庄的经济和社会发展、土地利用、空间布局以及各项建设的综合部署、具体安排和实施管理，是由城镇体系规划、城市规划、镇规划、乡规划和村庄规划组成的规划体系，是政府指导、调控城市和乡村建设的基本手段，是促进城市和乡村协调发展的有效途径，也是维护社会公平、保障公共安全和公众利益、提供公共服务的重要公共政策之一。

组织编制和审批城乡规划，并依法对城市、镇、乡、村庄的土地使用和各项建设的安排实施控制、指导和监督检查的行政管理活动即是城乡规划管理。

规划区是指城市、镇和村庄的建成区以及因城乡建设和发展需要，必须实行规划控制的区域。规划区的具体范围由有关人民政府在组织编制的城市总体规划、镇总体规划、乡规划和村庄规划中，根据城乡经济社会发展水平和统筹城乡发展的需要划定。其中分为两个部分：一是建成区，即实际已经成片开发建设、市政公用设施和公共设施基本具备的地区；二是尚未建成但由于进一步发展建设的需要必须实行规划控制的区域。

2. 城乡规划的种类

城乡规划，包括城镇体系规划、城市规划、镇规划、乡规划和村庄规划。

（1）城镇体系规划

城镇体系规划是指一定地域范围内，以区域生产力合理布局和城镇职能分工为依据，确定不同人口规模等级和职能分工的城镇的分布和发展规划。城镇体系规划是政府综合协调辖区内城镇发展和空间资源配置的依据和手段。城乡规划法不要求省、市、县三级政府都编制独立的城镇体系规划，仅要求编制全国和省域两级城镇体系规划。

（2）城市规划、镇规划

城市规划是指对一定时期内城市的经济和社会发展、土地利用、空间布局以及各项建设的综合部署、具体安排和实施管理。它是政府调控城市空间资源、指导城乡发展与建设、维护社会公平、保障公共安全和公众利益的重要公共政策之一。

城市规划、镇规划分为总体规划和详细规划。详细规划分为控制性详细规划和修建性详细规划。

根据《城市规划基本术语标准》，城市总体规划是指对一定时期内城市性质、发展目标、发展规模、土地利用、空间布局以及各项建设的综合部署和实施措施。城市总体规划包括：城市的性质、发展目标和发展规模，城市建设用地布局和功能分区，城市综合交通体系和河湖、绿地系统各项专业规划。城市详细规划是指以城市总体规划或分区规划为依据，对一定时期内城市局部地区的土地利用、空间环境和各项建设用地所作的具体安排。城市详细规划在城市总体规划和分区规划的基础上，对城市近期建设区域内各项建设作出具体规划。详细规划包括：规划地段各项建设的具体用地范围，建设密度和高度的控制指标，总平面布置、工程管线综合规划和竖向规划。控制性详细规划是指以城市总体规划或分区规划为依据，确定建设地区的土地使用性质和使用强度的控制指标、道路和工程管线控制性位置以及空间环境控制的规划要求。修建性详细规划是指以城市总体规划、分区规划或控制性详细规划为依据，制订用以指导各项建筑和工程设施的设计和施工的规划设计。

镇是介于城市和乡村之间的重要连接点，是我国城乡居民点体系的重要组成部分。镇总体规划和详细规划包括控制性详细规划和修建性详细规划，均适用上述表述内容。

（3）乡规划

乡规划是指对一定时期内乡的经济和社会发展、土地利用、空间布局以及各项建设的综合部署、具体安排和实施管理。

（4）村庄规划

村庄规划是指在其所在乡（镇）规划所确定的村庄规划建设原则基础上，对一定时期内村庄的经济发展进行综合布局，进一步确定村庄建设规模、用地范围和界线，安排村民住宅建设、村庄公共服务设施和基础设施建设，为村民提供适合其特点并与社会经济发展水平相适应的人居环境。村庄规划主要是安排农民的宅基地和少量公用工程设施。

5.1.2 城乡规划法规的立法概况

1. 法律

城乡规划所依据的法律主要是指《中华人民共和国城乡规划法》（以下简称《城乡规划法》），由第十届全国人民代表大会常务委员会第三十次会议于 2007 年 10 月 28 日通过，从 2008 年 1 月 1 日起施行。

《城乡规划法》共七章七十条，与《城市规划法》比较，取消了"城市新区开发和旧区改造"这一章，新增加了"城乡规划的修改"和"监督检查"两个章节。

2. 行政法规

行政法规指《村庄和集镇规划建设管理条例》，由国务院于 1993 年 6 月 29 日以国务院第 116 号令发布。该条例对村庄和集镇规划建设管理的原则、村庄和集镇规划的编制与审批、村庄和集镇规划的实施、村庄和集镇建设活动的管理、村庄和集镇建设管理等内容作了全面的规定，是基层规划管理部门对村庄和集镇进行规划管理的重要法律依据，具有很强的实用性和可参照性。目前该条例正在修订过程中。

3. 部门规章

在实际的规划管理工作中，适用最多的就是部门规章这部分内容。因为它的内容比较多且比较繁杂，在这里根据这些部门规章所涉及的管理内容的不同，将它们分为以下四类：

（1）城乡规划编制审批管理类

此类规章涉及的内容主要是城乡规划的编制与审批，其中包括《城市规划编制办法》

（建设部令第 146 号，自 2006 年 4 月 1 日起施行）、《城镇体系规划编制审批办法》《建制镇规划建设管理办法》等规范性文件。

（2）城乡规划实施管理类

此类规章包括土地使用实施管理、公共设施实施管理、市政工程实施管理和特定地区实施管理等四个方面：

1）土地使用规划管理规章，主要包括《城市国有土地使用权出让转让规划管理办法》《建设项目选址规划管理办法》和《城市地下空间开发利用管理规定》；

2）公共设施规划管理规章，主要包括《停车场建设和管理暂行规定》；

3）市政工程规划管理规章，主要包括《关于城市绿化规划建设指标的规定》；

4）特定地区规划管理规章，主要包括《开发区规划管理办法》。

（3）城乡规划实施监督检查管理类

此类规章涉及的主要是行政检查与档案方面的内容，包括《城建监察规定》和《城市建设档案管理规定》。

（4）城乡规划行业管理类

此类规章包括规划设计单位资格管理和规划师执业资格管理两方面的内容。

1）规划设计单位资格管理规章，如《城市规划编制单位管理规定》。

2）规划师执业资格管理规章，包括《注册城市规划师执业资格制度暂行规定》和《注册城市规划师执业资格认定办法》。

4. 城乡规划技术标准与技术规范

城乡规划技术标准与技术规范是城乡规划编制和审批过程中必须遵守的技术标准和规范，具有强制性特征。此类技术标准和技术规范可分为两级，第一级为国家规范，第二级为地方规范，我们主要介绍国家规范，这类规范大多由建设部组织编制，主要分为三类：

（1）综合类基本规范

综合类基本规范包括《城市规划基本术语标准》《城市用地分类与规划建设用地标准》《城市用地分类代码》和《建筑气候区划标准》等。

（2）城乡规划编制规范

城乡规划编制规范包括《城市规划编制办法》《城市总体规划审查工作规则》《省域城镇体系规划审查办法》《村镇规划编制办法》《历史文化名城保护规划编制要求》《城市居住区规划设计规范》《村镇规划标准》等。

（3）城乡规划各专业规划设计规范

城乡规划各专业规划设计规范包括《城市道路交通规划设计规范》《城市工程管线综合规划规范》《城市防洪工程规划设计规范》《城市给水工程规划规范》《城市电力规划规范》等。

5.2 城乡规划的编制与实施

5.2.1 城乡规划的内容、编制与审批

1. 全国城镇体系规划的内容、编制与审批

在整个规划体系中，全国城镇体系规划具有最高的地位，全国城镇体系规划是统筹安

排全国城镇发展和城镇发展布局的宏观性、战略性的法定规划，是引导城镇化健康发展的重要依据，对省域城镇体系规划、城市总体规划的编制起着指导作用，主要体现在：通过综合评价全国城镇发展条件，明确全国城镇化发展方针、城镇化道路、城镇化发展目标；制定各区域城镇发展战略，引导和控制各区域城镇的合理发展，做好各省、自治区间和重点地区间的协调；统筹城乡建设和发展；明确全国城镇化的可持续发展，包括生态环境的保护和优化、水资源的合理利用和保护、土地资源的协调利用和保护等。

全国城镇体系规划由国务院城乡规划主管部门会同国务院有关部门组织编制，并由国务院城乡规划主管部门报国务院审批，会同国务院有关部门共同编制。全国城镇体系规划涉及经济、社会、人文、资源环境、基础设施等相关内容，需要各部门共同参与。由国务院城乡规划主管部门会同国务院有关部门组织编制全国城镇体系规划，有利于在规划编制过程中统筹城镇发展与资源环境保护、基础设施建设的关系；充分协调相关部门的意见，使全国城镇体系规划与其他国家级相关规划相衔接，在部门间建立政策配合、行动协调的机制，强化国家对城镇化和城镇发展的宏观调控。

2. 省域城镇体系规划的内容、编制与审批

省域城镇体系规划是合理配置和保护利用空间资源、统筹全省（自治区）城镇空间布局、综合安排基础设施和公共设施建设、促进省域内各级各类城镇协调发展的综合性规划，是落实省（自治区）的经济社会发展目标和发展战略、引导城镇化健康发展的重要依据和手段。其内容应当包括：城镇空间布局和规模控制，重大基础设施的布局，为保护生态环境、资源等需要严格控制的区域。具体而言，省内必须控制开发的区域，包括自然保护区、退耕还林（草）地区、大型湖泊、水源保护区、分滞洪区以及其他生态敏感和高压输电网、天然气主干管与门站、区域性防洪与滞洪骨干工程、水利枢纽工程、区域引水工程等；涉及相邻城市的重大基础设施的布局，包括城市取水口、城市污水排放口、城市垃圾处理场等。

省域城镇体系规划由各个省、自治区人民政府组织编制，报国务院审批。这是因为该规划不仅是建设规划，还与国民经济和社会发展规划、土地利用总体规划、全省产业布局等有关，这些需要省、自治区人民政府统筹考虑，从全省发展的角度出发来编制。此外，在报国务院审批前，省域城镇体系规划必须先经本级人民代表大会常务委员会审议，并且应当将省域城镇体系规划草案予以公告，并采取论证会、听证会或者其他方式征求专家和公众的意见。人民代表大会常务委员会的审议意见和根据审议意见修改省域城镇体系规划的情况，以及公众意见的采纳情况和理由应一并报送国务院。国务院应当组织专家和有关部门进行审查。

3. 城市和镇的总体规划的内容、编制与审批

城市总体规划、镇总体规划是城镇发展方向的纲领性文件，是指一定时期内，城市和镇的发展目标、发展规模、土地利用、空间布局，以及各项建设的综合布置和实施措施，是引导和调控城市建设、保护和管理城市空间资源的重要依据和手段，是判断城市建设是否正确的重要法律准绳，具有全局性、综合性和战略性的特点。城市总体规划一般分为市域城镇体系规划和中心城区规划两个层次。城市总体规划内容包括：城市、镇的发展格局，功能分区、用地布局，综合交通体系，禁止、限制和适宜建设的地域范围，各类专项规划等。同时，规划的内容分为强制性内容和非强制性内容，如规划区范围、规划区内建

设用地规模、基础设施和公共服务设施用地、水源地和水系、基本农田和绿化用地、环境保护、自然与历史文化遗产保护和防灾减灾等这些内容为强制性内容，是总体规划必须包含的内容，同时，强制性内容的修改遵循专门的规定，一般来说是不允许修改的。特别注意的是，强制性内容和非强制性内容的区别仅仅在于强制性内容是必须有的，内容修改要求严格，而非强制性内容是可选的内容，它们的效力都是由国家强制力保证实施的。

城市人民政府和城镇政府是组织编制总体规划的主体，它们向上级政府提出编制申请（市级向所属的省政府、镇级向所属的市政府或省政府），并在申请报告中就原规划执行情况、新规划编制（或修编）理由、范围作明确说明，在正式编制前，要先编制总规纲要并提请审查；在总体规划报审批前，需经本级人民代表大会常务委员会审议，并经过规划公示、专家评审、公众参与或者听证会等程序。

城市和镇的总体规划采取分级审批制度：直辖市的城市总体规划由直辖市人民政府报国务院审批。省、自治区人民政府所在地的城市以及国务院确定的城市的总体规划，由省、自治区人民政府审查同意后，报国务院审批。其他城市的总体规划，由城市人民政府报省、自治区人民政府审批；城镇总体规划由其所属的市级政府审批，但在报送审批前，都必须经过各级人民代表大会或其常务委员会审议通过；同级人大"审议"是程序性的，是本级政府向上级政府报请审批总体规划前的必经程序，同级人大"审议"城乡规划是对同级政府制定、实施城乡规划的监督。

镇的总体规划编制和审批，还可以细分为不同情况；县人民政府所在地镇的总体规划由县人民政府组织编制，而不是由县人民政府所在地镇的人民政府组织编制。这是考虑到县人民政府所在地镇是整个县的经济、文化等中心，需要统筹考虑全县的经济、社会发展及全县的城乡空间布局和城镇规模。县人民政府组织编制的镇总体规划应报上一级人民政府批准。其他镇的总体规划由镇人民政府组织编制，编制完成后，应当先经镇人民代表大会审议后，报上一级人民政府审批。

概括地说，基本程序包括：前期研究、编制工作报告、编制城市总体规划纲要、编制城市总体规划成果并报批。

4. 乡村规划的内容、编制与审批

乡村规划应该由实际出发，考虑乡村的不同需要，尊重村民意愿，体现地方和农村特色。《中华人民共和国城乡规划法》特别提出乡村规划必须统筹安排，均衡发展，尊重村民意愿，以村民作为乡村建设的主体。该规划内容主要包括：安排村庄内农业生产用地布局及为其配套的各项服务设施；确定村庄居住、公共设施、道路、市政工程设施等用地布局；畜禽养殖场所等生产建设的用地布局；确定垃圾分类及转运方式，明确垃圾收集点、公厕等环境卫生设施的分布和规模，确定防灾减灾设施的分布和规模；对耕地、水源等自然资源和历史文化遗产保护措施，对村庄分期建设时序作出安排等。

乡村规划要考虑乡村的不同需要，规定具有针对性，不能搞强迫，由村民来决定发展的速度和方向；建设社会主义新农村，消除城乡差别，提高农村生活水平，是我国面临的新任务，但在规划上，要防范把乡村建设和城市建设雷同化，防止超过实际需要的城镇化倾向，做到真正为农民服务，改善农村生产和生活条件，实现共同富裕。

乡村规划由乡、镇人民政府组织编制，报上一级人民政府审批。由于乡村规划直接涉及广大村民的切身利益，而村集体是实行村民自治的，因此，乡村规划在报送审批前，应当经村民会议或者村民代表会议讨论同意。

5. 控制性详细规划的内容、编制与审批

控制性详细规划是以总体规划为依据，进一步深化总体规划意图，为有效地控制用地和实施规划管理而编制的详细规划。其内容是对近期建设或者开发区进行地块细化，确定各类用地性质、人口密度和建筑容量，确定规划区内的市政公用和交通设施的建设条件，以及内部道路和外部道路的联系；控制性详细规划的作用主要是用于明确建设地区的土地使用性质和使用强制性控制指标，道路和工程管线控制性位置及空间环境控制的规划要求，对近期建设或者开发地区进行地块细化。它是城市规划实施管理最直接的法律依据，是国有土地使用权出让、开发和建设管理的法定前置条件，为土地综合开发和规划管理提供必要的依据，同时也可用以指导修建性详细规划编制。

城市人民政府城乡规划主管部门根据城市总体规划的要求，组织编制城市的控制性详细规划，经本级人民政府批准后，报本级人民代表大会常务委员会和上一级人民政府备案。镇人民政府根据镇总体规划的要求，组织编制镇的控制性详细规划，报上一级人民政府审批。县人民政府所在地镇的控制性详细规划，由县人民政府城乡规划主管部门根据镇总体规划的要求组织编制，经县人民政府批准后，报本级人民代表大会常务委员会和上一级人民政府备案。

6. 修建性详细规划的内容、编制与审批

修建性详细规划是在控制性详细规划确定的规划设计条件下编制的，直接对建设项目和周围环境进行具体的安排和设计，一般是针对具体地块，主要用于确定各类建筑、各项基础工程设施、公共服务设施的具体配置，并根据建筑和绿化空间布局进行环境景观设计，为各项建筑工程设计和施工图设计提供依据。

修建性详细规划一般是作为一个比较大的地块整体项目开发的时候，为了整体了解整个项目的具体分布而编制的规划，比如具有一定规模的大型居住社区、一定规模的大型商业建筑群，才需要编制这种规划，以便在分期的长时间实施中，从开始就可以确定很多公共服务设施、基础设施的具体数量和分布，如学校、公交、停车、绿化等基础设施和公共服务设施的具体情况。

城市、县人民政府城乡规划主管部门和镇人民政府可以组织编制重要地块的修建性详细规划。修建性详细规划应当符合控制性详细规划。由于修建性详细规划涉及内容比较细，因此，并不是规划中的所有地块都需制定这类规划，而且对它的审批没有具体的规定，一般只要它符合该地块的控制性详细规划，并得到用地单位的认可就可以。

修建性详细规划可以由规划设计单位设计，也可以由建筑设计单位设计，它是介于规划设计和建筑设计之间的一种两者兼顾的设计，一旦修建性详细规划得到认可，也就是说建筑方案确定了，所以现在一般由建筑设计单位担任。修建性详细规划的成果由规划说明书和图纸组成。

5.2.2　城乡规划的实施

城乡规划的实施是指城乡规划管理部门根据城乡规划法律规范和已经批准的城乡规划，对城乡规划区内的各项建设活动进行规划审查，并核发规划许可证的行政行为。城乡规划实施的基本制度是城乡规划许可证制度。

1. 选址意见书

《城乡规划法》第36条确定了关于申请核发选址意见书的规定："按照国家规定需要有关部门批准或者核准的建设项目，以划拨提供国有土地使用权的，建设单位在报送有关部门批准或者核准前，应当向城乡规划主管部门申请核发选址意见书。前款规定以外的建设项目不需要申请选址意见书。"

根据该规定，需要申请建设项目用地选址意见书的项目，必须满足以下三个条件：

（1）该项目是在城市、镇规划内的项目，在规划区外的项目，规划主管部门不可以核发选址意见书。

（2）该项目是需要有关部门批准或核准的建设项目。建设项目立项审批有三种，即批准、核准和备案，只有前两种需要选址意见书。

（3）该项目使用土地是以划拨方式获得的国有土地使用权。

按现行法律规定，取得国有土地使用权的方式有划拨和出让两种，出让方式获得土地使用权的项目，出让前规划条件已经具备，不再需要该意见书。

规定申请核发选址意见书的主要考虑是便于国家对建设项目的宏观管理，确保规划的正确实施。法律规定申请核发选址意见书，可以将宏观管理与规划管理统一起来，确保建设项目按照规划实施，确保经济效益、社会效益和环境效益相统一。

申请核发选址意见书的时间，必须是在需要有关部门批准或者核准的建设项目批准或者核准前进行。

（1）建设项目选址意见书的内容

按照建设部和国家计委发布的《建设项目选址规划管理内容》等的规定，建设项目选址意见书应当包括下列内容：一是建设项目的基本情况，主要是建设项目名称、性质、用地与建设规模、供水与能源的需求量、采取的运输方式与运输量以及废水、废气、废渣的排放方式和排放量。二是建设项目与城市布局的协调；建设项目与城市交通、通信、能源、市政、防灾规划的衔接协调；建设项目配套的生活设施与城市生活居住及公共设施规划的衔接与协调；建设项目对于城市环境可能造成的污染影响，以及与城市环境保护规划和风景名胜、文物古迹保护规划的协调。三是建设项目选址、用地范围和具体规划要求。此外，建设项目选址意见书应当包括建设项目地址和用地范围的附图和明确有关问题的附件。附图和附件是建设项目选址意见书的配套证件，具有同等的法律效力。附图和附件由发证单位根据法律、法规规定和实际情况制定。

（2）申请建设项目选址意见书的程序

按照《建设部关于统一印发建设项目选址意见书的通知》的规定，应遵循下述程序：第一，凡计划在城市规划区内进行建设，需要编制设计任务书（可行性研究报告）的，建设单位必须向当地市、县人民政府城乡规划主管部门提出选址申请。第二，建设单位填写建设项目选址申请表后，城乡规划主管部门根据《建设项目选址规划管理办法》的规定，分级核发建设项目选址意见书。第三，按规定应由上级城乡规划主管部门核发选址意见书的建设项目同市、县城乡规划主管部门应对建设单位的选址报告进行审核，并提出选址意见，报上级城乡规划主管部门核发建设项目选址意见书。

随着国有土地使用权有偿出让制度的全面推行，除划拨使用土地项目（主要是公益事业项目）外，都将实行土地使用权有偿转让，按照《城乡规划法》的规定，出让地块必须同时具有城乡规划主管部门提出的规划条件，而规划条件明确了该地块面积、使用性质、建设强度、基础设施、公共设施的配置原则等相关要求，而且这些要求是规划管理部门依据控制性详细规划的数据得出的，是符合规划要求的，因此，这些项目不再需要选址意见书。

2. 建设用地规划许可证

（1）建设用地规划许可证的概念

建设用地规划许可证是城市、县人民政府城乡规划主管部门依据控制性详细规划，向提出用地申请的建设单位或者个人核定建设用地的位置、面积、允许建设的范围的法律凭证。没有此证的用地单位属非法用地，不能领取房地产权属证件。

（2）建设用地规划许可证的办理程序

1）划拨用地情况。《城乡规划法》第三十七条规定：在城市、镇规划区内以划拨方式提供国有土地使用权的建设项目，经有关部门批准、核准、备案后，建设单位应当向城市、县人民政府城乡规划主管部门提出建设用地规划许可申请，由城市、县人民政府城乡规划主管部门依据控制性详细规划核定建设用地的位置、面积、允许建设的范围，核发建设用地规划许可证。

建设单位在取得建设用地规划许可证后，方可向县级以上地方人民政府土地主管部门申请用地，经县级以上人民政府审批后，由土地主管部门划拨土地。

取得建设用地规划许可证，是使用划拨国有土地的建设项目必须经历的过程，在这个过程中，从选址意见书到用地规划许可证，该项目经过多个政府管理部门的审批、核查，以确保这类项目的社会公益性。

2）出让用地情况。《城乡规划法》第三十八条规定：在城市、镇规划区内以出让方式提供国有土地使用权的，在国有土地使用权出让前，城市、县人民政府城乡规划主管部门应当依据控制性详细规划，提出出让地块的位置、使用性质、开发强度等规划条件，作为国有土地使用权出让合同的组成部分。未确定规划条件的地块，不得出让国有土地使用权。

以出让方式取得国有土地使用权的建设项目，在签订国有土地使用权出让合同后，建设单位应当持建设项目的批准、核准、备案文件和国有土地使用权出让合同，向城市、县人民政府城乡规划主管部门领取建设用地规划许可证。

城市、县人民政府城乡规划主管部门不得在建设用地规划许可证中，擅自改变作为国有土地使用权出让合同组成部分的规划条件。

规划条件未纳入国有土地使用权出让合同的，该国有土地使用权出让合同无效；对未取得建设用地规划许可证的建设单位批准用地的，由县级以上人民政府撤销有关批准文件；占用土地的，应当及时退回；给当事人造成损失的，应当依法给予赔偿。

3. 建设工程规划许可制度

（1）建设工程规划许可证的概念

建设工程规划许可证是城市、县人民政府城乡规划主管部门依法核发的，确认有关建设工程符合城市规划要求的法律凭证。建设工程规划许可证是有关建设工程符合城市规划要求的法律凭证，是建设单位建设工程的法律凭证，是建设活动中接受监督检查时的法定依据。没有此证的建设单位，其工程建筑是违章建筑，不能领取房地产权属证件。

建设工程规划许可证可以确认城市中有关建设活动符合法定规划的要求，确保建设主体的合法权益。它是城乡建设档案的重要内容，也是作为建设活动进行过程中接受监督检查时的法定依据。

（2）建设工程规划许可证的申报范围

《城乡规划法》第四十条规定：在城市、镇规划区内进行建筑物、构筑物、道路、管线和其他工程建设的，建设单位或者个人应当向城市、县人民政府城乡规划主管部门或者省、自治区、直辖市人民政府确定的镇人民政府申请办理建设工程规划许可证。

（3）建设工程规划许可证的办理程序

申请办理建设工程规划许可证，应当提交使用土地的有关证明文件、建设工程设计方案等材料。需要建设单位编制修建性详细规划的建设项目，还应当提交修建性详细规划。对符合控制性详细规划和规划条件的，由城市、县人民政府城乡规划主管部门或者省、自治区、直辖市人民政府确定的镇人民政府核发建设工程规划许可证。

城市、县人民政府城乡规划主管部门或者省、自治区、直辖市人民政府确定的镇人民政府应当依法将经审定的修建性详细规划、建设工程设计方案的总平面图予以公布。

申请办理建设工程规划许可证需要提交的材料，每个地区虽都有具体要求，但基本相同，以下是上海市建设工程规划许可证的申办材料：

① 填写《建设工程规划许可证申请表》1份；② 总平面设计图三份（比例1/500或1/1000，应标明建筑基地界限，新建建筑物的外轮廓尺寸和层数，新建建筑物与基地界限、道路规划红线、相邻建筑物、河道和高压线的间距尺寸）；③ 地形图3份（向市测绘院晒印，比例1/500或1/1000，地形图上需按上述总平面设计图要求划示新建建筑物位置及有关尺寸）；④ 建设基地的土地使用权属证件（复印件）；如属新征土地，应提供市房地资源局核发的建设用地批准书（复印件1份）；⑤ 原有基地拆房，需提供应拆房屋的权属证明（复印件1份）；⑥ 建筑施工图2套（平、立、剖面图和图纸目录单），分层面积表2份（应按国家有关建筑面积规定计算）；⑦ 基础施工平面图、基础详图及桩位平面布置图各2份；⑧ 建设项目计划批准文件1份；⑨ 建筑工程概预算书1份；⑩ 消防、环保、卫生等有关部门审核意见单各1份。

4. 其他建设工程规划许可制度

（1）乡村建设规划许可证

《城乡规划法》第四十一条规定：在乡、村庄规划区内进行乡镇企业、乡村公共设施和公益事业建设的，建设单位或者个人应当向乡、镇人民政府提出申请，由乡、镇人民政府报城市、县人民政府城乡规划主管部门核发乡村建设规划许可证。

在乡、村庄规划区内使用原有宅基地进行农村村民住宅建设的规划管理办法，由省、自治区、直辖市制定。

在乡、村庄规划区内进行乡镇企业、乡村公共设施和公益事业建设以及农村村民住宅建设，不得占用农用地；确需占用农用地的，应当依照《中华人民共和国土地管理法》有关规定办理农用地转用审批手续后，由城市、县人民政府城乡规划主管部门核发乡村建设规划许可证。

建设单位或者个人在取得乡村建设规划许可证后，方可办理用地审批手续。

（2）各类临时建设的规划行政许可

《城乡规划法》第四十四条规定：在城市、镇规划区内进行临时建设的，应当经城市、县人民政府城乡规划主管部门批准。临时建设影响近期建设规划或者控制性详细规划的实施以及交通、市容、安全等的，不得批准。

临时建设应当在批准的使用期限内自行拆除。临时建设和临时用地规划管理的具体办法，由省、自治区、直辖市人民政府制定。

5.3 城乡规划的监督检查和法律责任

5.3.1 城乡规划的监督

1. 城乡规划的监督体制

我国城乡规划监督体制由国家监督和社会监督两部分组成，国家监督根据监督主体和监督方式的不同，可分为权力机关监督、司法机关监督和行政机关监督；社会监督包含人民代表大会的监督和社会公众的监督。

2. 城乡规划的监督形式

城乡规划的监督有行政监督、立法监督和群众监督。

（1）行政监督就是各级政府的层级监督，下级部门要向上级部门汇报规划的实施情况和管理工作，上级部门要对下级部门违法案件的查处情况进行监督，其监督主体是县级以上人民政府及城乡规划管理部门。其内容包括政府层级监督检查、规划许可证的监督检查、建设工程竣工规划验收和竣工档案资料的检查。

（2）立法监督是指国家的立法机关对行政实行的监督，各级人民代表大会及其常务委员会对国家行政机关及其工作人员的监督，即监督各级政府及其工作人员的一切活动是否坚持依法办事。其内容主要是各种规范性法律文件的效力情况和地方各级政府对城乡规划的实施情况。

（3）群众监督是指积极引导公众参与到规划实施的检查中来，城乡规划的实施关系到公众的切身利益，引导公众参与监督规划实施，有十分重要的意义。其前提是规划管理部门公开规划的相关情况。

3. 城乡规划管理部门的监管权利和义务

城乡规划管理部门有直接的技术力量和专业知识，因此是对规划实施情况进行监督的最常见的，也是最重要的主体。它可以要求有关单位和人员提供与监督事项有关的文件、资料，并进行复印，包括国有土地使用权出让合同、建设用地规划许可证、建设工程规划许可证、建设工程设计方案、修建性详细规划以及其他与城乡规划有关的文件和资料；要求有关单位就监督事项涉及的问题作出解释和说明，并进行现场勘测；责令有关单位和个人停止违反有关城乡法律、法规的行为。需要注意的是，城乡规划管理部门在行使上述行为时，必须出示执法证件，表明身份，然后才能行使权力，体现依法执法、公开执法的要求。

规划管理部门依法对建设行为进行监督和检查，是他们本身的义务，他们必须保证经常性地检查建设项目，及时制止违法行为。

按照城乡规划法的规定，县级以上人民政府城乡规划主管部门监督检查的基本情况和处理结果都应当依法公开，供公众查阅和监督，这样一方面让有利害关系的人了解规划实施情况，对规划实施进行监督；另一方面将自身的监督活动及有关处理工作本身置于公众的监督之下，保证公开、公平和公正性。公开的方式有很多种，可以是政府公报、政府网站、新闻发布会、报刊广播等，规划管理部门还可以根据需要建立公共阅览室、资料索取点、信息公告栏、电子信息屏等场所和设施，保证公开的效果。

5.3.2 违反城乡规划的法律责任

对城乡规划管理部门违反法律和法规的行为，《城乡规划法》规定了其法律责任：

（1）依法应当编制城乡规划而未组织编制，或者未按法定程序编制、审批、修改城乡规划的，由上级人民政府责令改正，通报批评；对有关人民政府负责人和其他直接责任人员依法给予处分。

（2）城乡规划组织编制机关委托不具有相应资质等级的单位编制城乡规划的，由上级人民政府责令改正，通报批评；对有关人民政府负责人和其他直接责任人员依法给予处分。

（3）镇人民政府或者县级以上人民政府城乡规划主管部门有下列行为之一的，由本级人民政府、上级人民政府城乡规划主管部门或者监察机关依据职权责令改正，通报批评；对直接负责的主管人员和其他直接责任人员依法给予处分：

1）未依法组织编制城市的控制性详细规划、县人民政府所在地镇的控制性详细规划的；

2）超越职权或者对不符合法定条件的申请人核发选址意见书、建设用地规划许可证、建设工程规划许可证、乡村建设规划许可证的；

3）对符合法定条件的申请人未在法定期限内核发选址意见书、建设用地规划许可证、建设工程规划许可证、乡村建设规划许可证的；

4）未依法对经审定的修建性详细规划、建设工程设计方案的总平面图予以公布的；

5）同意修改修建性详细规划、建设工程设计方案的总平面图前未采取听证会等形式听取利害关系人的意见的；

6）发现未依法取得规划许可或者违反规划许可的规定在规划区内进行建设的行为，而不予查处或者接到举报后不依法处理的。

（4）县级以上人民政府有关部门有下列行为之一的，由本级人民政府或者上级人民政府有关部门责令改正，通报批评；对直接负责的主管人员和其他直接责任人员依法给予处分：

1）对未依法取得选址意见书的建设项目核发建设项目批准文件的；

2）未依法在国有土地使用权出让合同中确定规划条件或者改变国有土地使用权出让合同中依法确定的规划条件的；

3）对未依法取得建设用地规划许可证的建设单位划拨国有土地使用权的。

（5）城乡规划编制单位有下列行为之一的，由所在地城市、县人民政府城乡规划主管部门责令限期改正，处合同约定的规划编制费一倍以上二倍以下的罚款；情节严重的，责令停业整顿，由原发证机关降低资质等级或者吊销资质证书；造成损失的，依法承担赔偿责任：

1）超越资质等级许可的范围承揽城乡规划编制工作的；

2）违反国家有关标准编制城乡规划的。

未依法取得资质证书承揽城乡规划编制工作的，由县级以上地方人民政府城乡规划主管部门责令停止违法行为，依照前款规定处以罚款；造成损失的，依法承担赔偿责任。

以欺骗手段取得资质证书承揽城乡规划编制工作的，由原发证机关吊销资质证书，依照本条第一款规定处以罚款；造成损失的，依法承担赔偿责任。

（6）城乡规划编制单位取得资质证书后，不再符合相应的资质条件的，由原发证机关责令限期改正；逾期不改正的，降低资质等级或者吊销资质证书。

（7）未取得建设工程规划许可证或者未按照建设工程规划许可证的规定进行建设的，由县级以上地方人民政府城乡规划主管部门责令停止建设；尚可采取改正措施消除对规划实施的影响的，限期改正，处建设工程造价百分之五以上百分之十以下的罚款；无法采取改正措施消除影响的，限期拆除，不能拆除的，没收实物或者违法收入，可以并处建设工程造价百分之十以下的罚款。

（8）在乡、村庄规划区内未依法取得乡村建设规划许可证或者未按照乡村建设规划许可证的规定进行建设的，由乡、镇人民政府责令停止建设、限期改正；逾期不改正的，可以拆除。

（9）建设单位或者个人有下列行为之一的，由所在地城市、县人民政府城乡规划主管部门责令限期拆除，可以并处临时建设工程造价一倍以下的罚款：

1）未经批准进行临时建设的；

2）未按照批准内容进行临时建设的；

3）临时建筑物、构筑物超过批准期限不拆除的。

（10）建设单位未在建设工程竣工验收后六个月内向城乡规划主管部门报送有关竣工验收资料的，由所在地城市、县人民政府城乡规划主管部门责令限期补报；逾期不补报的，处一万元以上五万元以下的罚款。

（11）城乡规划主管部门作出责令停止建设或者限期拆除的决定后，当事人不停止建设或者逾期不拆除的，建设工程所在地县级以上地方人民政府可以责成有关部门采取查封施工现场、强制拆除等措施。

（12）违反本法规定，构成犯罪的，依法追究刑事责任。

案 例 分 析

案例 5-1

【案情简介】

某省电子联合康乐公司不服某省某市城市规划局作出的对其违法建设拆除的决定，向某市中级人民法院提起行政诉讼。

原告某省电子联合康乐公司诉称：被告某市城市规划局作出的原告限期拆除违法建筑决定所依据的事实不清，适用法律、法规错误。原告新建的儿童乐园大楼曾经某市城市管理委员会同意，且报送给被告审批。该工程虽然修建手续不全，但不属于严重违反城市规划。请求法院撤销被告的限期拆除房屋决定。庭审中，原告又提出变更被告的拆除决定为罚款，保留诉讼请求的意见。

原告将修建计划报送被告某市城市规划局审批。原告在被告尚未审批，没有取得建设工程规划许可证的情况下，于2015年8月23日擅自动工修建儿童乐园大楼。同年12月9日，被告和市、区城管会的有关负责人到施工现场，责令原告立即停工，并写出书面检查。原告于当日向被告作出书面检查，表示愿意停止施工，接受处理，但是原告并未停止施工。

2016年2月20日，被告根据《中华人民共和国城乡规划法》第四十条、《某省关于中华人民共和国城乡规划法实施办法》和《某市城市建设规划管理办法》的规定，作出违法建筑拆除决定书，限令原告在2016年3月7日前自行拆除未完工的违法修建的儿童乐园大楼。原告不服，向某省城乡建设环境保护厅申请复议。某省城乡建设环境保护厅于2016年4月7日作出维护某市城市规划局的违法建筑拆除决定。在复议期间，原告仍继续施工，致使建筑面积为1730㎡的六层大楼主体工程基本完工。

上述事实，经庭审调查核实，原、被告双方均无争议。

某市中级人民法院认为：原告新建儿童乐园大楼虽经城管部门原则同意，并向被告申请办理有关建设规划手续，但在尚未取得建设工程规划许可证的情况下即动工修建，违反了《中华人民共和国城乡规划法》第四十条"在城市、镇规划区内进行建筑物、构筑物、道路、管线和其他工程建设的，建设单位或者个人应当向城市、县人民政府城乡规划主管部门或者省、自治区、直辖市人民政府确定的镇人民政府申请办理建设工程规划许可证"。的规定，属违法建筑。也就是说建设单位或者个人在进行建设之前，必须取得建设工程规划许可证，然后才能申请开工。某市城市规划局据此作出限期拆除违法建筑的处罚决定并无不当。鉴于该违法建筑位于某市区主干道一侧，属城市规划区重要地区，未经规划部门批准即擅自动工修建永久性建筑物，其行为本身就严重影响了该区域的整体规划，且原告在被告制止及作出处罚决定后仍继续施工，依照《某省关于中华人民共和国城乡规划法实施办法》和《某市城市建设规划管理办法》的规定，属从重处罚情节，故原告以该建筑物不属严重影响城市规划的情节为由，请求变更被告的拆除大楼的决定为罚款保留房屋的意见不予支持。依照《中华人民共和国行政诉讼法》第五十四条第（一）项的规定，该院于2016年5月21日判决：维持某市城市规划局作出的违法建筑拆除决定。

第一审判判后，原告某省电子联合康乐公司不服，以"原判认定的事实不清，适用法律有错误"为由，向某省高级人民法院提出上诉，请求撤销原判，改判为罚款保留房屋，并补办修建手续。被告某市城市规划局提出答辩认为，第一审判认定事实清楚，适用法律、法规正确，符合法定程序，应依法维持。

某省高级人民法院在庭审期间，2016年10月20日上诉人某省电子联合康乐公司主动提出："服从和执行某市中级人民法院的一审判决，申请撤回上诉。"某省高级人民法院经审查认为，上诉人无证修建儿童乐园大楼属严重违法建筑的事实存在，对上诉人作出拆除该违法房屋建筑的处罚决定合法。上诉人自愿申请撤回上诉，依照行政诉讼法第51条的规定，于2016年11月1日作出裁定：准许上诉人某省电子联合康乐公司撤回上诉。双方当事人按某市中级人民法院的一审判决执行。到2017年2月，某省电子联合康乐公司违法修建的儿童乐园大楼已全部拆除。

【案例评析】

在本案中，原告某省电子联合康乐公司最明显的一个问题就是有明知故犯的嫌疑。首先，其施工过程经某市城市管理委员会同意后，已经报送给被告审批。说明当事人知道应该办理工程有关审批手续。既然知道，却在未取得合法手续的情况下进行施工。其次，违法进行施工后，城市规划局和市、区城管会的有关负责人到施工现场，责令其立即停工，并写出书面检查。原告于当日作出书面检查，表示愿意停止施工，接受处理，但是并未停止施工。其行为事实，是抗拒行政执法。不仅如此，还诉称"某市城市规划局作出的限期拆除违法建筑决定所依据的事实不清，适用法律、法规错误"。确实有些过分。但在法律事实面前，最终还是主动提出："服从和执行某市中级人民法院的一审判决，申请撤回上诉。"并将违法修建的儿童乐园大楼已全部拆除。应该说，这个处理未涉及某些人抗拒执法的处理，也未进行其他罚款，已经是较宽容的了。

案例 5-2

【案情简介】

林某在未办理报批手续的情况下，擅自于 2013 年 6 月将其经营的精研塑料厂从该市某镇北海路迁至该镇新工业区，增设了八台切割机，新建了挤塑车间，且未取得建设工程许可证，未采取任何环境保护设施后擅自将主体工程正式投入生产。规划局和环境保护局联合执法，经过调查、取证和组织听证后，于 7 月 20 日作出了《行政处罚决定书》，认定上述行为违反了《城乡规划法》《某市建设项目环境保护管理条例》，对林某作出停止生产、补办手续并处罚款 3 万元的行政处罚决定，林某不服，于 2013 年 8 月 10 日向某市人民法院提起行政诉讼，请求判决撤销处罚决定。林某认为自己是个体工商户，不属于建设单位，另外，工厂搬迁经营场所，增加小型设备不属于要经建设管理部门、计划管理部门批准的项目，故不属于建设项目。

请问：

（1）林某认为自己是个体工商户，不属于建设单位。这个理由是否成立？

（2）林某认为自己的搬迁不是建设项目的理由是否成立？

（3）法院应当如何判决？为什么？

【案情分析】

1. 根据城乡规划法，规划区范围内任何建设都必须符合城市规划，都必须按法定程序进行报批，这包括单位和个人（个体经济和其他各种不同经济类型的开发活动）因此，林某以个体工商户做借口，想跳过规划报建程序，这明显不符合城乡规划法的要求。

2. 林某工厂的搬迁是不是属于建设项目，依据城市规划管理条例，城市建设项目是指一切新建、扩建、改建、翻建的房屋建筑（包括工业建筑、公共建筑、住宅建筑、仓储建筑等）、地下建筑、围墙建筑、大门建筑、小品建筑、人防工程、消防工程、防洪工程、公共设施、铁路、地铁、公路、城市道路、桥梁、涵洞、机场、码头、广场、停车场、公园、城市绿化、市政管线等。林某工厂异地搬迁，涉及建设用地的重新选址、建筑工程的重新设计、建设项目的环境保护、建设工程竣工验收等问题，均需要重新按照新建建设项目的规划审批程序进行报建，否则就是属于违法建设，违法生产，必须依法处罚。

3. 法院应作出维持判决。因为，规划局和环境保护局的行政处罚行为证据确凿，适用法律、法规正确，符合法定程序。

复 习 思 考 题

1. 什么是城乡规划、规划区？

2. 城乡规划制定的原则是什么？

3. 城市规划分哪几类？它们的编制权限和审批权限是如何规定的？

4. 什么是选址意见书？

5. 什么是建设用地规划许可证？取得建设用地规划许可证要经过哪些程序？

6. 取得建设工程规划许可证要经过哪些程序？

7. 城市新区开发和旧区改建分别要注意哪些问题？

教学单元 6 建设工程发包与承包法规

本单元主要介绍了工程发包与承包的概念及方式、立法概况及有关规定；工程招标、投标的有关规定及方式，工程招标、投标中的招标文件与投标书、标底与投标报价，工程开标、评标与定标的有关规定；建设工程招标、投标的决策与管理及监督等内容。

6.1 建设工程发包与承包概述

6.1.1 建设工程发包与承包的概念及方式

1. 工程发包与承包的概念

（1）工程项目

工程项目又称单项工程，是指具有独立存在意义的一个完整工程，它由许多单位工程组成的综合体。

（2）工程发包与承包

工程发包与承包是构成建设工程承发包商业活动不可分割的两个方面。工程发包是指作为交易一方的建设单位或者总承包单位将所需完成的建筑工程的勘察、设计、施工等工作的全部或一部分，通过合同委托给另一方勘察、设计、施工、监理单位去完成并按合同规定支付报酬的行为。工程承包是工程发包的对称，是指具有从事建筑活动的法定从业资格单位，通过投标或其他方式，承揽建筑工程任务，并按约定取得报酬的行为。一般发包方为建设单位或工程总承包单位，承包方为勘察设计单位、施工单位、监理单位、工程设备单位或工程设备制造单位。

建设工程发包和承包的内容涉及建设工程的全过程，包括可行性研究的发包与承包、工程勘察设计的发包与承包、材料及设备采购发包与承包、工程施工的发包与承包、工程劳务的发包与承包、工程项目监理的发包与承包、工程项目管理的发包与承包等。但在实践中，建设工程发包与承包的内容较多的是指建设工程勘察设计、施工的发包与承包。

2. 建设工程发包与承包的方式

《建筑法》第十九条规定发包方式：建筑工程依法实行招标发包，对不适于招标发包的可以直接发包。所以建筑工程的发包方式分为招标发包和直接发包。

建筑工程招标发包是：发包方事先确定拟建物的招标内容及要求，愿意承包的单位递交投标书、证明其承包工程的造价、工期、达到的质量标准条件等，再由发包方从若干个投标的承包方中择优选取工程承包方的交易方式。

建筑工程直接发包是：发包方与承包方直接进行协商，以约定工程建设的价格、工期和其他条件的交易方式。

6.1.2 建设工程承发包法规的立法概况及有关规定

1. 立法概况

自 1982 年建筑工程发包与承包制实施以来，对推动公开竞争提高工程质量起到了积极的作用，同时暴露出一些问题，如没有统一约束、各自为政、行政干预、招投标中徇私舞弊权钱交易等。国家为了规范建筑市场，保证工程质量，清除建筑领域的腐败现象，先后颁布了《建设工程招标投标暂行规定》（1984 年）、《工程建设施工招标投标管理办法》（1992 年）、《建筑法》（1997 年颁布，2019 年修正）、《合同法》（1997 年）、《招标投标法》（1999 年颁布，2017 年修正）、《建筑工程设计招标投标管理办法》（2000 年）、《工程建设项目招标范围和规模标准规定》（2000 年）、《工程建设项目自行招标试行办法》（2000 年颁布，2013 年修订）、《房屋建筑和市政基础设施工程施工招标投标管理办法》（2001 年颁布，2018 年修订）、《评标委员会和评标办法暂行规定》（2001 年）、《建筑工程施工发包与承包计价管理办法》（2001 年）、《房屋建筑和市政基础设施工程施工招标文件范本》（2003 年）、《工程建设项目施工招标投标办法》（2003 年颁布，2013 年修订）、《工程建设项目招标代理机构资格认定办法》（2006 年颁布，2018 年 3 月 8 日起废止）、《必须招标的工程项目规定》（2018 年）等部门规章和规范性文件。

2. 建设工程发包与承包的一般规定

《建筑法》及其他有关法规规定建设工程发包时必须遵守下列要求：

（1）建设工程发包与承包合同必须采用书面形式

合同是一种协议。我国法律规定经济合同可采用书面形式或口头形式，但法律另有规定或当事人另有约定的除外。建设工程建设周期长，涉及金额大且建设过程当中不可预见的问题会出现，社会影响大，合同更显重要。所以《建筑法》第三章"建筑工程发包与承包"第十五条规定：建筑工程的发包单位与承包单位应当依法订立书面合同，明确双方的权利和义务。发包单位和承包单位应当全面履行合同约定的义务，不按照合同约定履行义务的依法承担违约责任。所以口头订立的建设工程承包合同不符合建筑法律规定，则为无效。

（2）承包单位必须有相应资格

建设活动不同于一般的经济活动。它关系着人民生命财产安全，社会影响大，所以世界大多数国家对工程建设活动都实行执业资格制度，我国也实行了这一制度。《建筑法》在第二章"建筑许可"第十三条规定：从事建筑活动的建筑施工企业、勘察单位、设计单位和工程监理单位，按照其拥有的注册资本、专业技术人员、技术装备和已完成的建筑工程业绩等资质条件，划分为不同的资质等级，经资质审查合格，取得相应的资质等级书后，方可在其资质等级许可的范围内从事建筑活动。建筑构配件和非标准设备的加工生产单位也必须是具有生产许可证或是经有关主管部门依法批准生产的单位。

（3）建设工程发包与承包中禁止行贿受贿

市场经济在推动社会经济发展的同时也出现了一些弊端。尤其在建筑市场的建设工程发包与承包中行贿受贿的行为尤为严重。通过行贿受贿来承包工程的非法行为是社会所不能容忍的，必须予以禁止。《建筑法》第三章建筑工程发包与承包第十七条规定：发包单位及其工作人员在建筑工程发包中不得收受贿赂、回扣或者索取其他好处。承包单位及其工作人员不得利用向发包单位及其工作人员行贿、提供回扣或者给予其他好处等不正当手段承揽工程。以单位名义行贿受贿，表面上看不是一个人获得的非法利益，没有犯罪主体，但其是集体共同犯罪，已构成单位犯罪。我国于1997年修正颁布的新《刑法》对此已有明确规定，并规定对单位犯罪采取双罚制，即除对单位判处罚金外，还要对直接负责的主管人员和其他直接责任人员判处相应的刑罚。

（4）提倡总承包，禁止肢解发包和转包

肢解发包是指建设单位将应当由一个承包单位完成的建筑工程，肢解成若干部分，发包给不同承包单位的行为。因此，《建筑法》第三章建筑工程发包与承包第二十四条规定：提倡对建筑工程实行总承包，禁止将建筑工程肢解发包。建筑工程的发包单位可以将建筑工程的勘察、设计、施工、设备采购一并发包给一个工程总承包单位，也可以将建筑工程勘察、设计、施工、设备采购的一项或者多项发包给一个工程总承包单位；但是，不得将应当由一个承包单位完成的建筑工程肢解成若干部分发包给几个承包单位。

大型建筑工程或者结构复杂的建筑工程，可以由两个以上的承包单位实行联合共同承包。共同承包的各方对承包合同的履行承担连带责任。两个以上不同资质等级的单位实行联合共同承包的，应当按照资质等级低的单位的业务许可范围承揽工程。

建筑工程总承包单位可以将承包工程中的部分工程发包给具有相应资质条件的分包单位；但是，除总承包合同中约定的分包外，必须经建设单位认可。施工总承包的，建筑工程主体结构的施工必须由总承包单位自行完成。

建筑工程总承包单位按照总承包合同的约定对建设单位负责；分包单位按照分包合同的约定对总承包单位负责。总承包单位和分包单位就分包工程对建设单位承担连带责任。

转包是指承包单位承包建设工程后，不履行合同的责任与义务，将其承包的建设工程倒手转让给他人或将其承包的全部建设工程肢解后以分包的名义分别转给其他单位承包，并不对工程承担技术、质量、经济等法律责任的行为。因此，《建筑法》规定：禁止承包单位将其承包的全部建筑工程转包给他人，禁止承包单位将其承包的全部建筑工程肢解以后以分包的名义分别转给他人；禁止总承包单位将工程分包给不具备相应资质条件的单位；禁止分包单位将其承包的工程再分包。

除此之外，转包行为属于法律禁止行为，转包合同无效。转包人对因转包工程不符合规定的质量标准造成的损失，与接受转包的单位承担连带责任。

（5）发包方式

《建筑法》第三章"建筑工程发包与承包"第十九条规定：建筑工程依法实行招标发包，对不适于招标发包的可以直接发包。所以我国建筑工程无特殊要求的都要以招标方式发包，不能直接发包。承包人非法转包、违法分包建设工程或者没有资质的实际施工人借用有资质的建筑施工企业名义与他人签订建设工程施工合同的行为无效。人民法院可以根据民法通则第一百三十四条规定，收缴当事人已经取得的非法所得。

6.2 建设工程招标

建筑工程招标、投标是在市场经济条件下建筑市场进行工程建设项目发包与承包所采用的一种交易方式。它具有公平竞争、减少行贿受贿等腐败和不正当的行为的功能。

6.2.1　建设工程招标的范围和原则

1. 招标人

招标人是依照招投标法的规定提出招标项目，进行招标的法人或其他组织。

2. 建设工程招标的概念

建设工程招标是指招标人在发包建设项目之前，公开招标或邀请投标人，根据招标人的意图和要求提出报价，择日当场开标，以便从中择优选定中标人的一种经济活动。

建筑工程招标从法律上讲是一种要约邀请，即它不指特定的单位和个人。根据《合同法》的规定，招标人一旦进入招标程序后就应当承担缔约责任，同时还要受到建筑市场管理的相关法规约束。因此招标人要受招标行为的约束。

3. 建设工程招标的范围

（1）根据《招标投标法》，在中华人民共和国境内进行下列工程建设项目包括项目的勘察、设计、施工、监理以及与工程建设有关的重要设备、材料等的采购，必须进行招标：

1）大型基础设施、公用事业等关系社会公共利益、公众安全的项目；

2）全部或者部分使用国有资金投资或者国家融资的项目；

3）使用国际组织或者外国政府贷款、援助资金的项目。

（2）《必须招标的工程项目规定》对上述工程建设项目招标范围和规模标准做出的具体规定：

1）全部或者部分使用国有资金投资或者国家融资的项目包括：

① 使用预算资金 200 万元人民币以上，并且该资金占投资额 10% 以上的项目；

② 使用国有企业事业单位资金，并且该资金占控股或者主导地位的项目。

2）使用国际组织或者外国政府贷款、援助资金的项目包括：

① 使用世界银行、亚洲开发银行等国际组织贷款、援助资金的项目；

② 使用外国政府及其机构贷款、援助资金的项目。

3）不属于1）、2）规定情形的大型基础设施、公用事业等关系社会公共利益、公众安全的项目，必须招标的具体范围由国务院发展改革部门会同国务院有关部门按照确有必要、严格限定的原则制订，报国务院批准。

4）本规定1）～3）规定范围内的项目，其勘察、设计、施工、监理以及与工程建设有关的重要设备、材料等的采购达到下列标准之一的，必须招标：

① 施工单项合同估算价在 400 万元人民币以上；

② 重要设备、材料等货物的采购，单项合同估算价在 200 万元人民币以上；

③ 勘察、设计、监理等服务的采购，单项合同估算价在 100 万元人民币以上。

同一项目中可以合并进行的勘察、设计、施工、监理以及与工程建设有关的重要设备、材料等的采购，合同估算价合计达到前款规定标准的，必须招标。

（3）按照规定，属于下列情形之一的，可以不进行招标，采用直接委托的方式发包：

1）涉及国家安全、国家秘密的工程；

2）抢险救灾工程；

3）属于利用扶贫资金实行以工代赈、需要使用农民工等特殊情况；

4）需要采用不可替代的专利或者专有技术；

5）采购人依法能够自行建设、生产或者提供；

6）已通过招标方式选定的特许经营项目投资人依法能够自行建设、生产或者提供；

7）需要向原中标人采购工程、货物或者服务，否则将影响施工或者功能配套要求；

8）国家规定的其他特殊情形。

4. 建设工程招标的原则

建设工程招标的原则是建设工程招标活动应遵循的原则：公开、公平、公正和诚实信用。

公开就是必须有极高的透明度，招标信息、招标程序、开标过程、中标结果都必须公开，使每一个投标人获得同等的信息。

公平就是要求给予所有投标人以平等机会，使他们享有的权利和履行的义务都是同等的，不得歧视任何一方。

公正就是要求招标人对每一个投标人应一视同仁，给予所有投标人平等的机会，按事先公布的标准进行评标，要求公正对待每一个投标人。

诚实信用是所有民事活动都应遵循的基本原则之一，要求当事人应以诚实、守信的态度行使权利、履行义务，保证彼此都能得到自己应得的利益，同时不得损害第三人和社会的利益，不得规避招标、串通投标、泄露标底、骗取中标。

5. 招标人符合法律规定的自行招标条件的，可以自行办理招标事宜。任何单位和个人不得强制其委托招标代理机构办理招标事宜。

6. 招标代理机构应当在招标人委托的范围内承担招标事宜。招标代理机构可以在其资格等级范围内承担下列招标事宜：

1）拟订招标方案，编制和出售招标文件、资格预审文件；

2）审查投标人资格；

3）编制标底；

4）组织投标人踏勘现场；

5）组织开标、评标，协助招标人定标；

6）草拟合同；

7）招标人委托的其他事项。

招标代理机构不得无权代理、越权代理，不得明知委托事项违法而进行代理。

招标代理机构不得接受同一招标项目的投标代理和投标咨询业务；未经招标人同意，不得转让招标代理业务。

7. 工程招标代理机构与招标人应当签订书面委托合同，并按双方约定的标准收取代理费；国家对收费标准有规定的，依照其规定。

6.2.2 建设工程招标的方式

招标方式按性质的不同可划分为：公开招标和邀请招标。

招标方式按竞争范围的不同可划分为：国际竞争性招标和国内竞争性招标。

招标方式按价格确定方式的不同可划分为：固定总价项目招标、成本加酬金项目招标、单价不变项目招标。

1. 公开招标

公开招标也称无限竞争性招标，是一种由招标人按照法定程序，在公开出版物上发布招标公告，所有符合条件的供应商或承包商都可以平等参与投标竞争，从中择优选择中标者的招标方式。

2. 邀请招标

邀请招标又称选择性招标，它是有限竞争性招标，是指招标人以投标邀请书的方式邀请特定的法人或其他组织投标。招标人采用邀请招标方式的，应当向3个以上具备承担招标项目能力的、资信良好的特定的法人或其他组织发出投标邀请书。

3. 公开招标和邀请招标的区别

（1）发布信息的方式不同。一是公告，一是投标邀请书。

（2）选择承包人的范围不同。公开招标是面向全社会的，一切潜在的对招标项目感兴趣的法人和其他经济组织都可参加投标竞争，其竞争性体现得最为充分，招标人拥有绝对的选择余地，但事先不知道投标人的数量。邀请招标所针对的对象是事先已了解的法人和其他经济组织，投标人的数量有限，其竞争性不是完全充分的，招标人选择的范围相对较小，它可能漏掉在技术上更有竞争力的承包商或供应商。

（3）公开程度不同。公开招标中所有的活动都必须严格按照预先指定并为大家所知的程序及标准公开进行，其作弊的可能性大大减小；而邀请招标的公开程度就相对逊色一些，产生不法行为的机会也就多一些。

（4）时间和费用不同。由于公开招标程序比较复杂，投标人的数量没有限定，所以其时间和费用都相对较多。而邀请招标只在有限的投标人中进行，所以其时间可大大缩短，费用也可以有所减少。

4. 根据《招投标法实施条例》国有资金占控股或者主导地位的依法必须进行招标的项目，应当公开招标；但有下列情形之一的，可以邀请招标：

（1）技术复杂、有特殊要求或者受自然环境限制，只有少量潜在投标人可供选择；

（2）采用公开招标方式的费用占项目合同金额的比例过大。

国家重点建设项目的邀请招标，应当经国务院发展计划部门批准；地方重点建设项目的邀请招标，应当经各省、自治区、直辖市人民政府批准。

全部使用国有资金投资或者国有资金投资占控股或者主导地位的并需要审批的工程建设项目的邀请招标，应当经项目审批部门批准，但项目审批部门只审批立项的，由有关行政监督部门审批。

5. 采用邀请招标方式的，招标人应当向三家以上具备承担施工招标项目的能力、资信良好的特定的法人或者其他组织发出投标邀请书。

6.2.3 建设工程招标的程序

《招标投标法》第9条规定，招标项目按照国家有关规定需要履行项目审批手续的，应当先履行审批手续，取得批准。招标人应当有进行招标项目的资金或资金来源已落实，并应当在招标文件中如实载明。

1. 建设工程招标必须具备的条件

（1）招标人已经依法成立；

（2）初步设计及概算应当履行审批手续的已经批准；

（3）招标范围、招标方式和招标组织形式等应当履行审批手续的已经批准；

（4）有相应资金或资金来源已落实；

（5）有招标所需的技术图纸和技术资料。

2. 建设工程招标的一般程序

招标是招标人选择中标人并与其签订合同的过程。建设工程招标是指招标人就拟建工程事先公布采购条件和要求，以法定的方式吸引承包单位参加竞争，从中择优选定工程承包方的法律行为。招标应具有一系列的工作程序。

（1）招标准备阶段

招标准备阶段的主要工作是由招标人完成的，其主要工作包括以下内容：

1）根据其工程特点及具体情况选择招标方式

首先根据工程特点和招标人的管理能力确定招标范围，再依据工程总进度计划确定项目建设过程中的招标次数和每次招标的工作内容（如工程监理招标、设计招标、施工招标等）；然后按照每次招标前准备工作的完成情况，选择合同的计价方式；最终根据工程项目特点、招标前准备工作的完成情况、合同类型等因素的影响程度，确定招标方式。

2）办理招标备案

建设工程关系到人民生命财产的安全，所以对建设工程的招标投标，国家及地方建设行政主管部门具有监督管理的责任。招标人要向建设行政主管部门办理申请招标手续。招标备案文件应说明：招标工作范围、招标方式、计划工期、对投标人的资质要求、招标项目的前期准备工作的完成情况、自行招标还是委托代理招标等内容。获得认可后才可以开展招标工作。

3）编制招标有关文件

为了达到建设工程预期的质量目标、工期目标、费用目标且使招标活动正常进行，需要编制招标文件。招标人根据施工招标项目的特点和需要编制招标文件。招标文件一般包括下列内容：

① 投标邀请书；

② 投标人须知；

③ 合同主要条款；

④ 投标文件格式；

⑤ 采用工程量清单招标的，应当提供工程量清单；

⑥ 技术条款；

⑦ 设计图纸；

⑧ 评标标准和方法；

⑨ 投标辅助材料。

招标人应当在招标文件中规定实质性要求和条件，并用醒目的方式标明。招标文件规定的各项技术标准应符合国家强制性标准。招标文件中规定的各项技术标准均不得要求或标明某一特定的专利、商标、名称、设计、原产地或生产供应者，不得含有倾向或者排斥潜在投标人的其他内容。如果必须引用某一生产供应者的技术标准才能准确或清楚地说明拟招标项目的技术标准时，则应当在参照后面加上"或相当于"的字样。

4）招标标底

招标人可根据项目特点决定是否编制标底。标底编制过程和标底必须保密。招标项目编制标底的，应根据批准的初步设计、投资概算，依据有关计价办法，参照有关工程定额，结合市场供求状况，综合考虑投资、工期和质量等方面的因素合理确定。标底由招标人自行编制或委托中介机构编制。一个工程只能编制一个标底。任何单位和个人不得强制招标人编制或报审标底，或干预其确定标底。招标项目可以不设标底，进行无标底招标。

（2）招标阶段

如果是公开招标则从发布招标公告开始，若为邀请招标则从发出投标邀请书开始，到投标截止日期为止的时间称为招标投标阶段，此阶段的主要工作包括：

1）发布招标公告或发出投标邀请书

无论是招标公告还是投标邀请书，具体格式可由招标人自定，但招标公告或者投标邀请书应当至少载明下列内容：

① 招标人的名称和地址；

② 招标项目的内容、规模、资金来源；

③ 招标项目的实施地点和工期；

④ 获取招标文件或者资格预审文件的地点和时间；

⑤ 对招标文件或者资格预审文件收取的费用；

⑥ 对投标人的资质等级的要求。

招标人应当按招标公告或者投标邀请书规定的时间、地点出售招标文件或资格预审文件。自招标文件或者资格预审文件出售之日起至停止出售之日止，最短不得少于5个工作日。

2）进行资格预审

资格预审是指在投标前对潜在投标人进行的资格审查。资格预审的目的：一是对潜在投标人进行资格审查，看其是否具备完成招标文件中对建设工程项目所要求的工作的能力；二是通过预审评出综合实力强的一批申请投标人，再请他们参加投标竞争以减少评标工作量。

资格预审程序包括：招标人依据项目的特点编写资格预审文件（资格预审表），申请参加投标竞争的潜在投标人按要求填报后作为投标人的预审文件、资格的评审等。其中资格的评审就是根据工程项目特点和发包工作性质从资质条件、人员能力、设备和技术能力、财务状况、工程经验、企业信誉等分别给予不同权重，对其中的各方面再细化评定内容和分项评分标准，通过对各投标人的评定和打分，确定各投标人的综合素质得分，最后招标人向预审合格的投标人发出投标邀请书并请对方确认。

3）资格审查潜在投标人或者投标人是否符合条件

① 具有独立订立合同的权利；

② 具有履行合同的能力，包括专业、技术资格和能力，资金、设备和其他物质设施状况，管理能力，经验、信誉和相应的从业人员；

③ 没有处于被责令停业，投标资格被取消，财产被接管、冻结，破产等情况；

④ 在最近三年内没有骗取中标和严重违约及重大工程质量问题；

⑤ 法律、行政法规规定的其他资格条件。

资格审查时，招标人不得以不合理的条件限制、排斥潜在投标人或者投标人，不得对潜在投标人或者投标人实行歧视待遇。任何单位和个人不得以行政手段或者其他不合理方式限制投标人的数量。

4）发售招标文件

招标文件通常分为投标须知、合同条件、技术规范、图纸和技术资料、工程量清单等内容。招标人可以通过信息网络或者其他媒介发布招标文件，通过信息网络或者其他媒介发布的招标文件与书面招标文件具有同等法律效力，但出现不一致时以书面招标文件为准。招标人应当保持书面招标文件原始正本的完好。

对招标文件或者资格预审文件的收费应当合理，不得以营利为目的。对于所附的设计文件，招标人可以向投标人酌收押金；对于开标后投标人退还设计文件的，招标人应当向投标人退还押金。

招标文件或者资格预审文件售出后，不予退还。招标人在发布招标公告、发出投标邀请书后或者售出招标文件或资格预审文件后不得擅自终止招标。

招标人可以对已发出的资格预审文件或者招标文件进行必要的澄清或者修改。澄清或者修改的内容可能影响资格预审申请文件或者投标文件编制的，招标人应当在提交资格预审申请文件截止时间至少 3 日前，或者投标截止时间至少 15 日前，以书面形式通知所有获取资格预审文件或者招标文件的潜在投标人；不足 3 日或者 15 日的，招标人应当顺延提交资格预审申请文件或者投标文件的截止时间。

5）组织现场考察

招标人在投标须知规定的时间组织投标人自费进行现场考察。设置此程序的目的，其一是让投标人了解工程项目的现场情况、自然条件、施工条件以及周围环境条件，以便于编制投标书；其二也是要求投标人通过自己的实地考察确定投标的原则和策略，避免合同履行过程中投标人以不了解现场情况为理由推卸应承担的合同责任。

6）召开标前会议

投标人研究招标文件和现场考察后以书面形式提出某些质疑问题，招标人应及时给予书面回答。招标人对任何一位投标人所提问题的回答，必须发送给每一位投标人保证招标的公开和公正，但不必说明问题的来源。回答函件作为招标文件的组成部分，如果书面解答的问题与招标文件中的规定不一致，以函件的解答为准。

（3）决标成交阶段

决标成交阶段包括开标、评标与定标、发中标通知书、签订合同等工作，其主要内容将在本单元 6.4 中阐述。

6.2.4　投标保证金

招标人可以在招标文件中要求投标人提交投标保证金，投标保证金除现金外，可以是银行出具的银行保函、保兑支票、银行汇票或现金支票。投标保证金一般不得超过投标总报价的 2%，但最高不得超过 80 万元人民币。投标保证金有效期应当与投标有效期一致。

施工招标项目需要划分标段、确定工期的，招标人应当合理划分标段、确定工期，并在招标文件中载明。对工程技术上紧密相连、不可分割的单位工程不得分割标段。

招标人应当确定投标人编制投标文件所需要的合理时间，但是，依法必须进行招标的项目，自招标文件开始发出之日起至提交投标文件截止之日止，最短不得少于 20 天。

6.3 建 设 工 程 投 标

建设工程投标是工程招标的对称概念，是指具有合法资格和能力的投标人根据招标条件，经过初步研究和估算，在指定期限内填写标书，提出报价，并等候开标，决定能否中标的经济活动。

6.3.1 投标人及其资质

1. 投标人

（1）投标人是指响应招标，参加投标竞争的法人或者其他组织。

（2）响应招标是指投标人应当对招标人在招标文件中提出的实质性要求和条件作出响应。

《招标投标法》规定，除依法允许个人参加投标的科研项目外，其他项目的投标人必须是法人或其他组织，自然人不能成为建设工程的投标人。这是由于我国的有关法律、法规对建设工程投标人的资格有特殊要求。在建设工程中，投标人一般应当是法人，其他组织投标的主要是联合体投标。

2. 投标联合体

大型建设工程项目，往往不是一个投标人所能完成的，法律允许几个投标人组成一个联合体，以一个投标人身份共同参与投标，并对投标联合体投标的相关问题作出了明确规定。

（1）联合体的法律地位。联合体是由两个以上法人或经济组织组成，但它在投标时作为一个独立的投标人出现的，具有独立的民事权利能力和行为能力。

（2）联合体的资格。《招标投标法》规定，组成联合体各方均应具备相应的投标资格；由同一专业的单位组成的联合体，按照资质等级较低的单位确定资质等级。这是为了促使资质优秀的投标人组成联合体，防止以高资质获取招标项目，而由资质等级较低的投标人来完成的行为。

（3）联合体各方的责任。联合体各方应签订共同投标协议，明确约定各方在拟承包的工程中所承担的义务和责任。

（4）投标人的意思自治。投标时，投标人是否与他人组成联合体，与谁组成联合体，都由投标人自行决定，任何人都不得干涉。《招标投标法》规定，招标人不得强制投标人组成联合体共同投标，不得限制投标人之间的竞争。

3. 投标人应具备的条件

为了保证建设工程的顺利完成，《招标投标法》规定："国家有关规定对投标人资格条件或者招标文件对投标人资格条件有规定的，投标人应当具备规定的资格条件。"主要包括：投标人的法人地位；投标企业的资质等级；技术装备情况；与招标工程项目有关的业绩；投标企业的财务状况；投标企业的企业信誉。附加的还有：可以针对工程所需的特别措施；专业工程施工资质；环境保护方针和保证体系；建造师资质的要求等。

6.3.2 建设工程投标程序

1. 获得招标信息

获取招标信息是指投标人获得招标人对拟建工程项目进行建设招标的信息。目前投标人获得招标信息的途径很多，但最普遍的是通过大众媒体所发布的公告获取招标信息。

2. 准备投标资格资料

投标人在向招标人提出投标申请时，应附带有关投标资格的资料，以供招标人审查，这些资料应表明自己存在的合法地位、资质等级、技术与装备水平、资金与财务状况、近期经营状况及以前所完成的与招标工程项目有关的业绩。

3. 建立投标组织

由于建筑市场中业主相对少而工程承包单位较多，所以工程项目投标过程竞争十分激烈，需要有专门的机构和人员对投标全过程加以组织与管理，以提高工作效率和中标的可能性。建立一个强有力的、内行的领导班子是获得投标成功的根本保证，因此投标领导班子应由下列人才组成：经营管理类人才、专业技术人才、商务金融类人才、专业翻译人才、法律与合同管理人才等。

4. 前期投标决策

前期投标决策是指投标人在证实招标信息后，对招标人的信誉、实力等方面进行了解，根据了解到的情况正确做出投标决策，以减少工程实施过程中承包方的风险。

5. 资格预审、购买招标文件

（1）资格预审是投标人在投标过程中要通过的第一关，由招标人根据自己所编制的资格预审文件内容进行审查。一般要求被审查的投标人提供以下资料：

1）投标企业概况；

2）投标企业的财务状况；

3）对于本工程拟投入的主要管理人员情况；

4）目前剩余劳动力和施工机械情况；

5）近三年承建的工程情况；

6）目前正在承建的工程情况；

7）两年来涉及的诉讼案件情况；

8）其他资料（如各种奖励和处罚）。

（2）购买招标文件

投标人通过资格预审后，就可以在规定的时间内向招标人购买招标文件，且按招标文件的要求向招标人提供投标保证金和图纸押金。

（3）分析招标文件

投标人应认真阅读招标文件中的所有条款，尤其招标文件对于投标报价、工期、质量等方面的要求。同时对招标文件中的合同条款、无效标书等主要内容应认真分析研究，理解招标文件隐含的涵义，对于可能发生疑义或不清楚的地方，应向招标人书面提出。

6. 参加现场踏勘

投标人除对招标文件进行认真研读分析之外，还应根据招标文件规定的时间，对拟建工程的施工场地进行现场考察。现场考察应由招标人组织，投标人自费自愿参加。现场踏勘时应从以下六个方面详细了解工程的有关情况，为投标工作提供第一手资料。

（1）工程的性质以及与其他工程之间的关系；

（2）投标人投标的那一部分工程与其他承包商之间的关系；

（3）工地的地貌、地质、气候、交通、电力、水源、有无障碍物等情况；

（4）工地的临时设施的情况；

（5）工地料场的开采条件、其他加工条件；

（6）工地附近的治安情况。

7. 参加投标预备会

投标预备会又称答疑会或标前会议，一般在现场踏勘后1~2天内举行。其目的是解答投标人对招标文件及现场踏勘中所提出的问题，并对图纸进行交底。投标人在对招标文件进行认真分析和对现场进行踏勘之后，应尽可能地将投标过程中可能遇到的问题向招标人提出疑问，争取得到招标人的解答，为下一步投标工作的顺利进行打下基础。

8. 编制投标文件

建设工程投标文件是建设工程投标人单方面阐述自己响应招标文件要求，旨在向招标人提出愿意订立合同的意思表示，是投标人确定和解释有关投标事项的各种书面形式的统称。《招标投标法》规定："投标文件应当对招标文件提出的实质性要求和条件做出响应。"实质性要求和条件是指招标项目的价格、项目进度计划、技术规范、合同的主要条款等，投标文件必须对之做出响应，不得遗漏、回避，更不能对招标文件进行修改或提出任何附带条件。还应包括拟派出的项目负责人与主要技术人员的简历、业绩和拟用于完成工程项目的机械设备等内容。

（1）投标文件的组成

投标人应当按照招标文件的要求编制投标文件。投标文件应当对招标文件提出的实质性要求和条件作出响应。

投标文件一般包括下列内容：

1）投标函及投标函附录；

2）法定代表人身份证明或附有法定代表人身份证明的授权委托书；

3）联合体协议书；

4）投标保证金；

5）已标价的工程量清单；

6）施工组织设计；

7）项目管理机构；

8）拟分包项目情况表；

9）资格审查资料；

10）投标人须知前附表规定的其他材料。

投标人须知前附表规定不接受联合体投标的，或投标人没有组成联合体的，投标文件不包括联合体协议书。

招标人可以在招标文件中要求投标人提交投标保证金。投标保证金除现金外，可以是银行出具的银行保函、保兑支票、银行汇票或现金支票。

投标保证金一般不得超过投标总价的百分之二，但最高不得超过八十万元人民币。投标保证金有效期应当超出投标有效期三十天。

投标人应当按照招标文件要求的方式和金额，将投标保证金随投标文件提交给招标人。

投标人不按招标文件要求提交投标保证金的，该投标文件将被拒绝，作废标处理。

投标人应当在招标文件要求提交投标文件的截止时间前，将投标文件密封送达投标地点。招标人收到投标文件后，应当向投标人出具标明签收人和签收时间的凭证，在开标前任何单位和个人不得开启投标文件。

在招标文件要求提交投标文件的截止时间后送达的投标文件，为无效的投标文件，招标人应当拒收。

提交投标文件的投标人少于三个的，招标人应当依法重新招标。重新招标后投标人仍少于三个的，属于必须审批的工程建设项目，报经原审批部门批准后可以不再进行招标；其他工程建设项目，招标人可自行决定不再进行招标。

投标人在招标文件要求提交投标文件的截止时间前，可以补充、修改、替代或者撤回已提交的投标文件，并书面通知招标人。补充、修改的内容为投标文件的组成部分。

在提交投标文件截止时间后到招标文件规定的投标有效期终止之前，投标人不得补充、修改、替代或者撤回其投标文件。投标人补充、修改、替代投标文件的，招标人不予接受；投标人撤回投标文件的，其投标保证金将被没收。

在开标前，招标人应妥善保管好已接收的投标文件、修改或撤回通知、备选投标方案等投标资料。

两个以上法人或者其他组织可以组成一个联合体，以一个投标人的身份共同投标。

联合体各方签订共同投标协议后，不得再以自己名义单独投标，也不得组成新的联合体或参加其他联合体在同一项目中投标。联合体各方必须指定牵头人，授权其代表所有联合体成员负责投标和合同实施阶段的主办、协调工作，并应当向招标人提交由所有联合体成员法定代表人签署的授权书。

联合体投标的，应当以联合体各方或者联合体中牵头人的名义提交投标保证金。以联合体中牵头人名义提交的投标保证金，对联合体各成员具有约束力。

（2）投标文件的编制要求

1）投标人编制投标文件时必须使用招标文件提供的投标文件表格格式，但表格可以按同样格式扩展。投标保证金、履约保证金的方式，按招标文件有关规定可以选择。实质性的项目或数字如工期、质量等级、价格等未填写的，将视为无效或作废的投标处理。

2）应当编制的投标文件"正本"仅一份，"副本"则按招标文件前附表所述的份数提供。

3）投标文件正本和副本均应使用不能擦去的墨水书写或打印。

4）所有投标文件均由投标人的法定代表人签署、加盖印鉴，并加盖法人单位公章。

5）填报投标文件应反复校核，保证分项和汇总计算均无错误。全套投标文件均应无涂改和行间插字，除非这些删改是根据招标人的要求进行的，或者是投标人造成的必须修改的错误，修改处应由投标文件签字人签字证明并加盖印鉴。

6）投标人应将投标文件的技术标和商务标分别密封在内层包封，再密封在一个外层包封中。标书封口加封条贴缝处应全部加盖密封章或法人章。内外层包封都应有投标人的法定代表人签署加盖印鉴，并加盖法人单位公章。

7）技术编制的要求

① 针对性

针对性是指投标书要根据招标工程的具体特点针对性地选择技术规范标准，不得为了使标书"上规模"以体现投标人的水平，对规范进行长篇引用或抄袭，否则会使标书无针对性且在评标时会引起评标专家的反感，因而导致技术严重失分。

② 全面性

全面性是指投标书中技术标的内容要全面，因为在评标时，对技术标的评分标准一般都分为许多项目，这些项目都赋予一定的分值。

③ 先进性

先进性是指投标书中技术标的内容所采用的先进技术、设备、材料或工艺，使投标书对招标人和评标专家产生更强的吸引力，从而使技术标得到高分。

④ 可行性

可行性是指投标书中技术标的内容所采用的先进技术、设备、材料或工艺最终都要付诸实施，这些都必须有切合实际的可行性，不得盲目提出。

⑤ 经济性

承包商参加投标承揽工程业务的最终目的是为了获取最大的经济利益，而施工方案的经济性直接关系到承包商的经济利益，因此必须十分慎重。

（3）投标文件编制的步骤

1）编制投标文件的准备工作；

2）实质性响应条款的编制；

3）复核、计算工程量；

4）编制施工组织设计；

5）计算投标报价；

6）装订成册。

9. 投标文件的送达

投标文件的送达有三种方式：直接送达、邮寄送达、委托送达。

投标人应在招标文件规定的投标截止日期内将投标文件提交给招标人。在投标截止期以后送达的投标文件，招标人拒收。

投标人可以在提交投标文件后，在规定的投标截止时间之前，采用书面形式向招标人递交补充、修改或撤回其投标文件的通知。在投标截止日期后不得更改投标文件。投标人递交的补充、修改内容为投标文件的组成部分。根据招标文件规定，在投标截止时间与招标文件中规定的投标有效期终止日之间的这段时间内，投标人不得撤回投标文件，否则其投标保证金将不予退还。

6.3.3 建设工程投标应注意的问题

对于投标中各方应注意的问题，《招标投标法》也有明确的规范要求。

1. 保密要求

由于投标是一次性的竞争行为，为了保证其公正性，就必须对当事人各方提出严格的保密要求；投标文件及其修改、补充的内容都必须以密封的形式送达，招标人签收后必须以原样保存，不得开启。对于标底和潜在投标人的名称、数量以及可能影响公平竞争的其他有关招标情况，招标人都必须保密，不得向他人透露。

2. 合理报价

《招标投标法》规定："投标人不得以低于成本的价格报价、竞标。"投标人如果以低于成本价格报价，一旦中标必然会采取偷工减料，以次充好等非法手段避免亏损，这不但严重破坏建筑市场经济秩序且关系着人民生命财产的安全，给社会带来隐患，必须予以禁止。

3. 诚实信用

诚实信用是所有公民应遵守的原则。从这个原则出发，《招标投标法》规定：投标人不得相互串通投标，损害国家利益、社会公共利益和他人的合法利益；不得向招标人或评标委员会成员行贿以谋取中标；不得以他人名义投标或以其他方式弄虚作假、骗取中标。

4. 投标人数量的要求

《招标投标法》规定：投标人少于三个的，招标人应当依照本法重新招标。当投标人少于三个时，就会缺乏竞争性，且投标人有可能抬高承包条件，损害招标人利益，所以必须重新招标，这也是国际上通行的做法。

6.4 建设工程决标

6.4.1 开标

开标是指投标截止后，招标人按招标文件所规定的时间和地点，开启投标人提交的投标文件，公开宣布投标人的名称、投标价格及投标文件中的其他主要内容的活动。

1. 开标的时间与地点

开标应当在招标文件确定的提交投标文件截止时间的同一时间公开进行；开标地点应当为招标文件中预先确定的地点。提交投标文件截止时间即是开标时间，它一般都精确至某年某月某时某分。其目的是为了避免开标与投标截止时间之间存在时间间隔，从而防止泄露投标内容等一些不法行为的发生。

2. 有关开标的相关规定

（1）参加人

开标由招标人主持，邀请所有的投标人参加。开标时，还可邀请招标主管部门、评标委员会、纪检监察部门的有关人员参加，也可委托公证部门对整个开标过程依法进行公证。

（2）标书密封的现场认定及当众宣读、记录备案

开标时，由投标人或者其推选的代表检查投标文件的密封情况，也可以由招标人委托的公证机构检查并公证；经确认无误后，由工作人员当众拆封，宣读投标人名称、投标价格和投标文件的其他主要内容。开标过程应当记录，并存档备查。如投标文件没有密封，或有被开启的痕迹，应被认定为投标无效，其内容不予宣读。且不得允许投标人通过修正或撤销不符合要求的差异或保留，使之成为具有相应的投标文件而参与评标。

6.4.2 评标与定标

1. 评标

评标就是依据招标文件的规定和要求，对投标文件所进行的审查、评审和比较。评标

由招标人组建的评标委员会负责。

（1）评标委员会

评标是一项涉及多种专业知识的复杂技术活动，是保证合同文件能按质、按期完成，保证招标的主要环节，评标由招标人依法组建的评标委员会负责。依法必须招标的项目，其评标委员会由招标人的代表和有关技术、经济等方面的专家组成，成员人数为5人以上的单数，其中技术、经济方面的专家不得少于成员总数的2/3。

（2）评标委员会中专家资格

为了保证评标的质量，参加评标的专家必须是具有较高专业水平，并有丰富的实际工作经验且对业务相对熟悉的专业人员。《招标投标法》规定：参加评标委员会的专家应当满足从事相关领域工作满八年并具有高级职称或具有同等专业水平的条件。

（3）评标委员会专家人选的确定

为了防止招标人选定评标专家的主观随意性，评标专家由招标人从国务院或省、自治区、直辖市人民政府有关部门提供的专家库中确定。一般招标项目可采取随机抽取方式，特殊招标项目因有特殊要求或技术特别复杂，只有少数专家能够胜任，可由招标人直接确定。评标专家与投标人有利害关系的人不得进入评标委员会，已经进入的应更换。

评标委员会成员名单一般应于开标前确定，而且该名单在中标结果确定前应当保密。

（4）评标的标准

评标委员会应当按照招标文件确定的评标标准和方法，对投标文件进行评审和比较；设有标底的，应当参考标底。评标委员会完成评标后，应当向招标人提出书面评标报告，并推荐合格的中标候选人。

招标人根据评标委员会提出的书面评标报告，从推荐的合格中标候选人中确定中标人。招标人也可以授权评标委员会直接确定中标人。

国务院对特定招标项目的评标有特别的规定。任何未在招标文件中列明的标准和方法，均不得采用。对招标文件中列明的标准和方法，均不得有任何改变。

（5）独立评审

《招标投标法》规定："招标人应当采取必要措施，保证评标在严格保密的情况下进行。任何单位和个人不得非法干预、影响评标的过程和结果"。同时还规定了相应的惩罚措施。

（6）标价的确认

对于报价存在前后矛盾的投标文件，除招标文件另有约定外，应按下述原则修正和确认，用数字表示的数额与用文字表示的数额不一致时，以文字数额为准；单价与工程量的乘积与总价不一致时，以单价为准；若单价有明显的小数点错位，应以总价为准，并修改单价。调整后的报价经投标人确认后产生约束力。

（7）评标方法

1）经评审的最低投标价法

经评审的最低投标价法一般适用于具有通用技术、性能标准或者招标人对其技术、性能没有特殊要求的招标项目。

采用经评审的最低投标价法的，应当在投标文件能够满足招标文件实质性要求的投标人中，评审出价格最低的投标人，但投标价格低于企业成本的除外。

2）综合评估法

不宜采用经评审的最低投标价法的招标项目，一般应当采取综合评估法进行评审。

采用综合评估法的，应当对投标文件提出的工程质量、施工工期、投标价格、施工组织设计或施工方案、投标人及项目经理业绩等，能否最大限度地满足招标文件中规定的各项要求和评价标准进行评审和比较。以评分方式进行评估的，对于各种评比奖项不得额外计分。

（8）投标文件的澄清

评标时，若发现投标文件的内容有含义不明确、不一致或明显文字错误的、纯属计算上错误等情形，评标委员会可通知投标人做出必要的澄清和说明，以确认其正确的内容。但投标人的澄清和说明，只能是对上述问题的解释和补正，不能补充新的内容或更改投标文件中的报价、技术方案、工期、主要合同条款等实质性内容。澄清的要求及答复均应采用书面形式。投标人的答复必须有法定代表人或其授权代理人的签字，并作为投标文件的组成部分。

（9）评标报告

《招标投标法》规定："评标完成后，评标委员会应当向招标人提交书面评标报告和中标候选人名单。中标候选人应当不超过 3 个，并标明排序。"中标人由招标人确定。招标人也可授权评标委员会在评标报告中直接确定中标人。如果经过评审，评标委员会认为所有投标都不符合招标文件要求，它可否决所有投标。这时，强制招标的项目应重新进行招标。

2. 定标

（1）中标人必须满足的条件

根据《招标投标法》的规定，中标人应当符合下列条件之一：①能够最大限度地满足招标文件中规定的各项综合评价标准；②能够满足招标文件的实质性要求，并经评审的价格最低，但投标价格低于成本的除外。

国有资金占控股或者主导地位的依法必须进行招标的项目，招标人应当确定排名第一的中标候选人为中标人。排名第一的中标候选人放弃中标、因不可抗力不能履行合同、不按照招标文件要求提交履约保证金，或者被查实存在影响中标结果的违法行为等情形，不符合中标条件的，招标人可以按照评标委员会提出的中标候选人名单排序依次确定其他中标候选人为中标人，也可以重新招标。

招标人可以授权评标委员会直接确定中标人。国务院对中标人的确定另有规定的，从其规定。

（2）发中标通知书

评标委员会提出书面评标报告后，招标人一般应当在十五日内确定中标人，但最迟应当在投标有效期结束日三十个工作日前确定。中标通知书由招标人发出。

中标通知书是招标人向中标人发出的告知其中标的书面通知文件。《招标投标法》规定：中标人确定之后，招标人应向中标人发出中标通知书，并同时将中标结果通知所有未中标的投标人。

3. 中标通知书的法律效力

招标投标过程也就是订立合同的过程。招标人发出的招标公告或投标邀请书属于要约邀请；投标人向招标人送达的投标文件属于要约；中标通知书则是招标人做出的承诺。中标通知书发出后，即对招标人和中标人产生法律效力。

4. 中标通知书开始生效的时间

中标通知书为承诺，一般情况下，都是承诺送达要约人时生效，合同也随之成立，这即是一般合同中承诺生效的"收信主义"。但《招标投标法》中对承诺的生效采用了"发信主义"，即做出承诺时即生效。所以在中标通知书发出后，招标人不得更改中标结果，中标人不得放弃中标项目，否则都要承担相应的法律责任。

5. 签订工程承包合同

招标人和中标人应当自中标通知书发出之日起 30 日内，按照招标文件和中标人的投标文件订立书面合同。招标人和中标人不得再行订立背离合同实质性内容的其他协议。

6.5 法 律 责 任

为了规范招标投标活动，保护国家利益、社会公共利益和招标投标活动当事人的合法权益，提高经济效益，保证工程项目质量，我国在 1999 年 8 月通过了《中华人民共和国招标投标法》，以法律的形式规范工程招标投标的各过程，违者将负一定的法律责任。

6.5.1 招标人违反招标投标法的法律责任

为了防止招标人在建设工程招标投标过程中的徇私舞弊、规范建筑市场及招标投标的公正性，对招标人有如下的法律责任：

（1）必须进行招标的项目而不招标的，将必须招标的项目化整为零或者以其他任何方式规避招标的，责令限期改正，可以处项目合同金额 5‰以上 10‰以下的罚款；对全部或部分使用国有资金的项目，可以暂停项目执行或者暂停资金拨付；对单位直接负责的主管人员和其他直接责任人员依法给予处分。

（2）招标人以不合理的条件限制或排斥潜在投标人的，对潜在投标人实行歧视待遇的，强制要求投标人组成联合体共同投标的，或者限制投标人之间竞争的，责令改正，可以处 1 万元以上 5 万元以下的罚款。

（3）依法必须进行招标的项目，招标人向他人透露以获取招标文件的潜在投标人的名称、数量或者可能影响公平竞争的有关招标投标的其他情况的，或者泄露标底的，给予警告，可以并处 1 万元以上 10 万元以下的罚款；对单位直接负责的主管人员和其他直接责任人员依法给予处分。构成犯罪的，依法追究刑事责任。若该行为影响中标结果，并且中标人为前款所列行为的受益人的，中标无效。

（4）依法必须进行招标的项目，招标人违反《招标投标法》规定，与投标人就投标价格、投标方案等实质性内容进行谈判的，给予警告，对单位直接负责的主管人员和其他直接责任人员依法给予处分。若该行为影响中标结果的，中标无效。

（5）招标人在评标委员会推荐的中标候选人以外确定中标人的，依法必须进行招标的项目在所有投标被评标委员会否决以后自行确定中标人的，中标无效。责令改正，可以处中标项目金额 5‰以上 10‰以下的罚款；对单位直接负责的主管人员和其他直接责任人员依法给予处分。

（6）招标人与中标人不按照招标文件和中标人的投标文件订立合同的，或者招标人、中标人订立背离合同实质性内容的协议的，责令改正；可以处中标项目金额5‰以上10‰以下的罚款。

6.5.2 投标人违反招标投标法的法律责任

为了保证建设工程的质量和为了防止在建设工程招标投标过程中的行贿受贿、规范建筑市场及招标投标的公正性，对投标人有以下的法律责任：

（1）投标人相互串通投标或者与招标人串通投标的，投标人以向招标人或评标委员会成员行贿的手段谋取中标的，中标无效，处中标项目金额5‰以上10‰以下的罚款；对直接负责的主管人员和其他直接责任人员处单位罚款数额的5%以上10%以下的罚款；有违法所得的，并处没收违法所得；情节严重的，取消1～2年内参加依法必须进行招标的项目的投标资格并予以公告，直至由工商行政管理机构吊销营业执照；构成犯罪的，依法追究刑事责任。给他人造成损失的，依法承担赔偿责任。

（2）投标人以他人名义投标或者以其他方式弄虚作假，骗取中标的，中标无效，给招标人造成损失的，依法承担赔偿责任；构成犯罪的，依法追究刑事责任。

（3）依法必须进行招标项目的投标人有以上行为尚未构成犯罪的，有关行政监督部门处中标项目金额5‰以上10‰以下的罚款，对单位直接负责的主管人员和其他直接责任人员处单位罚款数额5%以上10%以下的罚款；有违法所得的，并处没收违法所得；情节严重的，取消其1～3年投标资格，并予以公告，直至由工商行政管理机关吊销营业执照。

6.5.3 评标委员会成员违反招标投标法的法律责任

评标委员会成员收受投标人的财物或者其他好处的，评标委员会成员或者参加评标的有关工作人员向他人透露对投标文件的评审和比较、中标候选人的推荐以及与评标有关的其他情况的，给予警告，没收其收受的财物，可以并处3000元以上50000元以下的罚款，对有所列违法行为的评标委员会成员取消担任评标委员会成员的资格，不得再参加任何依法必须进行招标的项目的评标；构成犯罪的，依法追究刑事责任。

6.5.4 招标代理机构违反招标投标法的法律责任

招标代理机构是依法设立、从事招标代理业务并提供相关服务的社会中介组织。

招标代理机构应具备：从事招标代理业务的营业场所和相应资金；具有编制招标文件和组织评标的专业力量；有符合法律规定，可以作为评标委员会成员人选的技术、经济等方面的专家库。

招标代理机构违反《招标投标法》规定，泄露应当保密的与招标投标活动有关的情况和资料的，或者与招标人、投标人串通损害国家利益、社会公共利益或者他人合法权益的，处50000元以上250000元以下的罚款，对单位直接负责的主管人员和其他直接责任人员处单位罚款数额的5%以上10%以下的罚款；有违法所得的，并没收违法所得；情节严重的，暂停直至取消招标代理资格；构成犯罪的，依法追究刑事责任。给他人造成损失的，依法承担赔偿责任。

6.5.5 中标人违反招标投标法的法律责任

中标人确定之后，自中标通知书发出之日起30日内，按照招标文件和投标文件，招标人与中标人订立书面合同。招标人与中标人不得再行订立背离合同实质性内容的其他协议，如签了这样的协议，其在法律上也是无效的。

（1）中标人将中标项目转让给他人的，将中标项目肢解后分别转让给他人的，违反本法规定将中标项目的部分主体、关键性工作分包给他人的，或者分包人再次分包的，转让、分包无效，处转让、分包项目金额5‰以上10‰以下的罚款；有违法所得的，并没收违法所得；可以责令停业整顿；情节严重的，由工商行政管理机关吊销营业执照。

（2）招标人与中标人不按照招标文件和中标人的投标文件订立合同的，或者招标人、中标人订立背离合同实质性内容的协议的，责令改正；可以处中标项目金额5‰以上10‰以下的罚款。

（3）中标人不履行与招标人订立的合同的，履约保证金不予退还，给招标人造成的损失超过履约保证金数额的，还应当对超过部分予以赔偿；没有提交履约保证金的，应当对招标人的损失承担赔偿责任。

中标人不按照与招标人订立的合同履行义务，情节严重的，有关行政监督部门取消其2～5年参加招标项目的投标资格并予以公告，直至由工商行政管理机关吊销营业执照。

案 例 分 析

案例6-1

【案情简介】

某大型工程，由于技术特别复杂，对施工单位的施工设备及同类工程的施工经验要求较高，经省有关部门批准后决定采取邀请招标方式。

招标人于2017年3月8日向通过资格预审的A、B、C、D、E五家施工承包企业发出了投标邀请书，五家企业接受了邀请并于规定时间内购买了招标文件，招标文件规定：2017年4月20日下午4时为投标截止时间，5月10日发出中标通知书。

在4月20日上午A、B、D、E四家企业提交了投标文件，但C企业于4月20日下午5时才送达。4月23日由当地投标监督办公室主持进行了公开开标。评标委员会共有7人组成，其中当地招标办公室1人，公证处1人，招标人1人，技术经济专家4人。评标时发现B企业投标文件有项目经理签字并盖了公章，但无法定代表人签字和授权委托书；D企业投标，报价的大写金额与小写金额不一致；E企业对某分项工程报价有漏项。招标人于5月10日向A企业发出了中标通知书，双方于6月12日签订了书面合同。

【问题】

1. 该项目采取的招标方式是否妥当？说明理由。

2. 分别指出对B企业、C企业、D企业和E企业投标文件应如何处理？并说明理由。

3. 指出评标委员会人员组成的不妥之处。

4. 指出招标人与中标企业6月12日签订合同是否妥当，并说明理由。

【案例评析】

1. 招标方式妥当。因为工程技术特别复杂，对施工单位的施工设备及同类工程的施工经验要求较高，合适投标的企业相对较少，采用公开招标会花费大而效果差。采用邀请招标比较有针对性，比较经济，效果也相对较好。

2. B、C 企业的标书都没有完全达到业主的招标要求，因此应作废标处理。D、E 标书存在一定问题，但问题由自己承担，不做废标处理，为有效标。

3. 评标委员会由评标专家和招标人代表共同组成，人数为 5 人以上单数。其中，评标专家人数不得少于成员总数的 2/3。公证人可以参与但不作为评标委员。招标办公室作为监督单位，也不能作为评标委员会成员。

4. 不妥当。书面合同应在承包商收到中标函之后的 30 天之内签订。

案例 6-2

【案情简介】

省一级公路某路段全长 224km，本工程采取公开招标的方式，共分 20 个标段，招标工作从 2018 年 7 月 2 日开始，到 8 月 30 日结束，历时 60 天。招标工作的具体步骤如下：

（1）成立招标组织机构。

（2）发布招标公告和资格预审通告。

（3）进行资格预审。7 月 16 日～20 日出售资格预审文件，47 家省内外施工企业购买了资格预审文件，其中 46 家于 7 月 22 日递交了资格预审文件。经招标工作委员会审定后，45 家单位通过了资格预审，每家被允许投 3 个以下的标段。

（4）编制招标文件。

（5）编制标底。

（6）组织投标。7 月 28 日，招标单位向上述 45 家单位发出资格预审合格通知书。7 月 30 日，向各投标人发出招标文件。8 月 5 日，召开标前会。8 月 8 日组织投标人踏勘现场，解答投标人提出的问题。8 月 20 日，各投标人递交投标书，每标段均有 5 家以上投标人参加竞标。8 月 21 日，在公证员出席的情况下，当众开标。

（7）组织评标。评标小组按事先确定的评标办法进行评标，对合格的投标人进行评分，推荐中标单位和后备单位，写出评标报告。8 月 22 日，招标工作委员会听取评标小组汇报，决定了中标单位，发出中标通知书。

（8）8 月 30 日招标人与中标单位签订合同。

【问题】

1. 上述招标工作内容的顺序作为招标工作先后顺序是否妥当？如果不妥，请确定合理的顺序。

2. 简述编制投标文件的步骤。

【案例评析】

1. 不妥当。合理的顺序应该是：成立招标组织机构；编制招标文件；编制标底；发售招标公告和资格预审通告；进行资格预审；发售招标文件；组织现场踏勘；召开标前会；接收投标文件；开标；评标；确定中标单位；发出中标通知书；签订承发包合同。

2. ①组织投标班子，确定投标文件编制的人员；②仔细阅读投标须知、投标书附件等各个招标文件；③结合现场踏勘和投标预备会的结果，进一步分析招标文件；④校核招标文件中的工程量清单；⑤根据工程类型编制施工规划或施工组织设计；⑥根据工程价格构成进行工程估价，确定利润方针，计算和确定报价；⑦形成投标文件，进行投标担保。

复 习 思 考 题

1. 什么是建设工程招标投标?

2. 什么是招标人? 招标人应具备的条件?

3. 建设工程发包的方式有几种? 其适用范围?

4. 建设工程招标的方式有哪几种? 公开招标和邀请招标各自的特点是什么?

5. 什么是投标人? 投标人应具备的条件?

6. 建设工程投标报价有哪些程序?

7. 何谓开标?《招标投标法》对开标的时间、地点、参加人员有何规定?

8. 何谓评标? 评标委员会组成方面有哪些规定?

9. 中标通知书在法律上的性质是什么? 其何时生效?

10. 招标人违反招标投标法的法律责任是什么?

11. 投标人违反招标投标法的法律责任是什么?

12. 招标人与中标人为什么要签订书面合同?

教学单元 7　建设工程监理法规

本单元主要介绍了建设工程监理的概念、作用原则；建设工程监理范围与规模标准；建设工程监理规范；施工旁站监理管理办法；工程监理单位和人员的法律责任等内容。

7.1　建设工程监理概述

7.1.1　我国建设工程监理制度

1. 建设工程监理的概念

建设工程监理是指工程监理单位受建设单位委托，根据法律法规、工程建设标准、勘察设计文件及合同，在施工阶段对建设工程质量、进度、造价进行控制，对合同、信息进行管理，对工程建设相关方的关系进行协调，并履行建设工程安全生产管理法定职责的服务活动。

2. 建设工程监理的作用

建设工程监理的作用是保证建设行为符合国家法律、法规和有关政策，防止建设行为的随意性和盲目性，促使工程建设进度、投资、质量等按合同进行，保证建设行为的合法性和经济性。具体体现在如下几个方面：

（1）有利于提高建设工程投资决策科学化水平，实行全方位、全过程监理时，工程监理企业可协助建设单位选择适当的工程咨询机构，管理工程咨询合同的实施，并对咨询结果（如项目建议书、可行性研究报告）进行评估，提出有价值的修改意见和建议；或者直接从事工程咨询工作，为建设单位提供建设方案。

（2）有利于规范工程建设参与各方的建设行为。在建设工程实施过程中，工程监理企业可依据委托监理合同和有关的建设工程合同对承建单位的建设行为进行监督管理。由于这种约束机制贯穿于工程建设的全过程，采用事前、事中和事后控制相结合的方式，因此可以有效地规范各承建单位的建设行为，最大限度地避免不当建设行为的发生。

（3）有利于促使承建单位保证建设工程质量和使用安全。在加强承建单位自身对工程质量管理的基础上，由工程监理企业介入建设工程生产过程的管理，对保证建设工程质量和使用安全有着重要作用。

（4）有利于实现建设工程投资效益最大化。建设工程投资效益最大化有以下三种表现：一是在满足建设工程预定功能和质量标准的前提下，建设投资额最少；二是在满足建设工程预定功能和质量标准的前提下，建设工程寿命周期费用（或全寿命费用）最少；三是建设工程本身的投资效益与环境、社会效益的综合效益最大化。

7.1.2　建设工程的监理范围与规模标准

1. 建设工程的监理范围

虽然监理是基于业主委托，由监理人自愿承担完成的工作，但与社会公共利益关系重大的工程，为确保工程质量和社会公众的生命财产安全，国家可以规定强制实行监理的建设工程范围。根据《建设工程质量管理条例》（2017 年修订）和建设部第 86 号令《建设工程监理范围和规模标准规定》的相关规定，下列建设工程必须实行监理：

（1）国家重点建设工程；

（2）大中型公用事业工程；

（3）成片开发建设的住宅小区工程；

（4）利用外国政府或者国际组织贷款、援助资金的工程；

（5）国家规定必须实行监理的其他工程。

2. 建设工程的规模标准

（1）国家重点建设工程，指依据《国家重点建设项目管理办法》所确定的对国民经济和社会发展有重大影响的骨干项目。

（2）大中型公用事业工程，指项目总投资在 3000 万元以上的工程项目：供水、供电、供气、供热等市政工程项目；科技、教育、文化等项目；体育、旅游、商业等项目；卫生、社会福利等项目；其他公用事业项目。

（3）成片开发建设的住宅小区工程，建筑面积在 5 万 m² 以上的住宅建设工程必须实行监理；5 万 m² 以下的住宅建设工程，可以实行监理，具体范围和规模标准，由省、自治区、直辖市人民政府建设行政主管部门规定。为了保证住宅质量，对高层住宅及基础、结构复杂的多层住宅应当实行监理。

（4）利用外国政府或者国际组织贷款、援助资金的工程范围包括：使用世界银行、亚洲开发银行等国际组织贷款项目；使用国外政府及其机构贷款的项目；使用国际组织或者国外政府援助资金的项目。

（5）国家规定必须实行监理的其他工程：

1）项目总投资在 3000 万元以上关系社会公共利益、公众安全的基础设施项目，包括：煤炭、石油、化工、天然气、电力、新能源等项目；铁路、公路、管道、水运、民航以及其他交通运输等项目；邮政、电信枢纽、通信、信息网络等项目；防洪、灌溉、排涝、发电、引（供）水、滩涂治理、水源保护、水土保持等水利建设项目；道路、桥梁、铁路和轻轨交通、污水排放及处理、垃圾处理、地下管道、公共停车场等城市基础设施项目；生态环境保护项目；其他基础设施项目。

2）学校、影剧院、体育场馆项目。

建设工程监理范围应包括整个工程建设的全过程，包括招标、设计、施工、材料设备采购、设备安装调试等环节，对工期、质量、造价、安全等进行全方位的监督管理。

7.1.3　建设工程监理的原则

从事工程建设监理活动，应当遵循守法、诚信、公正、科学的准则，具体要求是：

1. 符合工程监理活动特性的原则

（1）服务性。建设工程监理具有服务性，是从它的业务性质方面定性的。建设工程监理的主要手段是规划、控制、协调，主要任务是控制建设工程的投资、进度和质量，最终应当达到的基本目的是协助建设单位在计划的目标内将建设工程建成投入使用。在工程建设中，监理人员利用自己的知识、技能和经验、信息以及必要的试验、检测手段，为建设单位提供管理服务。工程监理企业不能完全取代建设单位的管理活动。它不具有工程建设重大问题的决策权，它只能在授权范围内代表建设单位进行管理。

（2）独立性。工程建设监理单位、工程建设单位、工程施工单位在同一建设工程活动的关系是平等的、横向的关系。监理单位是独立的一方。

（3）公正性。公正性是监理行业的必然要求，也是监理单位和监理工程师工作的职业道德。工程建设监理的公正性也是承建单位的共同要求。建设监理制度赋予监理单位在项目建设中具有监督管理的权力，被监理方必须接受监理方的监督管理。所以监理单位和监理工作人员必须以公正的第三方身份开展工程建设监理活动。

（4）科学性。建设工程监理是一种高智能的技术服务，因此要求监理工作有健全的组织机构、完善的科学检测技术、经济方法和严格规范的工作程序、丰富的专业技能以及实践经验来履行监理职责。

2. 参照国际惯例的原则

西方发达国家工程建设监理工作已有100多年的发展历史，其监理体系已趋于成熟和完善，各国具有严密的法律、法规，完善的组织机构以及规范化的方法、手段和实施程序。国际咨询工程师联合会（FIDIC）制订的土木工程合同条款，被国际建筑界普遍认可和采用，这些条款把工程技术、管理、经济、法律有机地、科学地结合在一起，突出监理工程师的负责制，为建设监理制度的规范化、国际化起了促进作用。我国的建设工程活动已经进入国际市场，因此从事工程建设监理单位和从业的监理工程师应当充分研究和借鉴国际间通行的做法和经验。

3. 结合我国国情的原则

工程建设监理制度的建立，既要借鉴国际惯例，又不能完全照搬照抄，应当充分结合中国国情，建立具有中国特色的工程建设监理制度体系，更好地规范我国工程建设监理工作。

7.1.4 建设工程监理的特点和依据

1. 建设工程监理的特点

（1）建设工程监理的服务对象具有单一性

在国际上，建设项目管理按服务对象主要可分为为建设单位服务的项目管理和为承建单位服务的项目管理。而我国的建设工程监理规定，工程监理企业只接受建设单位的委托，即只为建设单位服务。它不能接受承建单位的委托为其提供管理服务。从这个意义上看，可以认为我国的建设工程监理就是为建设单位服务的项目管理。

（2）建设工程监理属于强制推行的制度

我国的建设工程监理从一开始就是作为对计划经济条件下所形成的建设工程管理体制改革的一项新制度提出来的，也是依靠行政手段和法律手段在全国范围推行的。为此，不仅在各级政府部门中设立了主管建设工程监理有关工作的专门机构，而且制定了有关的法律、法规和规章，明确提出国家推行建设工程监理制度，并明确规定了必须实行建设工程监理的工程规范。

（3）建设工程监理具有监督功能

我国的工程监理企业有一定的特殊地位，它与建设单位构成委托与被委托关系，与承建单位虽然无任何经济关系，但根据建设单位授权，有权对其不当建设行为进行监督，或者预防，或者指令及时改正，或者向有关部门反映，请求纠正。不仅如此，在我国的建设工程监理中还强调对承建单位施工过程和施工工序的监督、检查和验收，而且在实践中又进一步提出了旁站监理的规定。

（4）市场准入采取企业资质和人员资格双重控制

我国对建设工程监理的市场准入采取了企业资质和人员资格的双重控制。要求专业监理工程师以上的监理人员要取得监理工程师资格证书，不同资质等级的工程监理企业至少要有一定数量的取得监理工程师资格证书并经注册的人员。

2. 工程建设监理的依据

根据工程建设监理的有关规定，监理依据有下列四大类：

（1）国家和部门制定颁布的法律、法规、办法。

（2）国家现行的技术规范、技术标准、规程和工程质量检测验评标准。

（3）国家批准的建设文件、设计文件和设计图纸。

（4）依法签订的各类工程合同文件等。

7.1.5　建设工程监理的发展趋势

（1）加强法制建设，走法制化的道路。

（2）以市场需求为导向，向全方位、全过程监理发展。

（3）适应市场需求，优化工程监理企业结构。

应当通过市场机制和必要的行业政策引导，在工程监理行业逐步建立起综合性监理企业与专业性监理企业相结合、大中小型监理企业相结合的合理企业结构。按工作内容分，建立起能承担全过程、全方位监理任务的综合性监理企业与能承担某一专业监理任务（如招标代理、工程造价咨询）的监理企业相结合的企业结构。按工作阶段分，建立起能承担工程建设全过程监理的大型监理企业与能承担某一阶段工程监理任务的中型监理企业和只提供旁站监理劳务的小型监理企业相结合的企业结构。

（4）加强培训工作，不断提高从业人员素质。

（5）与国际惯例接轨，走向世界。

我国的监理工程师和工程监理企业应当做好充分准备，不仅要迎接国外同行进入我国后的竞争挑战，而且也要把握进入国际市场的机遇，敢于到国际市场与国外同行竞争。在这方面，大型、综合素质较高的工程监理企业应当率先采取行动。

7.2　建设工程监理规范及施工旁站监理管理办法

工程建设监理制度的推行，离不开政府的宏观监控和指导，以及相关制度的建立与健全。为此，建设部先后颁布了《工程建设监理试行规定》《工程建设监理单位资质管理试行办法》《监理工程师资格考试和注册试行办法》，2000年建设部颁布了国家标准《建设工程监理规范》，2001年建设部颁布了《工程监理企业资质管理规定》《建设工程监理范围和规模标准规定》，2002年建设部颁布了《房屋建筑工程施工旁站监理管理办法（试行）》等一系列法规文件。本节将着重介绍《建设工程监理规范》和《房屋建筑工程施工旁站监理管理办法（试行）》。

7.2.1　建设工程监理规范

《建设工程监理规范》是建设部于2000年颁布的国家标准，2013年住房城乡建设部对其进行了修订，编号为 GB/T 50319—2013，自 2014 年 3 月 1 日起实施。《建设工程监理规范》（以下简称《监理规范》）共分 9 章和 3 个附表，内容包括：总则，术语，项目监理机构及其设施，监理规划及监理实施细则，工程质量、进度、造价控制及安全生产管理工作，工程变更、索赔及施工合同争议的处理，监理文件资料管理，设备采购与设备监造，相关服务等。

1. 总则

（1）制定目的：为了提高建设工程监理水平，规范建设工程监理行为。

（2）适用范围：本规范适用于新建、扩建、改建建设工程施工、设备采购和监造的监理工作。

（3）实施建设工程监理前监理单位必须与建设单位签订书面建设工程委托监理合同，合同中应包括监理单位对建设工程质量、造价、进度进行全面控制和管理的条款，建设单位与承包单位之间与建设工程合同有关的联系活动应通过监理单位进行。

（4）建设工程监理应实行总监理工程师负责制的规定。

（5）监理单位应公正、独立、自主地开展监理工作，维护建设单位和承包单位的合法权益。

（6）建设工程监理应符合建设工程监理规范和国家其他有关强制性标准、规范的规定。

2. 术语

《监理规范》对工程监理单位、建设工程监理、相关服务、项目监理机构、注册监理工程师、总监理工程师、总监理工程师代表、专业监理工程师、监理员、监理规划、监理实施细则、工程计量、旁站、巡视、平行检验、见证取样、工程延期、工程延误、工程临时延期批准、工程最终延期批准、监理日志、监理月报、设备监造、监理文件资料等 24 条建设工程监理常用术语做出了解释。具体内容这里不再赘述。

3. 项目监理机构及其设施

该部分内容包括：项目监理机构、监理人员职责和监理设施。

（1）项目监理机构

1）监理单位履行施工阶段的委托监理合同时必须在施工现场建立项目监理机构，项目监理机构在完成委托监理合同约定的监理工作后可撤离施工现场；

2）项目监理机构的组织形式和规模应根据委托监理合同规定的服务内容、服务期限、工程类别、规模、技术复杂程度、工程环境等因素确定；

3）监理人员应包括总监理工程师、专业监理工程师和监理员，必要时可配备总监理工程师代表；

总监理工程师应由工程监理单位法定代表人书面任命的注册监理工程师担任；总监理工程师代表应由具有工程类注册执业资格或具有中级及以上专业技术职称，三年及以上工程实践经验并经监理业务培训的人员担任；专业监理工程师应由具有工程类注册执业资格或具有中级及以上专业技术职称，二年及以上工程实践经验并经监理业务培训的人员担任；监理员应具有中专及以上学历并经过监理业务培训的人员。

项目监理机构的监理人员的专业配套数量应满足工程项目监理工作的需要。

4）监理单位应于委托监理合同签订后十天内，将项目监理机构的组织形式、人员构成及对总监理工程师的任命书面通知建设单位。当总监理工程师需要调整时，监理单位应征得建设单位同意并书面通知建设单位；当专业监理工程师需要调整时，总监理工程师应书面通知建设单位和承包单位。

（2）监理设施

1）建设单位提供委托监理合同约定的办公、交通、通信、生活设施。项目监理机构应妥善保管和使用，并在完成监理工作后移交建设单位。

2）项目监理机构应按委托监理合同的约定，配备满足监理工作需要的常规检测设备和工具。

3）在大中型项目的监理工作中，项目监理机构应实施监理工作计算机管理。

4. 监理规划及监理实施细则

（1）监理规划

1）监理规划可在签订建设工程监理合同及收到工程设计文件后由总监理工程师组织编制，并应在召开第一次工地会议前报送建设单位。

2）监理规划由总监理工程师组织专业监理工程师编制，总监理工程师签字后由工程监理单位技术负责人审批。

3）监理规划应包括下列主要内容：

① 工程概况。

② 监理工作的范围、内容、目标。

③ 监理工作依据。

④ 监理组织形式、人员配备及进退场计划、监理人员岗位职责。

⑤ 监理工作制度。

⑥ 工程质量控制。

⑦ 工程造价控制。

⑧ 工程进度控制。

⑨ 安全生产管理的监理工作。

⑩ 合同与信息管理。

⑪ 组织协调。

⑫ 监理工作设施。

4）在实施建设工程监理过程中，实际情况或条件发生变化而需要调整监理规划时，应由总监理工程师组织专业监理工程师修改，并应经工程监理单位技术负责人批准后报建设单位。

（2）监理实施细则

1）监理实施细则应在相应工程施工开始前由专业监理工程师编制，并应报总监理工程师审批。

2）监理实施细则的编制应依据下列资料：

① 监理规划。

② 工程建设标准、工程设计文件。

③ 施工组织设计、（专项）施工方案。

3）监理实施细则应包括下列主要内容：

① 专业工程特点。

② 监理工作流程。

③ 监理工作要点。

④ 监理工作方法及措施。

4）在实施建设工程监理过程中，监理实施细则可根据实际情况进行补充、修改，并应经总监理工程师批准后实施。

5. 工程质量、造价、进度控制及安全生产管理的监理工作

（1）一般规定

1）项目监理机构应根据建设工程监理合同约定，遵循动态控制原理，坚持预防为主的原则，制定和实施相应的监理措施，采用旁站、巡视和平行检验等方式对建设工程实施监理。

2）监理人员应熟悉工程设计文件，并应参加建设单位主持的图纸会审和设计交底会议，会议纪要应由总监理工程师签认。

3）工程开工前，监理人员应参加由建设单位主持召开的第一次工地会议，会议纪要应由项目监理机构负责整理，与会各方代表应会签。

4）项目监理机构应定期召开监理例会，并组织有关单位研究解决与监理相关的问题。项目监理机构可根据工程需要，主持或参加专题会议，解决监理工作范围内工程专项问题。

监理例会以及由项目监理机构主持召开的专题会议的会议纪要，应由项目监理机构负责整理，与会各方代表应会签。

5）项目监理机构应协调工程建设相关方的关系。项目监理机构与工程建设相关方之间的工作联系，除另有规定外宜采用工作联系单形式进行。

6）项目监理机构应审查施工单位报审的施工组织设计，符合要求时，应由总监理工程师签认后报建设单位。项目监理机构应要求施工单位按已批准的施工组织设计组织施工。施工组织设计需要调整时，项目监理机构应按程序重新审查。

施工组织设计审查应包括下列基本内容：

① 编审程序应符合相关规定。

② 施工进度、施工方案及工程质量保证措施应符合施工合同要求。

③ 资金、劳动力、材料、设备等资源供应计划应满足工程施工需要。

④ 安全技术措施应符合工程建设强制性标准。

⑤ 施工总平面布置应科学合理。

7）施工组织设计或（专项）施工方案报审表，应按要求填写。

8）总监理工程师应组织专业监理工程师审查施工单位报送的开工报审表及相关资料；同时具备下列条件时，应由总监理工程师签署审查意见，并应报建设单位批准后，总监理工程师签发工程开工令：

① 设计交底和图纸会审已完成。

② 施工组织设计已由总监理工程师签认。

③ 施工单位现场质量、安全生产管理体系已建立，管理及施工人员已到位，施工机械具备使用条件，主要工程材料已落实。

④ 进场道路及水、电、通信等已满足开工要求。

9) 开工报审表、开工令应按要求填写。

10) 分包工程开工前，项目监理机构应审核施工单位报送的分包单位资格报审表，专业监理工程师提出审查意见后，应由总监理工程师审核签认。

分包单位资格审核应包括下列基本内容：

① 营业执照、企业资质等级证书。

② 安全生产许可文件。

③ 类似工程业绩。

④ 专职管理人员和特种作业人员的资格。

11) 分包单位资格报审表应按要求填写。

12) 项目监理机构宜根据工程特点、施工合同、工程设计文件及经过批准的施工组织设计对工程进行风险分析，并应制定工程质量、造价、进度目标控制及安全生产管理的方案，同时应提出防范性对策。

（2）工程质量控制

1) 项目监理机构应审查：施工单位现场的质量管理组织机构、管理制度及专职管理人员和特种作业人员的资格；施工单位报送的用于工程的材料、构配件、设备的质量证明文件，并应按有关规定、建设工程监理合同约定，对用于工程的材料进行见证取样、平行检验；对已进场经检验不合格的工程材料、构配件、设备，应要求施工单位限期将其撤出施工现场；安排监理人员对工程施工质量进行巡视；根据工程特点和施工单位报送的施工组织设计，确定旁站的关键部位、关键工序，安排监理人员进行旁站，并应及时记录旁站情况；根据工程特点、专业要求，以及建设工程监理合同约定，对工程材料、施工质量进行平行检验；对施工单位报验的隐蔽工程、检验批、分项工程和分部工程进行验收，对验收合格的应给予签认，对验收不合格的应拒绝签认，同时应要求施工单位在指定的时间内整改并重新报验；对已同意覆盖的工程隐蔽部位质量有疑问的，或发现施工单位私自覆盖工程隐蔽部位的，项目监理机构应要求施工单位对该隐蔽部位进行钻孔探测或揭开或其他方法进行重新检验；发现施工存在质量问题的，或施工单位采用不适当的施工工艺，或施工不当，造成工程质量不合格的，应及时签发监理通知单，要求施工单位整改。整改完毕后，项目监理机构应根据施工单位报送的监理通知回复对整改情况进行复查，提出复查意见；对需要返工处理或加固补强的质量缺陷、质量事故，项目监理机构应要求施工单位报送质量事故调查报告和经设计等相关单位认可的处理方案，并应对处理过程进行跟踪检查，同时应对处理结果进行验收；审查施工单位提交的单位工程竣工验收报审表及竣工资料，组织工程竣工预验收；工程竣工预验收合格后，项目监理机构应编写工程质量评估报告，并应经总监理工程师和工程监理单位技术负责人审核签字后报建设单位；项目监理机构应参加由建设单位组织的竣工验收，对验收中提出的整改问题，应督促施工单位及时整改。工程质量符合要求的，总监理工程师应在工程竣工验收报告中签署意见。

2) 总监理工程师应组织专业监理工程师审查施工单位报审的施工方案，并应符合要求后予以签认。

3) 专业监理工程师应审查以下内容：施工单位报送的新材料、新工艺、新技术、新设备的质量认证材料和相关验收标准的适用性。必要时，应要求施工单位组织专题论证，审查合格后报总监理工程师签认；检查、复核施工单位报送的施工控制测量成果及保护措施，签署意见；检查施工单位为本工程提供服务的试验室；施工单位定期提交影响工程质量的计量设备的检查和检定报告。

（3）工程造价控制

1）项目监理机构应按程序进行工程计量和付款签证。

2）项目监理机构应建立月完成工程量统计表，对实际完成量与计划完成量进行比较分析，发现偏差应提出调整建议，并在监理月报中向建设单位报告。

3）项目监理机构应按程序进行竣工结算款审核。

（4）工程进度控制

1）项目监理机构应审查施工单位报审的施工总进度计划和阶段性施工进度计划，提出审查意见，并应由总监理工程师审核后报建设单位。

2）项目监理机构应检查施工进度计划的实施情况，发现实际进度严重滞后于计划进度且影响合同工期时，应签发监理通知单，要求施工单位采取调整措施加快施工进度。总监理工程师应向建设单位报告工期延误风险。

3）项目监理机构应比较分析工程施工实际进度与计划进度，预测实际进度对工程总工期的影响，并应在监理月报中向建设单位报告工程实际进展情况。

（5）安全生产管理的监理工作

1）项目监理机构应根据法律法规、工程建设强制性标准，履行建设工程安全生产管理的监理职责，并应将安全生产管理的监理工作内容、方法和措施纳入监理规划及监理实施细则。

2）项目监理机构应审查施工单位现场安全生产规章制度的建立和实施情况，并应审查施工单位安全生产许可证及施工单位项目经理、专职安全生产管理人员和特种作业人员的资格，同时应核查施工机械和设施的安全许可验收手续。

3）项目监理机构应审查施工单位报审的专项施工方案，符合要求的，应由总监理工程师签认后报建设单位。超过一定规模的危险性较大的分部分项工程的专项施工方案，应检查施工单位组织专家进行论证、审查的情况，以及是否附具安全验算结果。项目监理机构应要求施工单位按已批准的专项施工方案组织施工。专项施工方案需要调整时，施工单位应按程序重新提交项目监理机构审查。

4）项目监理机构应巡视检查危险性较大的分部分项工程专项施工方案实施情况。发现未按专项施工方案实施时，应签发监理通知单，要求施工单位按专项施工方案实施。

5）项目监理机构在实施监理过程中，发现工程存在安全事故隐患时，应签发监理通知单，要求施工单位整改；情况严重时，应签发工程暂停令，并应及时报告建设单位。施工单位拒不整改或不停止施工时，项目监理机构应及时向有关主管部门报送监理报告。

6．工程变更、索赔及施工合同争议

（1）一般规定

1）项目监理机构应依据建设工程监理合同约定进行施工合同管理，处理工程暂停及复工、工程变更、索赔及施工合同争议、解除等事宜。

2）施工合同终止时，项目监理机构应协助建设单位按施工合同约定处理施工合同终止的有关事宜。

（2）工程暂停及复工

1）总监理工程师在签发工程暂停令时，可根据停工原因的影响范围和影响程度，确定停工范围，并应按施工合同和建设工程监理合同的约定签发工程暂停令。

2）项目监理机构发现下列情况之一时，总监理工程师应及时签发工程暂停令：

① 建设单位要求暂停施工且工程需要暂停施工的。

② 施工单位未经批准擅自施工或拒绝项目监理机构管理的。

③ 施工单位未按审查通过的工程设计文件施工的。

④ 施工单位未按批准的施工组织设计、（专项）施工方案施工或违反工程建设强制性标准的。

⑤ 施工存在重大质量、安全事故隐患或发生质量、安全事故的。

3）总监理工程师签发工程暂停令应征得建设单位同意，在紧急情况下未能事先报告的，应在事后及时向建设单位作出书面报告。

4）暂停施工事件发生时，项目监理机构应如实记录所发生的情况。

5）总监理工程师应会同有关各方按施工合同约定，处理因工程暂停引起的与工期、费用有关的问题。

6）因施工单位原因暂停施工时，项目监理机构应检查、验收施工单位的停工整改过程、结果。

7）当暂停施工原因消失、具备复工条件时，施工单位提出复工申请的，项目监理机构应审查施工单位报送的复工报审表及有关材料，符合要求后，总监理工程师应及时签署审查意见，并应报建设单位批准后签发工程复工令；施工单位未提出复工申请的，总监理工程师应根据工程实际情况指令施工单位恢复施工。

（3）工程变更

1）项目监理机构可按下列程序处理施工单位提出的工程变更

① 总监理工程师组织专业监理工程师审查施工单位提出的工程变更申请，提出审查意见。对涉及工程设计文件修改的工程变更，应由建设单位转交原设计单位修改工程设计文件。必要时，项目监理机构应建议建设单位组织设计、施工等单位召开论证工程设计文件的修改方案的专题会议。

② 总监理工程师组织专业监理工程师对工程变更费用及工期影响作出评估。

③ 总监理工程师组织建设单位、施工单位等共同协商确定工程变更费用及工期变化，会签工程变更单。

④ 项目监理机构根据批准的工程变更文件监督施工单位实施工程变更。

2）项目监理机构可在工程变更实施前与建设单位、施工单位等协商确定工程变更的计价原则、计价方法或价款。

3）建设单位与施工单位未能就工程变更费用达成协议时，项目监理机构可提出一个暂定价格并经建设单位同意，作为临时支付工程款的依据。工程变更款项最终结算时，应以建设单位与施工单位达成的协议为依据。

4）项目监理机构可对建设单位要求的工程变更提出评估意见，并应督促施工单位按会签后的工程变更单组织施工。

（4）费用索赔

1）项目监理机构应及时收集、整理有关工程费用的原始资料，为处理费用索赔提供证据。

2）项目监理机构处理费用索赔的主要依据应包括：法律法规；勘察设计文件、施工合同文件；工程建设标准；索赔事件的证据。

3）项目监理机构可按下列程序处理施工单位提出的费用索赔：

① 受理施工单位在施工合同约定的期限内提交的费用索赔意向通知书。

② 收集与索赔有关的资料。

③ 受理施工单位在施工合同约定的期限内提交的费用索赔报审表。

④ 审查费用索赔报审表。需要施工单位进一步提交详细资料时，应在施工合同约定的期限内发出通知。

⑤ 与建设单位和施工单位协商一致后，在施工合同约定的期限内签发费用索赔报审表，并报建设单位。

4）项目监理机构批准施工单位费用索赔应同时满足下列条件：

① 施工单位在施工合同约定的期限内提出费用索赔。

② 索赔事件是因非施工单位原因造成，且符合施工合同约定。

③ 索赔事件造成施工单位直接经济损失。

5）当施工单位的费用索赔要求与工程延期要求相关联时，项目监理机构可提出费用索赔和工程延期的综合处理意见，并应与建设单位和施工单位协商。

6）因施工单位原因造成建设单位损失，建设单位提出索赔时，项目监理机构应与建设单位和施工单位协商处理。

（5）工程延期及工期延误

1）施工单位提出工程延期要求符合施工合同约定时，项目监理机构应予以受理。

2）当影响工期事件具有持续性时，项目监理机构应对施工单位提交的阶段性工程临时延期报审表进行审查，并应签署工程临时延期审核意见后报建设单位。

当影响工期事件结束后，项目监理机构应对施工单位提交的工程最终延期报审表进行审查，并应签署工程最终延期审核意见后报建设单位。

3）项目监理机构在作出工程临时延期批准和工程最终延期批准前，均应与建设单位和施工单位协商。

4）项目监理机构批准工程延期应同时满足下列条件：

① 施工单位在施工合同约定的期限内提出工程延期。

② 因非施工单位原因造成施工进度滞后。

③ 施工进度滞后影响到施工合同约定的工期。

5）施工单位因工程延期提出费用索赔时，项目监理机构可按施工合同约定进行处理。

6）发生工期延误时，项目监理机构应按施工合同约定进行处理。

（6）施工合同争议

1）项目监理机构处理施工合同争议时应进行下列工作：

① 了解合同争议情况。

② 及时与合同争议双方进行磋商。

③ 提出处理方案后，由总监理工程师进行协调。

④ 当双方未能达成一致时，总监理工程师应提出处理合同争议的意见。

2）项目监理机构在施工合同争议处理过程中，对未达到施工合同约定的暂停履行合同条件的，应要求施工合同双方继续履行合同。

3）在施工合同争议的仲裁或诉讼过程中，项目监理机构应按仲裁机关或法院要求提供与争议有关的证据。

（7）施工合同解除

1）因建设单位原因导致施工合同解除时，项目监理机构应按施工合同约定与建设单位和施工单位从下列款项中协商确定施工单位应得款项，并签认工程款支付证书：

① 施工单位按施工合同约定已完成的工作应得款项。

② 施工单位按批准的采购计划订购工程材料、构配件、设备的款项。

③ 施工单位撤离施工设备至原基地或其他目的地的合理费用。

④ 施工单位人员的合理遣返费用。

⑤ 施工单位合理的利润补偿。

⑥ 施工合同约定的建设单位应支付的违约金。

2）因施工单位原因导致施工合同解除时，项目监理机构应按施工合同约定，从下列款项中确定施工单位应得款项或偿还建设单位的款项，并应与建设单位和施工单位协商后，书面提交施工单位应得款项或偿还建设单位款项的证明：

① 施工单位已按施工合同约定实际完成的工作应得款项和已给付的款项。

② 施工单位已提供的材料、构配件、设备和临时工程等的价值。

③ 对已完工程进行检查和验收、移交工程资料、修复已完工程质量缺陷等所需的费用。

④ 施工合同约定的施工单位应支付的违约金。

3）因非建设单位、施工单位原因导致施工合同解除时，项目监理机构应按施工合同约定处理合同解除后的有关事宜。

7. 监理文件资料管理

（1）一般规定

1）项目监理机构应建立完善的监理文件资料管理制度，宜设专人管理监理文件资料；应及时、准确、完整地收集、整理、编制、传递监理文件资料；宜采用信息技术进行监理文件资料管理。

2）对监理文件资料内容进行了规定，具体包括监理文件资料、监理日志、监理月报、监理工作总结应包括的内容。

3）监理文件资料归档

① 项目监理机构应及时整理、分类汇总监理文件资料，并应按规定组卷，形成监理档案。

② 工程监理单位应根据工程特点和有关规定，保存监理档案，并应向有关单位、部门移交需要存档的监理文件资料。

7.2.2 施工旁站监理管理办法

为了提高建设工程质量，2002年建设部颁布了《房屋建筑工程施工旁站监理管理办法（试行）》。该规范性文件要求在工程施工阶段的监理工作中实行旁站监理，并明确了旁站监理的工作程序、内容及旁站监理人员的职责。

1. 旁站监理的概念

旁站监理是指监理人员在工程施工阶段监理中，对关键部位、关键工序的施工质量实施全过程现场跟班的监督活动。旁站监理是控制工程施工质量的重要手段之一，也是确认工程质量的重要依据。

在实施旁站监理工作中，如何确定工程的关键部位、关键工序，必须结合具体的专业工程而定。就房屋建设工程而言，其关键部位、关键工序包括两类内容，一是基础工程类：土方回填，混凝土灌注桩浇筑，地下连续墙、土钉墙、后浇带及其他结构混凝土、防水混凝土浇筑，卷材防水层细部构造处理，钢结构安装；二是主体结构工程类：梁柱节点钢筋隐蔽过程，混凝土浇筑，预应力张拉，装配式结构安装，钢结构安装，网架结构安装，索膜安装。对于其他部位或工序是否需要旁站监理，可由建设单位与监理企业根据工程具体情况协商确定。

2. 旁站监理程序

旁站监理一般按下列程序实施：

（1）监理企业制定旁站监理方案，明确旁站监理的范围、内容、程序和旁站监理人员职责，并编入监理规划中。旁站监理方案同时送建设单位、施工企业和工程所在地的建设行政主管部门或其委托的工程质量监督机构各一份。

（2）施工企业根据监理企业制定的旁站监理方案，在需要实施旁站监理的关键部位、关键工序进行施工前24小时，书面通知监理企业派驻工地的项目监理机构。

（3）项目监理机构安排旁站监理人员按照旁站监理方案实施旁站监理。

3. 旁站监理人员的工作内容和职责

（1）检查施工企业现场质检人员到岗、特殊工种人员持证上岗以及施工机械、建筑材料准备情况。

（2）在现场跟班监督关键部位、关键工序的施工执行施工方案以及工程建设强制性标准情况。

（3）核查进场建筑材料、建筑构配件、设备和商品混凝土的质量检验报告等，并可在现场监督施工企业进行检验或者委托具有资格的第三方进行复验。

（4）做好旁站监理记录和监理日记，保存旁站监理原始资料。

如果旁站监理人员或施工企业现场质检人员未在旁站监理记录上签字，则施工企业不能进行下一道工序施工，监理工程师或者总监理工程师也不得在相应文件上签字。旁站监理人员在旁站监理时，如果发现施工企业有违反工程建设强制性标准行为的，有权制止并责令施工企业立即整改；如果发现施工企业的施工活动已经或者可能危及工程质量的，应当及时向监理工程师或者总监理工程师报告，由总监理工程师下达局部暂停施工指令或者采取其他应急措施，制止危害工程质量的行为。

7.3 建设工程监理的法律责任

7.3.1 工程监理廉政责任书

为了加强工程建设中的廉政建设工作，从源头上预防和解决腐败，确保工程质量，国务院建设行政主管部门决定在工程建设勘察设计、施工、监理中，推行工程监理廉政责任书制度。

工程监理廉政责任书的主要内容包括建设单位（甲方）和监理单位（乙方）双方的共同责任、甲方的责任、乙方的责任、违约责任及责任书的法律地位。

1. 甲乙双方的责任

（1）应严格遵守国家关于市场准入、项目招标、工程建设、工程监理和市场活动有关法律、法规，相关政策，以及廉政建设的各项规定。

（2）严格执行建设工程项目监理合同文件，自觉按合同办事。

（3）业务活动必须坚持公开、公正、诚信、透明的原则（除法律法规另有规定外），不得为获取不正当的利益，损害国家、集体和对方利益，不得违反工程建设管理、建设监理的规章制度。

（4）发现对方在业务活动中有违规、违纪、违法行为的，应及时提醒对方，情节严重的，应向其上级主管部门或纪检监察、司法等有关机关举报。

2. 甲方的责任

甲方的领导和从事该建设工程项目的工作人员在工程建设的事前、事中、事后应遵守以下规定：

（1）不准向乙方和相关单位索要或接受回扣、礼盒、有价证券、贵重物品和好处费、感谢费等。

（2）不准在乙方和相关单位报销任何应由甲方或个人支付的费用。

（3）不准要求、暗示或接受乙方和相关单位为个人装修住房、婚丧嫁娶、配偶子女的工作安排以及出国（境）、旅游等提供方便。

（4）不准参加有可能影响公正执行公务的乙方和相关单位的宴请、健身、娱乐等活动。

（5）不准向乙方和相关单位介绍或为配偶、子女、家属参与同甲方工程项目合同有关的监理分包项目等活动。不准向乙方和相关单位介绍或为配偶、子女、亲属参与同项目工程合同有关的设备、材料、工程承分包、劳务等经济活动。不得以任何理由向乙方和相关单位推荐分包单位和要求购买与项目工程合同规定以外的材料、设备等。

3. 乙方的责任

应与甲方和相关单位保持正常的业务交往，按照有关法律法规和程序开展业务工作，严格执行工程建设的方针、政策，尤其是有关勘察设计、建设施工安装的强制性标准和规范以及监理法规，认真履行监理职责，并遵守以下规定：

（1）不准以任何理由向甲方和相关单位及其工作人员索要、接受或赠送礼金、有价证券、贵重物品及回扣、好处费、感谢费等。

（2）不准以任何理由为甲方和相关单位报销应由对方或个人支付的费用。

（3）不准接受或暗示为甲方及相关单位或个人装修住房、婚丧嫁娶、配偶子女的工作安排以及出国（境）、旅游等提供方便。

（4）不准违反合同约定而使用甲方及相关单位提供的通信、交通工具和高档办公用品。

（5）不准以任何理由为甲方及相关单位或个人组织有可能影响公正执行公务的宴请、健身、娱乐等活动。

4. 违约责任

（1）甲方工作人员有违反责任行为的，按照管理权限，依据有关法律法规和规定给予党纪、政纪处分或组织处理；涉嫌犯罪的，移交司法机关追究刑事责任；给乙方单位造成经济损失的，应予以赔偿。

（2）乙方工作人员有违反责任行为的，按照管理权限，依据有关法律法规和规定给予党纪、政纪处分或组织处理；涉嫌犯罪的，移交司法机关追究刑事责任；给甲方单位造成经济损失的，应予以赔偿。

5. 工程监理廉政责任书的法律地位

工程监理廉政责任书作为工程监理合同的附件，与工程监理合同具有同等法律效力。经双方签署后立即生效。

7.3.2 工程监理企业的法律责任

工程监理企业应当按照其拥有的注册资本、专业技术人员和工程监理业绩等资质条件申请资质，经审查合格，取得相应等级的资质证书后，方可在其资质等级许可的范围内从事工程监理活动。违反《工程监理企业资质证书》的监理行为应当承担法律责任。

（1）以欺骗手段取得《工程监理企业资质证书》承揽工程的，吊销资质证书，处合同约定的监理酬金1倍以上2倍以下的罚款；有违法所得的，予以没收。

（2）未取得《工程监理企业资质证书》承揽监理业务的，予以取缔，处合同约定的监理酬金1倍以上2倍以下的罚款；有违法所得的，予以没收。

（3）超越本企业资质等级承揽监理业务的，责令停止违法行为，处合同约定的监理酬金1倍以上2倍以下的罚款；可以责令停业整顿，降低资质等级；情节严重的，吊销资质证书；有违法所得的，予以没收。

（4）转让监理业务的，责令改正，没收违法所得，处合同约定的监理酬金25%以上50%以下的罚款，可以责令停业整顿，降低资质等级；情节严重的，吊销资质证书。

（5）工程监理企业允许其他单位或者个人以本企业名义承揽监理业务的，责令改正，没收违法所得，处合同约定的监理酬金1倍以上2倍以下的罚款；可以责令停业整顿，降低资质等级；情节严重的，吊销资质证书。

（6）有下列行为之一的，责令改正，处50万元以上100万元以下的罚款，降低资质等级或者吊销资质证书；有违法所得的，予以没收；造成损失的，承担连带赔偿责任：

1）与建设单位或者施工单位串通，弄虚作假、降低工程质量的；

2）将不合格的建设工程、建筑材料、建筑构配件和设备按照合格签字的。

（7）工程监理单位与被监理工程的施工承包单位以及建筑材料、建筑构配件和设备供应单位有隶属关系或者其他利害关系承担该项建设工程的监理业务的，责令改正，处5万元以上10万元以下的罚款，降低资质等级或者吊销资质证书；有违法所得的，予以没收。

7.3.3 监理工程师的法律责任

监理工程师的法律责任与其法律地位密切相关，同样是建立在法律法规和委托监理合同的基础上。因而，监理工程师法律责任的表现行为主要有两方面：一是违反法律法规的行为；二是违反合同约定的行为。

1. 违法行为

现行法律法规对监理工程师的法律责任专门作出了具体规定。例如，《建筑法》第三十五条规定："工程监理单位不按照委托监理合同的约定履行监理义务，对应当监督检查的项目不检查或者不按照规定检查，给建设单位造成损失的，应当承担相应的赔偿责任"。

《中华人民共和国刑法》第一百三十七条规定：建设单位、设计单位、施工单位、工程监理单位违反国家规定，降低工程质量标准，造成重大安全事故的，对直接责任人员，处五年以下有期徒刑或者拘役，并处罚金；后果特别严重的，处五年以上十年以下有期徒刑，并处罚金。

《建设工程质量管理条例》第三十六条规定：工程监理单位应当依照法律、法规以及有关技术标准、设计文件和建设工程承包合同，代表建设单位对施工质量实施监理并对施工质量承担监理责任。

这些规定能够有效地规范、指导监理工程师的执业行为，提高监理工程师的法律责任意识，引导监理工程师公正守法地开展监理业务。

2. 违约行为

监理工程师一般主要受聘于工程监理企业，从事工程监理业务。工程监理企业是订立委托监理合同的当事人，是法定意义的合同主体。但委托监理合同在具体履行时，是由监理工程师代表监理企业来实现的，因此，如果监理工程师出现工作过失，违反了合同约定，其行为将被视为监理企业违约，由监理企业承担相应的违约责任。当然，监理企业在承担违约赔偿责任后，有权在企业内部向有相应过失行为的监理工程师追偿部分损失。所以，由监理工程师个人过失引发的合同违约行为，监理工程师应当与监理企业承担一定的连带责任。其连带责任的基础是监理企业与监理工程师签订的聘用协议或责任保证书，或监理企业法定代表人对监理工程师签发的授权委托书。一般来说，授权委托书应包含职权范围和相应责任条款。

3. 安全生产责任

安全生产责任是法律责任的一部分，来源于法律法规和委托监理合同。国家现行法律法规未对监理工程师和建设单位是否承担安全生产责任做出明确规定，所以，目前监理工程师和建设单位承担安全生产责任尚无法律依据。由于建设单位没有管理安全生产的权力，因而不可能将不属于其所有的权力委托或转交给监理工程师，在委托监理合同中不会约定监理工程师负责管理建筑工程安全生产。

导致工程安全事故或问题的原因很多，有自然灾害、不可抗力等客观原因，也有建设单位、设计单位、施工企业、材料供应单位等主观原因。监理工程师虽然不管理安全生产，不直接承担安全责任，但不能排除其间接或连带承担安全责任的可能性。如果监理工程师有下列行为之一，则应当与质量、安全事故责任主体承担连带责任。

（1）违章指挥或者发出错误指令，引发安全事故的；

（2）将不合格的建设工程、建筑材料、建筑构配件和设备按照合格签字，造成工程质量事故，由此引发安全事故的；

（3）与建设单位或施工企业串通，弄虚作假、降低工程质量，从而引发安全事故的。

案 例 分 析

案例 7-1

【案情简介】

某业主开发建设一栋 20 层综合办公大楼，委托 A 监理公司进行该工程施工阶段监理工作。经过工程招标，业主选择了 B 建筑公司总承包工程施工任务。获得业主许可后，B 建筑公司将水电、暖通工程分包给 C 安装公司，装饰工程分包给 D 装修公司。在该工程中，监理单位进行了如下工作：

1. 总监理工程师组建了项目监理机构，采用直线制监理组织形式，设立了总监办公室，任命总监理工程师代表。

2. 总监理工程师组织制定了监理规划，在监理规划中明确，监理机构的工作任务之一是做好与业主、承包商的协调工作。

3. 总监理工程师要求专业监理工程师在编制监理实施细则时，制定旁站监理方案，明确旁站监理的范围和旁站监理人员职责。此方案报送一份给业主，另抄送工程所在地的建设行政主管部门或其委托的工程质量监督机构。

4. 在监理机构制定的旁站监理方案中，旁站监理人员的职责有：

（1）核查进场材料、构配件、设备等的质量检验报告，并在现场监督施工单位进行检验；

（2）做好旁站监理记录和监理日记，保存旁站监理原始资料。

【问题】

1. 在施工阶段，项目监理机构与施工单位的协同工作应注意哪些内容？

2. 指出监理机构关于旁站监理方案制定、报送及其内容的不妥之处并改正。

3. 旁站监理方案中旁站监理人员的职责是否全面？若不全面，请补充其缺项。

【案例评析】

1. 协调工作的主要内容有：业主与施工单位关系的协调；进度问题的协调；质量问题的协调；对施工单位违约行为的处理；合同争议的协调；对分包单位的协调。

2. 在编制监理实施细则时制定旁站监理方案不妥，应在编制监理规划时制定旁站监理方案。

旁站监理方案的内容不妥，还应明确旁站监理的内容和程序。

旁站监理方案的报送不妥，还应报送施工单位。

3. 旁站监理人员的职责不全面，其缺项有：

（1）检查施工单位现场质检人员到岗、特殊工种人员持证上岗以及施工机械、建筑材料准备情况。

（2）在现场跟班监督关键部位、关键工序的施工执行施工方案以及工程建设强制性标准情况。

案例 7-2

【案情简介】

政府投资在某市修建一个高标准、高质量、供国际高层人员集会活动的国际会议中心。该工程项目已通过招标确定由某承包公司 A 总承包并签订了施工合同，还与监理公司 B 签订了委托监理合同。监理机构在该工程项目实施中遇到了以下几种情况：

（1）该地区地质情况不良，且极为复杂多变，施工可能十分困难，为了保证工程质量，总承包商决定将基础工程施工发包给一个专业基础工程公司 C。

（2）整个工程质量标准要求极高，建设单位要求监理机构要把住所使用的主要材料、设备进场的质量关。

（3）建设单位还要求监理机构对于主要的工程施工，无论是钢筋混凝土主体结构，还是精美的装饰工程，都要求严格把好每一道工序施工质量关，要达到合同规定的高标准和高的质量保证率。

（4）建设单位要求必须确保所使用的混凝土拌合料、砂浆材料和钢筋混凝土承重结构及承重焊缝的强度达到质量要求的标准。

（5）在修建沟通该会议中心与该市市区和主干高速公路相衔接的高速公路支线的初期，监理工程师发现发包该路基工程的施工队填筑路基的质量没有达到规定的质量要求。监理工程师指令暂停施工，并要求返工重做。但是，承包方对此拖延，拒不进行返工，并通过有关方面"劝说"监理方同意不进行返工，双方坚持不下持续很久，影响了工程正常进展。

（6）在进行某层钢筋混凝土楼板浇注混凝土施工过程中，土建监理工程师得悉该层楼板钢筋施工虽已经过监理工程师检查认可签证，但其中设计预埋的电气暗管却未通知电气监理工程师检查签证。此时混凝土已浇筑了全部工程量的 1/5。

【问题】

1. 监理工程师进行施工过程质量控制的手段主要有哪几方面？

2. 针对上述几种情况，你认为监理工程师应当分别运用什么手段以保证质量？

3. 为了确保作业质量，在出现什么情况下，总监理工程师有权行使质量控制权、下达停工令，及时进行质量控制？

【案例评析】

1. 监理工程师进行施工过程质量控制的手段主要有以下五个方面：

（1）通过审核有关技术文件、报告或报表等手段进行控制；

（2）通过下达指令文件和一般管理文书的手段进行控制（一般是以通知的方式下达）；

（3）通过进行现场监督和检查的手段进行控制（包括旁站监督、巡视检查和平行检验）；

（4）通过规定质量监控工作程序，要求按规定的程序工作和活动；

（5）利用支付控制权的手段进行控制。

2. 针对题示所提出的 6 种情况，监理工程师应采用以下手段进行控制（逐项对应解答）。

（1）首先通过审核分包商的资质证明文件控制分包商的资质（审核文件、报告的手段）；然后通过审查总包商提交的施工方案（实际为分包商提出的基础施工方案）控制基础施工技术，以保证基础施工质量。

（2）保证进场材料、设备的质量可采取以下手段：

1）通过审查进场材料、设备的出厂合格证、材质化验单、试验报告等文件、报表、报告进行控制；

2）通过平行检验方式进行现场监督检查控制。

（3）通过规定质量监控程序严把每道工序的施工质量关；通过现场巡视及旁站监督严把施工过程关。

（4）通过旁站监督和见证取样控制混凝土拌合料、砂浆及承重结构质量。

（5）通过下达暂停施工的指令中止不合格填方继续扩大；通过停止支付工程款的手段促使承包方返工。

（6）通过下达暂停施工的指令的手段，防止质量问题恶化与扩大；通过下达质量通知单进行调查、检查，提出处理意见；通过审查与批准处理方案，下达返工或整改的指令，进行质量控制。

3. 在出现下列情况下，总监理工程师有权下达停工令，及时进行质量控制：

（1）施工中出现质量异常，承包方未能扭转异常情况者；

（2）隐蔽工程未依法检验确认合格，擅自封闭者；

（3）已发生质量问题迟迟不作处理，或如不停工，质量情况可能继续发展；

（4）未经监理工程师审查同意，擅自变更设计或修改图纸；

（5）未经合法审查或审查不合格的人员进入现场施工；

（6）使用的材料、半成品未经检查认可，或检查认为不合格的进入现场并使用；

（7）擅自使用未经监理方审查认可或资质不合格的分包单位进场施工。

复习思考题

1. 简述工程建设监理的概念、范围。

2. 建设工程监理的原则是什么？

3. 建设工程施工阶段有哪些监理工作？

4. 旁站监理工作有哪些程序？

5. 旁站监理人员的工作内容和职责是什么？

6. 工程监理廉政责任书的主要内容有哪些？

7. 工程监理单位超越本企业资质等级承揽监理业务的应如何处罚？

8. 监理工程师有哪些法律责任？

教学单元 8　合同法律基础

本单元主要介绍了合同与合同法的概念、基本原则；合同的订立，合同的效力，合同的履行，合同的变更和转让，合同的终止；违约责任和合同争议的解决；合同履行的担保与公证等内容。

8.1　合同与合同法概述

8.1.1　合同的概念

一般意义的合同，泛指一切确立权利义务关系的协议，因此，有物权合同、债权合同和身份合同等。《中华人民共和国合同法》（以下简称《合同法》）中所规定的合同仅指民法意义上的财产合同。《合同法》规定："本法所称合同是平等主体的自然人、法人、其他组织之间设立、变更、终止民事权利义务关系的协议"。并规定："婚姻、收养、监护等有身份关系的协议，适用其他法律规定"。根据这一规定，合同具有以下特点：

（1）合同是当事人协商一致的协议，是双方或多方的民事法律行为；

（2）合同的主体是自然人、法人和其他组织等民事主体；

（3）合同的内容是有关设立、变更和终止民事权利义务关系的约定，通过合同条款具体体现出来；

（4）合同须依法成立，只有依法成立的合同对当事人才具有法律约束力。

8.1.2　合同法的基本原则

1. 平等原则

合同当事人的法律地位平等，一方不得将自己的意志强加给另一方。当事人法律地位平等，是指合同当事人不论自然人还是法人，也不论其经济实力和经济成分如何，其法律地位无高低之分，即享有民事权利和承担民事义务的资格是平等的。这一原则既是商品经济客观规律的体现，又是民法平等原则的具体表现，当事人只有在平等的基础上，才有可能经过协商，达成意思表示一致的协议。

2. 自愿原则

当事人依法享有自愿订立合同的权利，任何单位和个人不得非法干预。当事人自愿订立合同，是指当事人有订立合同或不订立合同的权利，以及选择合同相对人、确定合同内容和合同形式的权利。自愿原则和平等原则是相辅相成的，有着密切的联系。在平等原则下，一方不得将自己的意志强加给对方，在自愿原则下，其他民事主体乃至国家机关不得对当事人订立合同进行非法干预。当然，当事人自愿订立合同时必须遵守法律、行政法规，不得损害他人的合法权益，不得扰乱社会经济秩序。

3. 公平原则

当事人应当遵循公平原则确定各方的权利和义务。遵循公平原则确定各方权利和义务，是指当事人订立和履行合同时，应根据公平的要求约定各自的权利和义务，正当行使合同权利和履行合同义务，兼顾他人利益。对于显失公平的合同，当事人一方有权请求人民法院或仲裁机构变更或撤销。

4. 诚实信用原则

当事人行使权利，履行义务应当遵循诚实信用原则。诚实信用，是指合同当事人在订立合同时要诚实、真实地向对方当事人介绍与合同有关的情况，不得有欺诈行为；合同生效后，要守信用，积极履行合同义务，不得擅自变更和解除合同，也不能任意违约。

5. 遵守法律、维护社会公共利益的原则

当事人订立合同、履行合同，应当遵守法律、行政法规，尊重社会公德，不得扰乱社会经济秩序、损害社会公共利益。国家法律、行政法规与社会公德在调整当事人的合同关系时，是相互补充不可或缺的，这与民法的基本原则相一致。合同法既要保护合同当事人的合法权益，也要维护社会经济秩序和社会公共利益。

8.1.3 我国合同制度的建立和发展

合同法是商品经济的产物，是商品交换关系的法律表现。我国发展社会主义市场经济，决定了合同制度的必然存在，它是社会主义商品交换的法律工具，对我国社会主义市场经济体制的建立和发展，维护市场经济秩序，促进我国现代化建设起着十分重要的作用。

1981 年 12 月五届全国人大第四次会议通过了《中华人民共和国经济合同法》，初步确定了我国经济合同制度。为了保证《经济合同法》的实施，国务院发布了一系列的合同条例，使经济合同制度形成体系。为了适应对外开放的需要，1985 年 3 月六届全国人大常务委员会第十次会议通过了《中华人民共和国涉外经济合同法》，进一步完善了我国经济合同制度。随着我国科技体制改革的发展需要，1987 年 6 月六届全国人大常务委员会第二十一次会议审议通过了《中华人民共和国技术合同法》，从而形成了我国特定历史时期的三部合同法并存的立法模式。

1992 年，中共中央关于经济体制改革的决定指出：经济体制改革的目标是建立社会主义市场经济体制，要尽快建立社会主义市场经济法律体系。为适应建立社会主义市场经济体制的迫切要求，1993 年 9 月八届全国人大常务委员会第三次会议对《中华人民共和国经济合同法》作了修改，经过九届全国人大常务委员会多次审议，于 1999 年 3 月 15 日九届全国人大第二次会议上，《中华人民共和国合同法》顺利获得通过。1999 年 10 月 1 日起正式实施，同时，对《经济合同法》《涉外经济合同法》和《技术合同法》予以废止。《合同法》是一部反映现代市场经济规律，又符合中国国情的法律文件，它的颁布与实施，标志着我国合同制度的统一和完善，必将促进中国市场经济的发展和改革开放。

8.1.4 《合同法》的内容简介

《合同法》共二十三章四百二十八条，分为总则、分则和附则三个部分。总则部分共八章，将各类合同所涉及的共同性问题进行了统一的规定，包括：一般规定、合同的订立、合同的效力、合同的履行、合同的变更和转让、合同的权利义务终止、违约责任和其他规定等内容。分则部分共十五章，分别对买卖合同，供用电、水、气、热力合同，赠与合同，借款合同，租赁合同，融资租赁合同，承揽合同，建设工程合同，运输合同，技术合同，保管合同，仓储合同，委托合同，经纪合同和居间合同进行了具体规定。附则部分仅一条，规定了《合同法》的施行日期。

8.2 合同的订立

合同的订立是指合同当事人依法就合同内容经过协商，达成协议的法律行为。《合同法》对合同订立的基本法律要求作出了明确规定。

8.2.1 当事人主体资格

《合同法》规定：当事人订立合同，应当具有相应的民事权利能力和民事行为能力。合同主体包括自然人、法人和其他组织。如前所述，我国民法对自然人和法人作为民事主体的民事权利能力和民事行为能力方面的要求是不同的。对于自然人而言，完全行为能力的人可以订立一切法律允许自然人作为合同主体的合同；限制行为能力的人，只能订立一些与其年龄、智力、精神状况相适应或纯获利益的合同；其他的合同，则应由法定代理人代订或经法定代理人同意。对于法人和其他组织而言，自依法成立或进行核准登记后，便具有民事权利能力和民事行为能力，但各个法人或其他组织，因其设立的目的、宗旨、业务活动范围的不同，而决定了其所具有的民事权利能力和民事行为能力亦互不相同。法人和其他组织只有在其权利能力和行为能力的范围内订立合同，才具有合同主体的资格。

当事人也可以委托代理人订立合同。代理人订立合同时，应向对方出具其委托人签发的授权委托书。如果行为人没有代理权、超越代理权或者代理权终止后，以被代理人名义订立的合同，未经被代理人追认，对被代理人不发生效力，由行为人承担责任。但相对人有理由相信行为人有代理权的，该代理行为有效。

8.2.2 合同的形式

合同形式是合同当事人所达成协议的表现形式，是合同内容的载体。《合同法》规定：当事人订立合同，有书面形式、口头形式和其他形式。

口头形式是指当事人只以口头语言的意思表示达成协议，而不以文字表述协议内容的合同。口头合同简便易行，缔约迅速且成本低，但在发生合同纠纷时，难以举证，不易分清责任。

书面形式是指合同书、信件和数据电文（包括电报、电传、传真、电子数据交换和电子邮件）等可以有形地表现所载内容的形式。书面合同可成为当事人履行合同的依据，一旦发生合同纠纷又可以成为证据，便于确定责任，能够确保交易安全，但不利于交易便捷。

其他形式的合同是指以当事人的行为或者特定情形推定成立的合同。

《合同法》在合同形式的规定上，明确了当事人有合同形式的选择权，但基于对重大交易安全考虑，对此又进行了一定的限制，明确规定：法律、行政法规规定采用书面形式的，应当采用书面形式。当事人约定采用书面形式的，应当采用书面形式。比如，房地产交易，法律规定采用书面形式，当事人如果未采用书面形式，则合同不成立。《建筑法》规定：建筑工程合同必须是书面形式。

8.2.3 合同的内容

合同的内容是指当事人的权利、义务和责任的具体规定，通过合同条款具体体现。按照合同自愿原则，《合同法》规定：合同内容由当事人约定，同时，为了起到合同条款的示范作用，规定合同一般包括以下条款：

1. 当事人的名称或姓名和住所

这是有关当事人的条款，通过这一条款，将合同特定化，明确了合同权利义务的享有者和承担者，当事人住所的确定便于明确地域管辖也有利于当事人履行合同。

2. 标的

标的是合同当事人权利义务共同指向的对象。没有标的或者标的不明确，当事人的权利和义务就无所指向，合同就无法指向，合同也就无法履行。不同的合同其标的也有所不同，有的合同其标的是财产，有的合同其标的是行为，因此，当事人必须在合同中明确规定合同的标的。

3. 数量

数量是对标的的计量，是以数字和计量单位来衡量标的的尺度。没有数量条款的规定，就无法确定双方权利义务的大小，使得双方权利义务处于不确定的状态，因此，合同中必须明确标的的数量。

4. 质量

质量是指标的的内在素质和外观形态的综合。如产品的品种、规格、执行标准等，当事人约定质量条款时必须符合国家有关规定和要求。

5. 价款或者报酬

合同中的价款或者报酬，是指合同当事人一方向交付标的的一方支付的表现为货币的代价。当事人在约定价款或报酬时应遵守国家有关价格方面的法律和规定，并接受工商行政机关和物价管理部门的监督。

6. 履行期限、地点和方式

履行期限是指合同当事人履行义务的时间界限，是确定当事人是否按时履行的客观标准，也是当事人主张合同权利的时间依据。履行地点是指当事人交付标的或者支付价款的地方，当事人应在合同中予以明确。履行方式是指当事人以什么方式来完成合同的义务，当事人只有在合同中明确约定合同的履行方式，才便于合同的履行。

7. 违约责任

违约责任是指当事人一方或双方不履行合同或不能完全履行合同，按照法律规定或合同约定应当承担的法律责任。合同中约定的违约责任条款，不仅可维护合同的严肃性，督促当事人切实履行合同，而且一旦出现当事人违反合同的情况时，便于当事人及时按照合同承担责任，减少纠纷。在违约责任条款中，当事人应明确约定承担违约责任的方式。

8. 解决争议的办法

合同发生争议时根据我国现有的法律规定，争议解决的方法有和解、调解、仲裁和诉讼四种，其中仲裁和诉讼是最终解决争议的两种不同的方法，即当事人只能在这两种方法中选择其一。因此当事人在订立合同时，在合同中约定争议的解决方法，有利于当事人在发生争议后，及时解决争议。如果是约定用仲裁解决争议的，应明确仲裁事项和仲裁委员会，便于当事人及时通过仲裁解决争议。

8.2.4 订立合同的方式

订立合同的方式是指合同当事人双方依法就合同内容达成一致的过程。《合同法》规定：当事人订立合同，采取要约、承诺方式。

1. 要约

（1）要约的概念

要约是希望和他人订立合同的意思表示。在要约中，提出要约的一方为要约人，要约发向的一方为受要约人。《合同法》规定，要约生效应具备以下条件：

1）要约必须表明要约人具有与他人订立合同的愿望；

2）要约的内容必须具体确定；

3）要约经受要约人承诺，要约人即受该要约的约束。

（2）要约与要约邀请的区别

如果当事人一方所做的是"希望他人向自己发出要约的意思表示"，比如寄送价目表、拍卖公告、招标公告、招股说明书等则是要约邀请，或称为要约引诱，而不是要约。商业广告的内容符合要约规定的，则视为要约。具体区别有以下几条：

1）要约是当事人自己主动表示愿意与他人订立合同，而要约邀请则是希望他人向自己提出要约；

2）要约的内容必须包括将要订立的合同的实质条件，而要约邀请则不一定包含合同的主要内容；

3）要约经受要约人承诺，要约人受其要约的约束，要约邀请则不含有受其要约邀请约束的意思。

（3）要约的效力

《合同法》规定：要约到达受要约人时生效。要约生效后，对要约人和受要约人产生不同的法律后果，表现为：使得受要约人取得承诺的资格，而对要约人则受到一定的约束，《合同法》对要约效力作出了如下规定：

1）要约的撤回。要约的撤回是指要约人发出要约后，在其送达受要约人之前，将要约收回，使其不生效。《合同法》规定：要约可以撤回。撤回要约的通知应当在要约到达受要约人之前或者与要约同时到达受要约人。

2）要约的撤销。撤销要约是指要约生效后，在受要约人承诺之前，要约人通过一定的方式，使要约的效力归于消灭。《合同法》规定：要约可以撤销。撤销要约的通知应当在受要约人发生承诺通知之前到达受要约人。

3）要约失效。要约失效即要约的效力归于消灭。《合同法》规定了要约失效的四种情形：

① 拒绝要约的通知到达要约人；

② 要约人依法撤销要约；

③ 承诺期限届满，受要约人未作出承诺；

④ 受要约人对要约的内容作出实质性变更。

2. 承诺

（1）承诺的概念

承诺是受要约人同意要约的意思表示。根据《合同法》的规定，承诺生效应符合以下条件：

1）承诺必须由受要约人向要约人作出。因为要约生效后，只有受要约人取得了承诺资格，如果第三人了解了要约内容，向要约人作出同意的意思表示不是承诺，而是第三人发出的要约。

2）承诺的内容应当与要约的内容相一致。因为要约失效的原因之一是受要约人对要约的内容作出实质性变更，因此，如果受要约人对要约的内容作出实质性变更的，则不构成承诺，而是受要约人向要约人作出的反要约。如果承诺对要约的内容作出非实质性变更的，要约人及时表示反对，或者要约表明不得对要约的内容作出任何变更，则承诺也不生效。至于哪些变更属于实质性的，《合同法》作出了明确规定：有关合同标的、数量、质量、价款或者报酬、履行期限、履行地点和方式、违约责任和解决争议方法等的变更，是对要约内容的实质性变更。

3）受要约人应当在承诺期限内作出承诺。承诺期限有两种规定方式，一种是在要约中规定，另一种是要约中未规定，以合理期限计算。如果受要约人未在承诺期限内作出承诺，则要约人就不再受其要约的拘束。对此，《合同法》规定了两种情况：如果受要约人超过期限发出承诺的，除非要约人及时通知受要约人该承诺有效的以外，则为新要约；如果受要约人虽在承诺期限内发出承诺，按照通常情形能够及时到达要约人，但因其他原因承诺到达要约人时超过承诺期限的，要约人及时通知受要约人承诺超过期限，承诺无效，否则，该承诺有效。

4）承诺应以通知的方式作出。一般情况下，受要约人应当以明示的方式告知要约人其接受要约的条件，除非根据交易习惯或者要约表示可以通过行为作出承诺。

（2）承诺的效力

《合同法》规定："承诺通知到达要约人时生效。"承诺生效时合同即告成立，对要约人和承诺人来讲，他们相互之间就确立了权利义务关系。《合同法》对合同成立的时间规定了四种情况：

1）承诺通知到达要约人时生效；

2）当事人采用合同书形式订立合同的，自双方当事人签字或者盖章时合同成立；

3）当事人采用信件、数据电文等形式订立合同的，可以在合同成立之前要求签订确认书，签订确认书时合同成立；

4）法律、行政法规规定或者当事人约定采用书面形式订立合同，当事人未采用书面形式但一方已经履行主要义务，对方接受的，该合同成立。

关于承诺的撤回，《合同法》规定：承诺可以撤回。撤回承诺的通知应当在承诺通知到达要约人之前或者与承诺通知同时到达要约人。

8.2.5 订立合同的其他规定

1. 合同成立的地点

关于合同成立地点的确定，《合同法》作出了如下规定：

（1）承诺生效的地点为合同成立的地点；

（2）双方当事人签字或者盖章的地点为合同成立的地点，这种情况适用于当事人采用合同书形式订立合同的；

（3）采用数据电文形式订立合同的，收件人的主营业地为合同成立地点；没有主营业地的，其经常居住地为合同成立的地点。

2. 对合同形式要求的例外规定

《合同法》规定：法律、行政法规规定或者当事人约定采用书面形式订立合同，当事人未采用书面形式但一方已经履行主要义务，对方接受的，该合同成立。

3. 计划合同

《合同法》规定：国家根据需要下达指令性任务或者国家订货任务的，有关法人、其他组织之间应当依照有关法律、行政法规规定的权利和义务订立合同。

4. 违反合同前义务的法律责任

合同前义务是基于诚实信用原则和当事人之间的信赖关系而产生的法定义务，是一种附随义务，不同于合同义务。

当事人订立合同过程中，应依据诚实信用的原则，对合同内容进行磋商，如果当事人违背诚实信用原则，给对方造成损失的应承担相应的法律责任，即缔约过失责任。因此，《合同法》对订立合同违反诚实信用原则和保密义务的责任作出了如下规定：

（1）当事人在订立合同过程中有下列情形之一，给对方造成损失的，应当承担损害赔偿责任：

1）假借订立合同，恶意进行磋商；

2）故意隐瞒与订立合同有关的重要事实或者提供虚假情况；

3）有其他违背诚实信用的原则的行为。

（2）当事人在订立合同过程中知悉的商业秘密，无论合同是否成立，不得泄露或者不正当地使用该商业秘密。给对方造成损失的，应当承担损害赔偿责任。

8.3 合同的效力

合同的效力是指合同所具有的法律约束力。《合同法》对合同的效力，不仅规定了合同生效、无效合同，而且还对可撤销或变更合同进行了规定。

8.3.1 合同生效要件

1. 合同生效的概念

合同生效，即合同发生法律约束力。合同生效应具备下列条件：

（1）当事人具有相应的民事权利能力和民事行为能力；

（2）意思表示真实；

（3）不违反法律或社会公共利益。

2. 合同生效

合同生效后，当事人必须按约定履行合同，以实现其追求的法律后果。《合同法》对合同生效规定了三种情形：

（1）成立生效

对一般合同而言，只要当事人在合同主体资格、合同形式及合同内容等方面均符合法律要求，经协商达成一致意见，合同成立即可生效。如《合同法》规定的：依法成立的合同，自成立时生效。

（2）批准登记生效

批准登记的合同是指法律、行政法规定应当办理批准登记手续的合同。按照我国现有的法律和行政法规的规定，有的将批准登记作为合同生效的条件，如中外合资经营企业合同必须经过批准后才能成立。《合同法》对此规定：法律、行政法规规定应当办理批准、登记等手续生效的，依照其规定。

（3）约定生效

约定生效是指合同当事人在订立合同时，约定以将来某种事实的发生作为合同生效或合同失效的条件，合同成立后，当约定的某种事实发生后，合同才能生效或合同即告失效。

当事人约定以不确定的将来事实的成就限制合同生效或失效的，称为附条件的合同。《合同法》规定：附生效条件的合同，自条件成就时生效。附解除条件的合同，自条件成就时失效。同时规定：当事人为自己的利益不正当地阻止条件成就的，视为条件已成就；不正当地促成条件成就的，视为条件不成就。当事人约定以确定的将来事实的成就，限制合同生效或失效的，即是附期限的合同。《合同法》规定：附生效期限的合同，自期限届至时生效；附终止期限的合同，自期限届满时失效。

8.3.2　效力待定合同

效力待定合同是指行为人未经权利人同意而订立的合同，因其不完全符合合同生效的要件，合同有效与否，需要由权利人确定。根据《合同法》的规定，效力待定合同有以下两种：

1. 限制行为能力人订立的合同

限制民事行为能力人订立的合同，经法定代理人追认后，该合同有效。限制民事行为能力人的监护人是其法定代理人。追认，即事后追认，是经法定代理人明确无误地表示同意限制民事行为能力人与他人订立的合同。相对人可以催告法定代理人在1个月内予以追认，法定代理人未作表示的，视为拒绝追认。

2. 无权代理合同

代理合同是指行为人以他人名义，在代理权限范围内与第三人订立的合同。而无权代理合同则是行为人不具有代理权而以他人名义订立的合同。这种合同具体又有三种情况：

（1）行为人没有代理权，即行为人事先并没有取得代理权却以代理人自居而代理他人订立的合同。

（2）超越代理权，即代理人虽然获得了被代理人的代理权，但他在代订立合同时，超越了代理权限的范围。

（3）代理权终止后以被代理人的名义订立合同，即行为人曾经是被代理人的代理人，但在以被代理人的名义订立合同时，代理权已终止。

对于无权代理合同，《合同法》规定：未经被代理人追认，对被代理人不发生效力，由行为人承担责任。但是，相对人有理由相信行为人有代理权的，该代理行为有效。相对人可以催告被代理人在1个月内予以追认，被代理人未作表示的，视为拒绝追认。

3. 无处分权的人处分他人财产的合同

这类合同是指无处分权的人以自己的名义对他人的财产进行处分而订立的合同。根据法律规定，财产处分权只能由享有处分权的人行使，但《合同法》对无财产处分权人订立的合同，生效情况作出了规定：无处分权的人处分他人财产，经权利人追认或者无处分权的人订立合同后取得处分权的，该合同有效。

8.3.3　无效合同

合同从本质上说是合法行为，但并非所有的合同都具有法律效力。无效合同就是指虽经当事人协商订立，但因其不具备合同生效条件，不能产生法律约束力的合同。无效合同从订立时起就不具有法律约束力。《合同法》规定了以下五种无效合同：

（1）一方以欺诈、胁迫的手段订立合同，损害国家利益；

（2）恶意串通，损害国家、集体或者第三人利益；

（3）以合法形式掩盖非法目的；

（4）损害社会公共利益；

（5）违反法律、行政法规的强制性规定。

此外，《合同法》还对合同中的免责条款及争议解决条款的效力作出了规定。合同的免责条款是指当事人在合同中约定的免除或限制其未来责任的条款。免责条款是由当事人协商一致的合同的组成部分，具有约定性。如果需要，当事人应当以明示的方式依法对免责事项及免责的范围进行约定。但对那些具有社会危害性的侵权责任，当事人不能通过合同免除其法律责任，即使约定了，也不承认其有法律约束力。因此，《合同法》明确规定了两种无效免责条款：

（1）造成对方人身伤害的；

（2）因故意或者重大过失造成对方财产损失的。

合同中的解决争议条款具有相对独立性，当合同无效、被撤销或者终止时，解决争议条款的效力不受影响。无效合同的确认权归人民法院或仲裁机构，合同当事人或其他任何机构均无权确认无效合同。

8.3.4　可变更、可撤销的合同

可变更合同是指合同部分内容违背当事人的真实意思表示，当事人可以要求对该部分内容的效力予以撤销的合同。可撤销合同是指虽经当事人协商一致，但因非对方的过错而导致一方当事人意思表示不真实，允许当事人依照自己的意思，使合同效力归于消灭的合同。《合同法》规定了下列合同当事人一方有权请求人民法院或者仲裁机构变更或者撤销。

1. 因重大误解订立的合同

所谓"重大误解"，依照最高人民法院《关于贯彻〈中华人民共和国民法通则〉若干问题的意见（试行）》规定："行为人对行为的性质、对方当事人、标的物的品种、质量、规格和数量等的错误认识，使行为的后果与自己的意思相悖，并造成较大损失的，可以认定为重大误解。"因此，有重大误解的合同，是当事人由于自己的错误认识，对合同对方或合同内容在认识上不正确，而并非由于对方当事人的故意行为而作出错误的意思表示。对于这种合同，应当允许当事人要求变更或者撤销。

2. 订立了显失公平的合同

所谓"显失公平"，根据最高人民法院《关于贯彻〈中华人民共和国民法通则〉若干问题的意见（试行）》规定"一方当事人利用优势或者利用对方没有经验，致使双方的权利义务明显违反公平、等价有偿原则的，可以认定为显失公平。"因此，显失公平的合同是指当事人的权利义务极不平等，有悖于公平原则的合同，合同的执行必然给当事人一方

造成极大的损失。对于这种合同，当事人一方有权请求变更或撤销。

3. 一方采用欺诈、胁迫手段或乘人之危订立的合同

当一方当事人以欺诈、胁迫手段或者乘人之危与另一方订立合同时，另一方当事人往往会违背其真实意思作出表示，这与民事法律行为必须意思表示真实的规定相违背，应属无效。但《合同法》根据合同自愿原则，允许受害方选择合同效力，《合同法》规定：一方以欺诈、胁迫的手段或乘人之危，使对方在违背真实意思的情况下订立的合同，受损害方有权请求人民法院或者仲裁机构变更或者撤销。

合同经法院或仲裁机构变更，被变更的部分即属无效，而变更后的合同则为有效合同，对当事人有法律约束力。合同经人民法院或仲裁机构撤销，被撤销的合同即属无效合同，自始不具有法律约束力。因此，对于上述合同，如果当事人请求变更的，人民法院或仲裁机构不得撤销。同时，为了维护社会经济秩序的稳定，保护当事人的合同权益，《合同法》对当事人的撤销权也作出了限制。《合同法》规定：有下列情形之一的，撤销权消灭：

（1）具有撤销权的当事人自知道或者应当知道撤销事由之日起1年内没有行使撤销权；

（2）具有撤销权的当事人知道撤销事由后明确表示或者以自己的行为放弃撤销权。

8.3.5 无效合同的法律责任

无效合同是一种自始确定的没有法律约束力的合同，从订立时起国家法律就不承认其具有有效性，订立之后也不可能转化为有效合同。而可撤销的合同，其效力并不稳定，只有在有撤销权的当事人提出请求，并被人民法院或者仲裁机构予以撤销，才成为被撤销的合同。被撤销的合同也是自始没有法律约束力的合同。但是，如果当事人没有请求撤销，则可撤销的合同对当事人就具有法律约束力。因此，可撤销合同的效力取决于当事人是否依法行使了撤销权。

既然无效合同和被撤销合同自始没有法律约束力，如果当事人一方或双方已对合同进行了履行，就应对因无效合同和被撤销合同的履行而引起的财产后果进行处理，以追究当事人的法律责任。《合同法》对此作出了如下规定：

1. 返还财产

返还财产是指合同当事人应将履行无效合同或被撤销合同而取得的对方财产归还给对方。如果只有一方当事人取得对方的财产，则单方返还给对方；如果双方当事人均取得了对方的财产，则应双方返还给对方。通过返还财产，使合同当事人的财产状况恢复到订立合同时的状况，从而消除了无效合同或者被撤销合同的财产后果。但返还财产不一定返还原物，如果不能返还财产或者没有必要返还财产的，也可通过折价补偿的方式，达到恢复当事人的财产状况的目的。

2. 赔偿损失

当事人对因合同无效或者被撤销而给对方造成的损失，并不能因返还财产而被补偿，因此，还应承担赔偿责任。但当事人承担赔偿损失时，应以过错为原则。如果一方有过错给对方造成损失，则有过错一方应赔偿对方因此而受到的损失；如果双方都有过错，则双方均应承担各自相应的责任。

3. 追缴财产

对于当事人恶意串通，损害国家、集体或者第三人利益的合同，由于其有着明显的违法性，应追缴当事人因合同而取得的财产，以示对其违法行为的制裁。对损害国家利益的合同，当事人因此取得的财产应收归国家所有；对损害集体利益的合同，应将当事人因此而取得的财产返还给集体；对损害第三人利益的合同，应将当事人因此而取得的财产返还给第三人，从而达到维护国家、集体或者第三人合法权益的目的。

8.4 合同的履行、变更与转让

8.4.1 合同的履行

合同的履行是指合同生效后，当事人双方按照合同约定的标的、数量、质量、价款、履行期限、履行地点和履行方式等，完成各自应承担的全部义务的行为。如果当事人只完成了合同规定的部分义务，称为合同的部分履行或不完全履行，如果合同的义务全部没有完成称为合同未履行或不履行合同。有关合同履行的规定，是合同法的核心内容。

1. 全面履行合同

当事人订立合同不是目的，只有全面履行合同，才能实现当事人所追求的法律后果。因此，为了确保合同生效后，能够顺利履行，当事人应对合同内容作出明确具体的约定。但是如果当事人所订立的合同，对有关内容约定不明确或没有约定，为了确保交易的安全与效率，《合同法》允许当事人协议补充，如果当事人不能达成协议的，按照合同有关条款或者交易习惯确定。

2. 债务人履行抗辩权

抗辩权是指双方在合同的履行中，都应当履行自己的债务，一方不履行或者有可能不履行时，另一方可以据此拒绝对方的履行要求。《合同法》规定了双务合同中的三种抗辩权，即同时履行抗辩权、后履行抗辩权和不安抗辩权。

（1）同时履行抗辩权

《合同法》规定：当事人互负债务，没有先后履行顺序的，应当同时履行，一方在对方履行之前有权拒绝其履行要求，一方在对方履行债务不符合约定时，有权拒绝其相应的履行要求。

（2）后履行抗辩权

《合同法》规定：当事人互负债务，有先后履行顺序的，先履行的一方未履行的，后履行的一方有权拒绝其履行要求；先履行的一方履行债务不符合约定时，后履行的一方有权拒绝其相应的履行要求。

（3）不安抗辩权

不安抗辩权是指合同中约定了履行的顺序，合同成立后发生了应当后履行合同一方财务状况恶化的情况，应当先履行合同一方在对方未履行或者提供担保前有权拒绝履行。

当事人行使了不安抗辩权，并不意味着合同终止，只是当事人暂时停止履行其到期债务。这时，应如何处理双方之间合同呢？《合同法》对此作出了规定：当事人依照本法第六十八条的规定中止履行的，应当及时通知对方。对方提供适当担保时，应当恢复履行。中止履行后，对方在合理期限内未恢复履行能力并且未提供适当担保的，中止履行的一方可以解除合同。

3. 债权人的代位权、撤销权和抗辩权

（1）债权人的代位权

债权人的代位权是指债权人为了使其债权免受损害，代为行使债务人权利的权利。《合同法》规定：因债务人怠于行使其到期债权，对债权人造成损害的，债权人可以向人民法院请求以自己的名义代位行使债务人的债权，但该债权专属于债务人自身的除外。根据这一规定，债权人行使代位权的条件是：第一，债务人怠于行使其到期债权；第二，基于债务人怠于行使权利，会造成债权人的损害；第三，债务人的权利非专属债务人自身；第四，代位权的范围应以债权人的债权为限。

（2）债权人的撤销权

撤销权是指因债务人放弃其到期债权或者无偿转让财产，对债权人造成伤害的，债权人可以请求人民法院撤销债务人的行为。债权人无论是行使代位权，还是行使撤销权，均应当向人民法院提起诉讼，由人民法院作出裁判。当债权人行使撤销权，人民法院依法撤销债务人行为的，导致债务人的行为自始无效，第三人因此取得的财产，应当返还给债务人。由于债权人行使撤销权，涉及到第三人的利益，对债权人行使撤销权的期限，《合同法》作出了规定：撤销权自债权人知道或者应当知道撤销事由之日起 1 年内行使。自债务人的行为发生之日起 5 年内没有行使撤销权的，该撤销权消灭。

（3）债权人的抗辩权

债权人的抗辩权是指当债务人履行债务不符合合同约定，债权人可以拒绝债务人履行债务的权利。债权人行使抗辩权的情形有两种：一种是在债务人提前履行合同时；另一种是在债务人部分履行合同时。对此，《合同法》分别作出了规定：债权人可以拒绝债务人提前履行债务，但提前履行不损害债权人利益的除外。债务人提前履行债务给债权人增加的费用由债务人负担。债权人可以拒绝债务人部分履行债务，但部分履行不损害债权人利益的除外。债务人部分履行债务给债权人增加的费用由债务人负担。

8.4.2 合同的变更

合同的变更是指合同依法成立后，在尚未履行或尚未完全履行时，当事人双方依法对合同的内容进行修订或调整所达成的协议。例如，对合同约定的标的数量、质量标准、履行期限、履行地点和履行方式等进行变更。合同变更一般不涉及已履行的部分，而只对未履行的部分进行变更，因此，合同变更不能在合同履行后进行，只能在完全履行合同之前。

按照《合同法》的规定，只要当事人协商一致，即可变更合同。因此，当事人变更合同的方式类似订立合同的方式，经过提议和接受两个步骤。首先，要求变更合同的一方当事人提出变更合同的建议，在该提议中，当事人应当明确变更的内容，以及变更合同引起的财产后果的处理。然后，由另一方当事人对变更建议表示接受。至此，双方当事人对合同变更达成协议。一般来说，当事人凡书面形式订立的合同，变更协议，亦应采取书面形式；凡是法律、行政法规规定合同变更应当办理批准、登记手续的，依照其规定。

应当注意的是，当事人对合同变更只是一方提议，而未能达成协议时，不产生合同变更的效力；当事人对合同变更的内容约定不明确的，同样也不产生合同变更的效力。

8.4.3 合同的转让

合同的转让是指当事人一方将合同的权利和义务转让给第三人，由第三人接受权利和承担义务的法律行为。当事人一方将合同的部分权利和义务转让给第三方的称为合同的部分转让，其后果是：一方面在当事人另一方与第三人之间形成的权利义务关系，另一方未转让的那部分权利和义务，对原合同当事人仍然有效，双方仍应履行。当事人一方将合同的权利和义务全部转让给第三人的，称为合同的全部转让。合同的全部转让，实际上是合同一方当事人的变更，即主体变更，而原合同中约定的权利和义务依然存在，并未变更。随着合同的全部转让原合同当事人之间的权利和义务关系消灭，与此同时，又在未转让一方当事人与第三人之间形成的新的权利义务关系，即由第三人代替转让方的合同地位，享有权利和承担义务。允许当事人转让权利和义务，是合同法自愿原则的具体体现，但法律、行政法规对转让合同有所规定的，应依照其规定。

《合同法》规定了合同权利转让、合同义务转让和合同权利与义务一并转让的三种情况。

1. 合同权利的转让

合同权利的转让也称为债权让与，是指合同当事人将合同中的权利全部或部分转让给第三人的行为。转让合同权利的当事人也称让与人，接受转让的第三人称受让人。

2. 合同义务的转让

合同义务的转让也称债务承担，是指债务人将合同的义务全部或部分地转移给第三人的行为。

3. 合同权利与义务一并转让

合同权利与义务一并转让也称债权债务的概括转让，是指合同当事人一方将债权债务一并转移给第三人，由第三人概括地接受这些债权债务的行为。

8.5 合同的终止

合同的终止又称合同的消灭，是指当事人之间的合同关系由于某种原因而不复存在。《合同法》对合同终止的情形、合同后义务以及合同解除等作出了规定。

1. 合同终止的情形

(1) 债务已经按照约定履行；

(2) 合同解除；

(3) 债务相互抵消；

(4) 债务人依法将标的物提存；

(5) 债权人免除债务；

(6) 债权债务同归于一人；

(7) 法律规定或者当事人约定终止的其他情形。

2. 合同后义务

《合同法》规定：合同的权利义务终止后，当事人应当遵循诚实信用的原则，根据交易习惯履行通知、协助、保密义务。

3. 合同的解除

合同的解除是指合同依法成立后，在尚未履行或者尚未完全履行时，提前终止合同效力的行为。合同解除分为约定解除和法定解除两种：约定解除是当事人通过行使约定的解除权或经双方协商一致同意而进行的合同解除；法定解除是解除条件直接由法律规定的合同解除。

《合同法》规定，有下列情形之一者，当事人可解除合同：

（1）因不可抗力致使不能实现合同目的；

（2）在履行期限届满之前，当事人一方明确表示或者以自己的行为表明不履行主要债务；

（3）当事人一方延迟履行主要债务，经催告后在合理期限内仍未履行；

（4）当事人一方延迟履行债务或者有其他违法行为致使不能实现合同目的；

（5）法律规定的其他情形。

8.6　违约责任和合同争议的解决

8.6.1　违约责任的概念及方式

违约责任是指当事人任何一方违约后，依照法律规定或者合同约定必须承担的法律制裁。关于违约责任的方式，《合同法》规定了三种主要的方式：

1. 继续履行合同

继续履行合同是要求违约当事人根据对方的要求，在自己能够履行的条件下，按照合同的约定，切实履行所承担的合同义务。具体来讲包括两种情况：一是债权人要求债务人按合同的约定履行合同；二是要债务人向法院提出起诉，由法院判决强迫违约一方具体履行其合同义务。

当事人违反金钱债务，一般不能免除其继续履行的义务，《合同法》规定：当事人一方未支付价款或者报酬的，对方可以要求其支付价款或者报酬。当事人违反非金钱债务的，除法律规定不适用继续履行的情形外，也不能免除其继续履行的义务。非金钱债务是指以物、行为和智力成果为标的的债务。《合同法》规定：当事人一方不履行非金钱债务或者履行非金钱债务不符合约定的，对方可以要求履行，但有下列情形之一的除外：①法律上或者事实上不能履行；②债务的标的不适合于强制履行或者履行费用过高；③债权人在合理期限内未要求履行。

2. 采取补救措施

采取补救措施是指当事人违反合同后，为防止损失发生或者扩大，由其依照法律或者合同约定而采取的修理、更换、退货、减少价款或者报酬等措施。采用这一违约责任的方式，主要是在发生质量不符合约定的时候。《合同法》规定：质量不符合约定的，应当按照当事人的约定承担违约责任，依照本法第61条的规定仍不能确定的，受损害方根据标的性质以及损失的大小，可以合理选择要求对方承担修理、更换、重做、退货、减少价款或者报酬等违约责任。

3. 赔偿损失

赔偿损失是指合同当事人就其违约而给对方造成的损失给予补偿的一种方式。《合同法》规定：当事人一方不履行合同义务或者履行合同义务不符合约定的，在履行义务或者采取措施后，对方还有其他损失的，应当赔偿损失。采取赔偿损失的方式时，涉及赔偿损失的范围和方法等问题。关于赔偿损失的范围，《合同法》规定：当事人一方不履行合同义务或者履行合同义务不符合约定，给对方造成损失的，损失赔偿额应当相当于因违约所造成的损失，包括合同履行后可以获得的利益，但不得超过违反合同一方订立合同预见到或者应当预见到的因违反合同可能造成的损失。

关于赔偿损失的方法，《合同法》规定：当事人可以约定一方违约时应当根据违约情况向对方支付一定数额的违约金，也可以约定因违约产生的损失赔偿额的计算方法。约定的违约金低于造成的损失的，当事人可以请求人民法院或者仲裁机构予以增加；约定的违约金过分高于造成的损失的，当事人可以请求人民法院或者仲裁机构予以减少。此外，当事人在合同中约定定金担保的，通过定金罚则，也可达到弥补损失的目的。因此，《合同法》规定：当事人可以依照《中华人民共和国担保法》约定一方向对方给付定金作为债权的担保。债务人履行债务后，定金应当抵作价款或者收回。给付定金的一方不履行约定的债务的，无权要求返还定金；收受定金的一方不履行约定的债务的，应当双倍返还定金。当事人既约定违约金，又约定定金的，一方违约时，对方可以选择适用违约金或者定金条款。

8.6.2　非违约一方的义务

当一方当事人违约后，另一方当事人应当及时采取措施，防止损失的扩大，否则无权就扩大的损失要求赔偿。《合同法》对此明确规定：当事人一方违约后，对方应当采取适当措施防止损失的扩大；没有采取适当措施致使损失扩大的，不得就扩大的损失要求赔偿，当事人因防止损失扩大而支出的合理费用，由违约方承担。

8.6.3　违约责任的免除

合同生效后，当事人不履行合同或者履行合同不符合合同约定，都应承担违约责任。但是，如果是由于发生了某种非常情况或者意外事件，使合同不能按约定履行时，就应当作为例外来处理。根据《合同法》规定，只有发生不可抗力才能部分或全部免除当事人的违约责任。

1. 不可抗力的概念

《合同法》规定：不可抗力是指不能预见、不能避免并不能克服的客观情况。根据这一规定，不可抗力的构成条件是：

（1）不可预见性。法律要求构成一个合同的不可抗力事件必须是有关当事人在订立合同时，对这个事件是否发生不能预见到。在正常情况下，对于一般合同当事人能否预见到某一事件的发生，可以从两个方面来考察：一是客观方面，即凡正常人能预见到的或具有专业知识的一般水平的人能预见到的，合同当事人就应该预见到；二是主观方面，即根据合同当事人的主观条件来判断对事件的预见性。

（2）不可避免性。即合同生效后，当事人对可能出现的意外情况尽管采取了合理措施，但是客观上并不能阻止这一意外情况的发生，就是事件发生的不可避免性。

（3）不可克服性。不可克服性是指合同的当事人对于意外情况发生导致合同不能履行这一后果克服不了。如果某一意外情况发生而对合同履行产生不利影响，但只要通过当事人努力能够将不利影响克服，则这一意外情况就不能构成不可抗力。

（4）履行期间性。不可抗力作为免责理由时，其发生必须是在合同订立后、履行期限届满前。当事人迟延履行后发生不可抗力的，不能免除责任。

2. 不可抗力的法律后果

一个不可抗力事件发生后，可能引起三种法律后果：一是合同全部不能履行，当事人可以解除合同，并免除全部责任；二是合同部分不能履行，当事人可部分履行合同，并免除其不履行部分的责任；三是合同不能按期履行，当事人可延期履行合同，并免除其迟延履行的责任。

3. 遭遇不可抗力一方当事人的义务

根据《合同法》的规定，一方当事人因不可抗力不能履行合同义务时，应承担如下义务：第一，应当及时采取一切可能采取的有效措施避免或者减少损失；第二，应当及时通知对方；第三，当事人应当在合理期限内提供证明。

4. 不可抗力条款

合同中关于不可抗力的约定称为不可抗力条款，其作用是补充法律对不可抗力的免责事由所规定的不足，便于当事人在发生不可抗力时及时处理合同。一般来说，不可抗力条款应包括下述内容：

（1）由于不可抗力情况非常复杂，往往在不同环境下不可抗力事件对合同的影响是不同的，因此，双方应在合同中约定不可抗力的范围。

（2）不可抗力发生后，当事人一方通知另一方的期限。

（3）出具不可抗力证明的机构及证明的内容。

（4）不可抗力发生后对合同的处置。

8.6.4 合同争议的解决

及时解决合同争议，不仅关系到维护当事人的合同利益和避免损失的扩大，而且对维护社会经济秩序也有重要作用。《合同法》规定："当事人可以通过和解或者调解解决合同争议。""当事人不愿和解、调解或者和解、调解不成的，可以根据仲裁协议向仲裁机构申请仲裁。涉外合同的当事人可以根据仲裁协议向中国仲裁机构或者其他仲裁机构申请仲裁。当事人没有订立仲裁协议或者仲裁协议无效的，可以向人民法院起诉。当事人应当履行发生法律效力的判决、仲裁裁决、调解书；拒不履行的，对方可以请求人民法院执行。"根据上述规定，合同争议的解决方式主要有和解、调解、仲裁和诉讼等。

1. 和解

和解是指争议的合同当事人，依据有关法律规定和合同约定，在互谅互让的基础上，经过谈判和磋商，自愿对争议事项达成协议，从而解决合同争议的一种方法。和解的特点在于无须第三者介入，简便易行，能及时解决争议，并有利于双方的协作和合同的继续履行。但由于和解必须以双方自愿为前提，因此，当双方分歧严重，一方或双方不愿协商解决争议时，和解方式往往受到局限。和解应以合法、自愿和平等为原则。

2. 调解

调解是争议当事人在第三方的主持下，通过其劝说引导，在互谅互让的基础上自愿达成协议，以解决合同争议的一种方式。调解也是以合法、自愿和平等为原则。实践中，依调解人的不同，合同争议的调解有民间调解、仲裁机构调解和法庭调解三种。

民间调解是指当事人临时选任的社会组织或者个人作为调解人对合同争议进行调解。通过调解人的调解，当事人达成协议的，双方签署调解协议书，调解协议书对当事人具有与合同一样的法律约束力。

仲裁机构调解是指当事人将其争议提交仲裁机构后，经双方当事人同意，将调解纳入仲裁程序中，由仲裁庭主持进行，仲裁庭调解成功，制作调解书，双方签字后生效，只有调解不成才进行仲裁。调解书与裁决书具有同等的效力。

法庭调解是指由法院主持进行的调解。当事人将其争议提起诉讼后，可以请求法庭调解，调解成功的，法院制作调解书，调解书经双方当事人签收后生效，调解书与生效的判决书具有同等的效力。

调解解决合同争议，可以不伤和气，使双方当事人互相谅解，有利于促进合作。但这种方式受当事人自愿的局限，如果当事人不愿调解，或调解不成时，则应及时采取仲裁或诉讼以最终解决合同争议。

3. 仲裁

仲裁也称公断，是双方当事人通过协议自愿将争议提交第三者（仲裁机构）作出裁决并负有履行裁决义务的一种解决争议的方式。这种方式的特点是：第一，从受案依据看，仲裁机构受理案件的依据是双方当事人的仲裁协议，在仲裁协议中，当事人应对仲裁事项的范围、仲裁机构等内容作出约定，因此具有一定的自治性。第二，从办案速度看，合同争议往往涉及许多专业性或技术性的问题，需要有专门知识的人才能解决，而仲裁人员一般都是各个领域和行业的专家和知名人士，具有较高的专业水平，熟悉有关业务，能迅速查清事实，作出处理，而且仲裁是一裁终局，从而有利于及时解决争议，节省时间和费用。根据《中华人民共和国仲裁法》的规定，仲裁包括国内仲裁和国际仲裁。

4. 诉讼

诉讼作为一种合同争议的解决方法，是指因当事人相互间发生合同争议后而在法院进行的诉讼活动。在诉讼过程中，法院始终居于主导地位，代表国家行使审判权，是解决争议案件的主持者和审判者，而当事人则各自基于诉讼法所赋予的权利，在法院的主持下为维护自己的合法权益而活动。诉讼不同于仲裁的主要特点在于：它不必以当事人的相互同意为依据，只要不存在有效的仲裁协议，任何一方都可以向有管辖权的法院起诉。由于合同争议往往具有法律性质，涉及到当事人的切身利益，通过诉讼，当事人的权利可得到法律的严格保护，尤其是当事人发生争议后，缺少或达不成仲裁协议的情况下，诉讼也就成了必不可少的补救手段了。

8.7 合同的担保与公证

担保是指当事人根据法律规定或者双方约定，为促使债务人履行债务实现债权人的权利的法律制度。担保活动应当遵循平等、自愿、公平、诚实信用的原则。《担保法》规定担保的方式有保证、抵押、质押、留置和定金。

8.7.1 保证

保证是指保证人和债权人约定，当债务人不履行债务时，保证人按照约定履行债务或承担责任的行为。保证的基本方式是书面保证合同。第三人单方以书面形式向债权人出具担保书，债权人接受且未提出异议的，以及主合同中虽然没有保证条款，但是，保证人在主合同上以保证人的身份签字或者盖章的，保证合同成立。

1. 保证人资格

保证人必须是具备独立清偿能力或代位清偿能力的法人、其他经济组织或者个人。

2. 保证的方式

保证的方式分为一般保证和连带责任保证，应在合同中明确约定。当事人对保证方式没有约定或者约定不明确的，推定为连带保证责任。两者的区别在于是否有先诉抗辩权。

3. 保证责任

（1）保证担保的范围。保证担保范围包括主债权及利息、违约金、损害赔偿金及实现债权的费用（保证合同另有约定的除外）。对保证范围无约定或约定不明的，推定为对全部债务承担责任。

（2）保证期间。保证期间由保证人与债权人在合同中约定。未约定的，保证期间为主债务履行期限届满之日起6个月。保证合同约定的保证期间早于或者等于主债务履行期限的，视为没有约定，保证期间为主债务履行期届满之日起6个月。保证合同约定保证人承担保证责任直至主债务本息还清时为止等类似内容的，视为约定不明，保证期间为主债务履行期届满之日起2年。

（3）保证期间债权发生变更时的保证责任。

1）债权变更的，保证人在原保证范围内继续承担保证责任；

2）债务人经债权人同意后变更的，应当取得保证人书面同意，保证人对未经其同意转让的债务，不再承担保证责任；

3）保证期间，债权人与债务人对主合同的内容作了变动，未经保证人同意的，如果减轻债务人的债务的，保证人仍应当对变更后的合同承担保证责任；如果加重债务人的债务的，保证人对加重的部分不承担保证责任；

4）债权人与债务人对主合同履行期限作了变动，未经保证人书面同意的，保证期间为原合同约定的或者法律规定的期间。

8.7.2 抵押

抵押是指债务人或第三人向债权人以不转移占有的方式提供一定的财产作为抵押物，用以担保债务履行的担保方式。债务人不履行债务时，债权人有依照法律规定以抵押物折价或者从变卖抵押物的价款中优先受偿。

1. 可以抵押的财产

（1）抵押人所有的房屋和其他地上定着物；

（2）抵押人所有的机器、交通运输工具和其他财产；

（3）抵押人依法有权处分的国有土地使用权、房屋和其他地上定着物；

（4）抵押人依法有权处置的国有机器、交通运输工具和其他财产；

（5）抵押人依法承包并经发包人同意抵押的荒山、荒沟、荒丘、荒滩等荒地的土地使用权；

（6）依法可抵押的其他财产。

2. 不得抵押的财产

（1）土地所有权；

（2）耕地、宅基地、自留地、自留山等集体所有的土地使用权；

（3）学校、幼儿园、医院等以公益为目的的事业单位、社会团体的教育设施、医疗卫生设施和其他社会公益设施；

（4）所有权、使用权不明或者有争议的财产；

（5）依法被查封、扣押、监管的财产；

（6）依法不得抵押的其他财产。

3. 抵押合同及抵押物的登记

以特定的财产抵押的，应当办理抵押物登记。办理抵押物登记的，抵押合同自登记之日起生效。以其他财产抵押的，可以自愿办理抵押物登记，登记部门为抵押人所在地的公证部门，抵押合同自签订之日起生效。

办理抵押物登记，应当向登记部门提供主合同、抵押合同、抵押物的所有权或者使用权证书。

4. 抵押的效力和实现

（1）抵押担保的范围包括主债权及利息、违约金、损害赔偿金和实现抵押权的费用。抵押合同另有约定的，从约定。

（2）抵押的效力

1）对抵押权人的效力。抵押人不能按期偿还债务时，抵押权人就抵押物变卖的价款有优先受偿（优先权）的权利。

2）对抵押人的效力。抵押人不丧失抵押物的所有权，但其对物的处分权受到限制。

3）对第三人的效力。拍卖抵押物时，承租人在同等条件下有优先购买的权利。

（3）抵押权的实现

债务履行期届满债权人未受清偿时，可以与抵押人协议以抵押物折价或以拍卖、变卖该抵押物所得的价款受偿；协议不成的，抵押权人可以向人民法院提起诉讼。

8.7.3 质押

质押是指债务人或者第三人将其动产交或权利移交债权人占有，用以担保债权的担保。

1. 质押分类

质押可分为动产质押和权利质押。

动产质押是指债务人或者第三人将其动产交债权人占有，将该动产作为债权履行的担保。能够用作质押的动产没有限制。

权利质押一般是将权利凭证交付质押人的担保。可以质押的权利包括：

（1）汇票、支票、本票、债券、存款单、仓单、提单；

（2）依法可以转让的股份、股票；

（3）依法可以转让的商标专用权、专利权、著作权中的财产权；

（4）依法可以质押的其他权利。

2. 抵押和质押的区别

（1）抵押权人不占有抵押物，质押权人占有质押物。后者因此而产生了占有质物所承担的保管义务与相应的权利。

（2）抵押权人只有在法院扣押抵押物后才享有收取孳息的权利。质押权人占有质物后，就有收取孳息的权利。

（3）债务人届期未履行债务时，抵押权人无权独立决定以何种方式实现抵押权，即如果与抵押人协商不成时，只能通过向法院提起诉讼才能实现抵押权。质押权人则享有独立决定实现质权的权利（可以与出质人协商，也可以依法兑现或行使权利）。

8.7.4 留置

留置是指债权人依照合同约定占有对方（债务人）的财产，当债务人不能按照合同约定期限履行债务时，债权人有权依照法律规定留置该财产并享有处置该财产得到优先受偿的权利。

1. 留置适用的范围

因保管合同、运输合同、加工承揽合同发生的债权，债务人不履行债务的，债权人有留置权。留置权是法定的担保物权（非当事人约定）。

2. 留置权成立的要件

（1）债权人按照合同约定占有债务人的财产；

（2）债权人的留置物与债权有关联或有牵连关系；

（3）债权已届清偿期。

3. 留置权的特征

（1）留置权留置的只能是动产；

（2）留置权人对留置物只有占有权，无所有权。因此，因保管留置物而支付的必要费用，有权请求债务人偿还。同时，留置权人有妥善保管留置物的义务。

4. 留置权的实现

债务人逾期不履行的，债权人可以与债务人协议以留置物折价，也可以依法拍卖、变卖留置物。留置物折价、拍卖、变卖后，其价款超过债权数额的部分归债务人所有，不足部分由债务人清偿。

5. 留置权的消灭

留置权因债权消灭或债务人另行提供担保并被债权人接受而消灭。

8.7.5 定金

（1）定金是指当事人双方为了担保债务的履行，约定由当事人一方先行支付给对方一定数额的货币作为担保。

（2）定金合同：定金应当以书面形式约定。当事人在定金合同中应当约定交付定金的期限。定金合同从实际交付定金之日起生效。

（3）定金的数额：定金的数额由当事人约定，但不得超过主合同标的额的 20%。当事人约定的定金数额超过主合同标的额 20%，超过的部分，人民法院不予支持。

（4）定金与预付款的关系：二者都是先行给付，但性质不同。第一，定金的主要作用是担保，预付款是履行合同部分给付义务；第二，定金具有惩罚性，预付款无惩罚性，不发生丧失和双倍返还的情况。

另外，当事人交付留置金、担保金、保证金、订约金、押金或者订金等，但没有约定定金性质的，当事人主张定金权利的，人民法院不予支持。

（5）定金的分类

1）定约定金：当事人约定以交付定金作为订立主合同担保的，给付定金的一方拒绝订立主合同的，无权要求返还定金；收受定金的一方拒绝订立合同的，应当双倍返还定金。

2）成约定金：当事人约定以交付定金作为主合同成立或者生效要件的，给付定金的一方未支付定金，但主合同已经履行或者已经履行主要部分的，不影响主合同的成立或者生效。

3）解约定金：定金交付后，交付定金的一方可以按照合同的约定以丧失定金为代价而解除主合同，收受定金的一方可以双倍返还定金为代价而解除主合同。对解除主合同后责任的处理，适用《合同法》的规定。

（6）定金的适用

1）因当事人一方迟延履行或者其他违约行为，致使合同目的不能实现，可以适用定金罚则，但法律另有规定或者当事人另有约定的除外。

2）当事人一方不完全履行合同的，应当按照未履行部分所占合同约定内容的比例，适用定金罚则。

3）因不可抗力、意外事件致使主合同不能履行的，不适用定金罚则。

8.7.6 合同的公证

合同公证是指国家公证机关根据当事人的申请，依法证明当事人之间签订的合同具有真实性、合法性的活动。

公证机关通过审查合同当事人的主体资格以及合同内容，使合同建立在真实合法的基础上，确立合同当事人的权利和义务，保证合同目的的实现。合同公证起了预防经济纠纷，减少经济诉讼，保护合同当事人合法权益，实现合同所要达到的预期效果，确保实现良好的合同秩序。合同公证有两种情形：一是国家的法律、法规、规章规定合同必须办理公证；二是合同当事人约定，合同经过公证后才正式开始生效。

经过公证的合同，并赋予强制执行效力的，如果一方当事人违约而又拒不履行违约责任时，另一方当事人不需要经过仲裁和诉讼这两道程序，即可直接向有管辖权的人民法院申请强制执行。其法律依据体现在《公证程序规则（试行）》第35条规定中："赋予债权文书具有强制执行效力的公证，应当符合下列条件：（一）债权文书经过公证证明；（二）债权文书以给付一定货币、物品或有价证券为内容；（三）债权文书中载明债务人不履行义务时应受强制执行的意思表示。"

案 例 分 析

【案情简介】

1998年11月12日，A市软轴机具厂（以下简称A厂）与B市建筑装修机具厂（以下简称B厂）签订了一份购销合同。合同规定：B厂在1999年度供应A厂插入式震动器电机（以下简称电机）600台，单价192元。之后，因原材料涨价，B厂先后两次与A厂协商提高电机价格，双方于7月15日第二次在A市达成了协议：B厂自8月至12月供给A厂电机400台，单价提高到219元；交货期限为同年8月15日前交40台，8月31日前交40台，9月至12月每月交80台，总价款87600元；交货方式，凭B厂的交货电报，A厂在接到交货电报之日起3日内办好信汇手续，B厂代办托运；如任何一方违约须承担10%的违约金。协议生效后，B厂于8月28日交货40台，A厂已付款；同年9月份B厂未交货，A厂遂派人去B厂催货，B厂答复要到10月15日有货，并给A厂厂长写信，提出"下个月按省物价局所定价格办理"。同年10月14日，A厂再次派人到B厂催货时，B厂提出，因原材料价格上涨，每台电机价格涨到330元，不能再按原定价格供货。A厂因生产急需，只好同意按 330 元提货，但 B 厂又提出只能在同年 10 月 26 日交货，经 A 厂与 B 厂协商由 A 厂给付赶工费 200 元，A 厂才得以在同年 10 月 18 日提走电机 40 台。提货后，A 厂以 B 厂没按期交货为由，拒付货款，并于到货后次日向 B 厂发电，要求 B 厂继续履行合同，赔偿损失后再付款。后经 A、B 两厂多次协商，仍未达成一致意见。

A 厂诉诸 A 市中级人民法院，要求 B 厂履行 7 月 15 日双方签订的协议，并给付违约金和赔偿金；B 厂则辩称：我方交货 40 台以后，就预料到电机材料价格要上涨，所以我们暂时不交货，可 A 厂于 10 月 18 日提货后不付款，应当承担违约责任，因为 A 厂再提这批货时也同意按每台 330 元结算。

【案例评析】

本案中，A 厂与 B 厂的买卖电机合同有效成立。后又经第二次协议，更改了第一份买卖合同的内容，该更改合法有效。

第二次达成协议之后，B 厂部分履行了交货义务，且该履行部分构成了履行迟延。后 B 厂给 A 厂写信的行为视为要约，因 A 厂未作答复而未形成新的协议。后 A 厂再次前往 B 厂催货时，B 厂乘 A 厂处于生产急需之时，提出新的价格条款，使 A 厂在违背真实意思的情况下达成了第三份协议。争议的问题在于：（1）B 厂的行为构成了迟延履行，该迟延履行是否可免责？（2）第三份协议是否有效？是否可认定为乘人之危？（3）A 厂在接受交付后，是否有权拒绝付款？

从案情介绍看，B 厂的行为构成履行迟延。由于履行期间原材料不断上涨，B 厂对第一份合同中所定的电机价格提出变动尚属合理。但在双方达成第二份协议以后，B 厂在可以预见原材料价格继续上涨的情况下，有意拖延履行时间，以期获得更高的电机价格，此时的履行迟延已属恶意，因为第二份协议的价格已考虑了原材料价格上涨的情况，迟延履行无非是为了获取额外利益。第三份协议的订立可以认定为是乘人之危。由于 B 厂的一再迟延履行，使 A 厂陷于越来越紧迫的生产急需中，而 B 厂的行为是为了获取额外的不正当利益，严重损害了 A 厂的利益，可以认定为乘人之危。因此，可以认定第三份协议无效。

对于第三份 A 厂可向人民法院起诉，主张撤销该协议。但无权拒绝付款。且有权要求 B 厂按变更协议的价格继续履行，支付违约金，并赔偿因迟延履行造成的损失。

双方的价格，应根据《合同法》第 63 条的规定确定：逾期交付标的物的，与价格上涨时，按照原价格执行；价格下降时，按照新价格执行。

本案例所揭示的就是卖方恶意迟延履行以求获得涨价之利益，且因一再迟延履行而使对方陷入困境，以致违背自己真实意思而接受不合理的条款。

复习思考题

1. 什么是合同？

2. 合同的法律特征是什么？

3. 什么是合同法？

4. 合同法的基本原则有哪些？

5. 什么是合同的生效？

6. 简述合同的生效要件。

7. 简述合同成立和合同生效的区别。

8. 简述可变更、可撤销合同的种类。

9. 简述合同履行的原则。

10. 什么是同时履行抗辩权？其适用条件有哪些？

11. 什么是先履行抗辩权？其适用条件有哪些？

12. 什么是不安抗辩权？其适用条件有哪些？

13. 什么是先诉抗辩权？

14. 什么是代位权？简述代位权的行使要件。

15. 什么是撤销权？简述撤销权的行使要件。

16. 简述合同变更的条件。

17. 简述合同争议解决有哪些方式。

18. 简述合同权利转让的要件。

19. 简述债务承担合同成立后发生债务承担效力的条件。

20. 什么是合同解除？有哪几种解除方式？

21. 简述合同担保的含义、类型和法律性质。

22. 简述保证的含义和法律性质。

23. 什么是定金？它有哪些种类？

教学单元 9　建 设 工 程 合 同

本单元主要介绍了建设工程合同的概念、特征与种类；重点阐述了建设工程委托监理合同、建设工程勘察设计合同、建设工程施工合同、建设工程其他相关合同的内容。

9.1　建设工程合同概述

9.1.1　建设工程合同的概念

建设工程合同是承包人进行工程建设，发包人支付价款的合同。我国建设领域习惯上把建设工程合同的当事人双方称为发包方和承包方，这与我国《合同法》将他们称为发包人和承包人是没有区别的。双方当事人在合同中明确各自的权利和义务，主要是承包人进行工程建设，发包人支付工程款。进行工程建设的行为包括勘察、设计、施工等过程，因此，建设工程的发包人是建设单位或建设单位所委托的管理机构，而承担勘察、设计、施工安装任务的勘察人、设计人、施工人统称承包人。建设工程实行监理的，发包人也应当与监理人采取书面形式订立委托监理合同。建设工程合同是一种诺成合同，合同订立生效后双方应当严格履行。建设工程合同也是一种双务、有偿合同，当事人双方都应当在合同中有各自的权利和义务，在享有权利的同时也必须履行义务。

从合同理论上说，建设工程合同是承揽合同的一种，也是承揽人按定做人的要求完成工作，交付工作成果，定做人给报酬的合同。但由于工程建设合同在经济活动和社会活动中的重要作用，以及国家管理、合同标的等方面均有别于一般承揽合同，我国一直将建设工程合同列为单独一类的重要合同。考虑到建设工程合同毕竟是从承揽合同中分离出来的，《合同法》规定：建设工程合同中没有规定的，适用承揽合同的有关规定。

9.1.2　建设工程合同的特征

1. 合同主体的严格性

建设工程合同主体一般只能是法人。发包人一般只能是经过批准进行工程项目建设的法人，必须有国家批准的建设项目，落实投资计划，并且具备相应的协调能力；承包人必须具备法人资格，而且应当具备相应的从事勘察、设计、施工等资质。无营业执照或无承包资质的单位不能作为建设工程合同的主体，资质等级低的单位不能越级承包建设工程。

2. 合同标的特殊性

建设工程合同的标的是各类建筑产品，建筑产品是不动产，其基础部分与大地相连，不能移动。这就决定了每个建设工程合同标的都是特殊的，相互间具有不可代替性。这还决定了承包方工作的流动性。建筑物所在地就是勘察、设计、施工生产地，施工队伍、施工机械必须围绕建筑产品不断移动。另外建筑产品的类别庞杂，其外观、结构、使用目的、使用人各不相同，这就要求每一个建筑产品都需要单独建设和施工，即建筑产品是单件性生产，这也决定了建设工程合同的标的特殊性。

3. 合同履行期限的长期性

建设工程由于结构复杂、体积大、建筑材料类型多、工作量大，使得合同履行期限都较长。而且，建设工程合同的订立和履行都需要较长的准备期；在合同履行的过程中，还可能因为不可抗力、工程变更、材料供应不及时等原因而导致合同期顺延。所有这些情况都决定了建设合同的履行期限具有长期性。

4. 计划和程序的严格性

由于工程建设对国家的经济发展、公民的工作生活都具有重大的影响，因此，国家对建设工程的计划和程序都有严格的管理制度。订立建设工程合同必须以国家批准的投资计划为前提，即使国家投资以外的、以其他方式筹集的投资也要受到当年的贷款规模和批准限额的限制，纳入当年的投资规模的平衡，并经过严格的审批程序。建设工程合同的订立和履行还必须符合国家关于基本建设程序的规定。

9.1.3 建设工程合同的种类

建设工程合同的划分，由于划分方式的不同可分为不同的种类。

1. 从发包承包的工程范围进行划分

从发包承包不同的范围和数量进行划分，可以将承包工程合同分为建设工程总承包合同、建设工程承包合同、分包合同。发包人将工程建设的全过程发包给一个承包人的合同即为建设工程的总承包合同。发包人如果将建设工程的勘察、设计、施工等的每一项分别发包给一个承包人的合同即为建设工程承包合同。建设工程分包合同是指经合同约定和发包人认可，从工程承包人承包的工程中承包部分工程而订立的合同。

2. 从承包的内容进行划分

从承包的内容进行划分，建设工程合同可以分为建设工程勘察合同、建设工程设计合同、建设工程施工合同、建设工程监理合同等。

3. 从付款方式进行划分

以付款方式进行划分，建设工程合同可以分为总价合同、单价合同和成本加酬金合同。

（1）总价合同是指在合同中确定一个完成建设工程的总价、承包单位据此完成项目全部内容的合同。

（2）单价合同是指承包单位在投标时，按招标文件就分部分项工程所列出的工程量表确定各分部分项工程费用的合同类型。

（3）成本加酬金合同是指由业主向承包单位支付建设工程的实际成本，并按事先约定的某一种方式支付酬金的合同类型。

9.2 建设工程监理合同

由于建设工程监理合同与建设工程施工活动密切相关，只有熟悉建设工程监理合同的内容，才能正确从事建设工程监理活动。

9.2.1 建设工程监理合同概述

1. 建设工程监理合同的概念

建设工程监理合同是业主与监理单位签订，为了委托监理单位承担监理业务而明确双方权利、义务关系的协议。建设工程监理的内容是依据法律、行政法规及有关技术标准、设计文件和建设工程合同，对承包单位在工程质量、建设工期和建设资金使用等方面，代表建设单位实施监督。建设监理可以是对工程建设的全过程进行监理，也可以分阶段进行设计监理、施工监理等。目前实践中监理大多是施工监理。

2. 建设工程监理合同的主体

建设工程监理合同的主体是合同确定的权利的享有者和义务的承担者，包括建设单位（业主）和监理单位。监理单位与业主是平等的主体关系，这与其他合同主体关系是一致的，也是合同的特点决定的。双方的关系是委托与被委托的关系。

（1）业主

在我国，业主是指由投资方派代表组成，全面负责项目投资、项目建设、生产经营、归还贷款和债券本息并承担投资风险的管理班子。

（2）监理单位

监理单位是指取得监理资质证书，具有法人资格的监理公司、监理事务所和兼承监理业务的工程设备、科学研究及工程建设咨询的单位。监理单位的资质分为甲级、乙级和丙级。

3. 《工程建设监理合同（示范文本）》简介

建设部、国家工商行政管理局 1995 年 10 月 9 日颁布的《工程建设监理合同（示范文本）》（GF—95—0202），于 2012 年进行了第二次修订，颁布了《建设工程监理合同（示范文本）》（GF—2012—0202），由协议书、通用条件、专用条件和附录组成。

协议书是监理合同的总纲，合同双方当事人在协议书中就合同标的的工程概况、词语限定、组成合同的文件、总监理工程师、签约酬金、期限、双方承诺、合同订立等内容进行约定。通用条件适用于各类建设工程项目监理委托，业主和监理单位都应当遵守。通用条件是监理合同的主要部分，它明确而详细地规定了监理人和委托人的义务、违约责任、支付、合同生效、变更、暂停、解除与终止、争议解决以及其他。专用条件是各个工程项目根据自己的个性和所处的自然、社会环境，由业主和监理单位协商一致后填写的。双方如果认为需要，还可在其中增加约定的补充条款和修正条款。专用条件的条款是与通用条件的条款相对应的。在专用条件中，并非每一条款都必须出现。专用条件不能单独使用，它必须与通用条件结合在一起才能使用。

9.2.2 建设工程监理合同当事人的义务

根据《工程建设监理合同（示范文本）》建筑工程监理合同当事人具有以下义务：

1. 监理人的义务

（1）监理的范围和工作内容

1）监理范围在专用条件中约定。

2）除专用条件另有约定外，监理工作内容包括：

① 收到工程设计文件后编制监理规划，并在第一次工地会议 7 天前报委托人。根据有关规定和监理工作需要，编制监理实施细则；

② 熟悉工程设计文件，并参加由委托人主持的图纸会审和设计交底会议；

③ 参加由委托人主持的第一次工地会议，主持监理例会并根据工程需要主持或参加专题会议；

④ 审查施工承包人提交的施工组织设计，重点审查其中的质量安全技术措施、专项施工方案与工程建设强制性标准的符合性；

⑤ 检查施工承包人工程质量、安全生产管理制度及组织机构和人员资格；

⑥ 检查施工承包人专职安全生产管理人员的配备情况；

⑦ 审查施工承包人提交的施工进度计划，核查承包人对施工进度计划的调整；

⑧ 检查施工承包人的试验室；

⑨ 审核施工分包人资质条件；

⑩ 查验施工承包人的施工测量放线成果；

⑪ 审查工程开工条件，对条件具备的签发开工令；

⑫ 审查施工承包人报送的工程材料、构配件、设备质量证明文件的有效性和符合性，并按规定对用于工程的材料采取平行检验或见证取样方式进行抽检；

⑬ 审核施工承包人提交的工程款支付申请，签发或出具工程款支付证书，并报委托人审核、批准；

⑭ 在巡视、旁站和检验过程中，发现工程质量、施工安全存在事故隐患的，要求施工承包人整改并报委托人；

⑮ 经委托人同意，签发工程暂停令和复工令；

⑯ 审查施工承包人提交的采用新材料、新工艺、新技术、新设备的论证材料及相关验收标准；

⑰ 验收隐蔽工程、分部分项工程；

⑱ 审查施工承包人提交的工程变更申请，协调处理施工进度调整、费用索赔、合同争议等事项；

⑲ 审查施工承包人提交的竣工验收申请，编写工程质量评估报告；

⑳ 参加工程竣工验收，签署竣工验收意见；

㉑ 审查施工承包人提交的竣工结算申请并报委托人；

㉒ 编制、整理工程监理归档文件并报委托人。

3）相关服务的范围和内容在附录 A 中约定。

（2）监理与相关服务依据

1）监理依据包括：

① 适用的法律、行政法规及部门规章；

② 与工程有关的标准；

③ 工程设计及有关文件；

④ 本合同及委托人与第三方签订的与实施工程有关的其他合同。

双方根据工程的行业和地域特点，在专用条件中具体约定监理依据。

2）相关服务依据在专用条件中约定。

（3）项目监理机构和人员

1）监理人应组建满足工作需要的项目监理机构，配备必要的检测设备。项目监理机构的主要人员应具有相应的资格条件。

2）本合同履行过程中，总监理工程师及重要岗位监理人员应保持相对稳定，以保证监理工作正常进行。

3）监理人可根据工程进展和工作需要调整项目监理机构人员。监理人更换总监理工程师时，应提前7天向委托人书面报告，经委托人同意后方可更换；监理人更换项目监理机构其他监理人员，应以相当资格与能力的人员替换，并通知委托人。

4）监理人应及时更换有下列情形之一的监理人员：

① 严重过失行为的；

② 有违法行为不能履行职责的；

③ 涉嫌犯罪的；

④ 不能胜任岗位职责的；

⑤ 严重违反职业道德的；

⑥ 专用条件约定的其他情形。

5）委托人可要求监理人更换不能胜任本职工作的项目监理机构人员。

（4）履行职责

监理人应遵循职业道德准则和行为规范，严格按照法律法规、工程建设有关标准及本合同履行职责。

1）在监理与相关服务范围内，委托人和承包人提出的意见和要求，监理人应及时提出处置意见。当委托人与承包人之间发生合同争议时，监理人应协助委托人、承包人协商解决。

2）当委托人与承包人之间的合同争议提交仲裁机构仲裁或人民法院审理时，监理人应提供必要的证明资料。

3）监理人应在专用条件约定的授权范围内，处理委托人与承包人所签订合同的变更事宜。如果变更超过授权范围，应以书面形式报委托人批准。

在紧急情况下，为了保护财产和人身安全，监理人所发出的指令未能事先报委托人批准时，应在发出指令后的24小时内以书面形式报委托人。

4）除专用条件另有约定外，监理人发现承包人的人员不能胜任本职工作的，有权要求承包人予以调换。

5）提交报告

监理人应按专用条件约定的种类、时间和份数向委托人提交监理与相关服务的报告。

6）文件资料

在本合同履行期内，监理人应在现场保留工作所用的图纸、报告及记录监理工作的相关文件。工程竣工后，应当按照档案管理规定将监理有关文件归档。

7）使用委托人的财产

监理人无偿使用附录B中由委托人派遣的人员和提供的房屋、资料、设备。除专用条件另有约定外，委托人提供的房屋、设备属于委托人的财产，监理人应妥善使用和保管，在本合同终止时将这些房屋、设备的清单提交委托人，并按专用条件约定的时间和方式移交。

2. 委托人的义务

（1）告知

委托人应在委托人与承包人签订的合同中明确监理人、总监理工程师和授予项目监理机构的权限。如有变更，应及时通知承包人。

（2）提供资料

委托人应按照附录 B 约定，无偿向监理人提供工程有关的资料。在本合同履行过程中，委托人应及时向监理人提供最新的与工程有关的资料。

（3）提供工作条件

委托人应为监理人完成监理与相关服务提供必要的条件。

1）委托人应按照附录 B 约定，派遣相应的人员，提供房屋、设备，供监理人无偿使用。

2）委托人应负责协调工程建设中所有外部关系，为监理人履行本合同提供必要的外部条件。

（4）委托人代表

委托人应授权一名熟悉工程情况的代表，负责与监理人联系。委托人应在双方签订本合同后 7 天内，将委托人代表的姓名和职责书面告知监理人。当委托人更换委托人代表时，应提前 7 天通知监理人。

（5）委托人意见或要求

在本合同约定的监理与相关服务工作范围内，委托人对承包人的任何意见或要求应通知监理人，由监理人向承包人发出相应指令。

（6）答复

委托人应在专用条件约定的时间内，对监理人以书面形式提交并要求作出决定的事宜，给予书面答复。逾期未答复的，视为委托人认可。

（7）支付

委托人应按本合同约定，向监理人支付酬金。

9.2.3　违约责任

（1）监理人的违约责任

监理人未履行本合同义务的，应承担相应的责任。

1）因监理人违反本合同约定给委托人造成损失的，监理人应当赔偿委托人损失。赔偿金额的确定方法在专用条件中约定。监理人承担部分赔偿责任的，其承担赔偿金额由双方协商确定。

2）监理人向委托人的索赔不成立时，监理人应赔偿委托人由此发生的费用。

（2）委托人的违约责任

委托人未履行本合同义务的，应承担相应的责任。

1）委托人违反本合同约定造成监理人损失的，委托人应予以赔偿。

2）委托人向监理人的索赔不成立时，应赔偿监理人由此引起的费用。

3）委托人未能按期支付酬金超过 28 天，应按专用条件约定支付逾期付款利息。

（3）除外责任

因非监理人的原因，且监理人无过错，发生工程质量事故、安全事故、工期延误等造成的损失，监理人不承担赔偿责任。

因不可抗力导致本合同全部或部分不能履行时，双方各自承担其因此而造成的损失、损害。

9.2.4 支付

（1）支付货币

除专用条件另有约定外，酬金均以人民币支付。涉及外币支付的，所采用的货币种类、比例和汇率在专用条件中约定。

（2）支付申请

监理人应在本合同约定的每次应付款时间的 7 天前，向委托人提交支付申请书。支付申请书应当说明当期应付款总额，并列出当期应支付的款项及其金额。

（3）支付酬金

支付的酬金包括正常工作酬金、附加工作酬金、合理化建议奖励金额及费用。

（4）有争议部分的付款

委托人对监理人提交的支付申请书有异议时，应当在收到监理人提交的支付申请书后 7 天内，以书面形式向监理人发出异议通知。无异议部分的款项应按期支付，有异议部分的款项按第 7 条约定办理。

9.2.5 合同生效、变更、暂停、解除与终止

（1）生效

除法律另有规定或者专用条件另有约定外，委托人和监理人的法定代表人或其授权代理人在协议书上签字并盖单位章后本合同生效。

（2）变更

1）任何一方提出变更请求时，双方经协商一致后可进行变更。

2）除不可抗力外，因非监理人原因导致监理人履行合同期限延长、内容增加时，监理人应当将此情况与可能产生的影响及时通知委托人。增加的监理工作时间、工作内容应视为附加工作。附加工作酬金的确定方法在专用条件中约定。

3）合同生效后，如果实际情况发生变化使得监理人不能完成全部或部分工作时，监理人应立即通知委托人。除不可抗力外，其善后工作以及恢复服务的准备工作应为附加工作，附加工作酬金的确定方法在专用条件中约定。监理人用于恢复服务的准备时间不应超过 28 天。

4）合同签订后，遇有与工程相关的法律法规、标准颁布或修订的，双方应遵照执行。由此引起监理与相关服务的范围、时间、酬金变化的，双方应通过协商进行相应调整。

5）因非监理人原因造成工程概算投资额或建筑安装工程费增加时，正常工作酬金应作相应调整。调整方法在专用条件中约定。

6）因工程规模、监理范围的变化导致监理人的正常工作量减少时，正常工作酬金应作相应调整。调整方法在专用条件中约定。

（3）暂停与解除

除双方协商一致可以解除本合同外，当一方无正当理由未履行本合同约定的义务时，另一方可以根据本合同约定暂停履行本合同直至解除本合同。

1）在本合同有效期内，由于双方无法预见和控制的原因导致本合同全部或部分无法继续履行或继续履行已无意义，经双方协商一致，可以解除本合同或监理人的部分义务。在解除之前，监理人应作出合理安排，使开支减至最小。

因解除本合同或解除监理人的部分义务导致监理人遭受的损失，除依法可以免除责任

的情况外，应由委托人予以补偿，补偿金额由双方协商确定。

解除本合同的协议必须采取书面形式，协议未达成之前，本合同仍然有效。

2）在本合同有效期内，因非监理人的原因导致工程施工全部或部分暂停，委托人可通知监理人要求暂停全部或部分工作。监理人应立即安排停止工作，并将开支减至最小。除不可抗力外，由此导致监理人遭受的损失应由委托人予以补偿。

暂停部分监理与相关服务时间超过182天，监理人可发出解除本合同约定的该部分义务的通知；暂停全部工作时间超过182天，监理人可发出解除本合同的通知，本合同自通知到达委托人时解除。委托人应将监理与相关服务的酬金支付至本合同解除日，且应承担合同中约定的责任。

3）当监理人无正当理由未履行本合同约定的义务时，委托人应通知监理人限期改正。若委托人在监理人接到通知后的7天内未收到监理人书面形式的合理解释，则可在7天内发出解除本合同的通知，自通知到达监理人时本合同解除。委托人应将监理与相关服务的酬金支付至限期改正通知到达监理人之日，但监理人应承担第4.1款约定的责任。

4）监理人在专用条件5.3中约定的支付之日起28天后仍未收到委托人按本合同约定应付的款项，可向委托人发出催付通知。委托人接到通知14天后仍未支付或未提出监理人可以接受的延期支付安排，监理人可向委托人发出暂停工作的通知并可自行暂停全部或部分工作。暂停工作后14天内监理人仍未获得委托人应付酬金或委托人的合理答复，监理人可向委托人发出解除本合同的通知，自通知到达委托人时本合同解除。委托人应承担合同中约定的责任。

5）因不可抗力致使本合同部分或全部不能履行时，一方应立即通知另一方，可暂停或解除本合同。

6）本合同解除后，本合同约定的有关结算、清理、争议解决方式的条件仍然有效。

（4）终止

以下条件全部满足时，本合同即告终止：

1）监理人完成本合同约定的全部工作；

2）委托人与监理人结清并支付全部酬金。

9.2.6　争议解决

（1）协商

双方应本着诚信原则协商解决彼此间的争议。

（2）调解

如果双方不能在14天内或双方商定的其他时间内解决本合同争议，可以将其提交给专用条件约定的或事后达成协议的调解人进行调解。

（3）仲裁或诉讼

双方均有权不经调解直接向专用条件约定的仲裁机构申请仲裁或向有管辖权的人民法院提起诉讼。

9.2.7　其他

（1）外出考察费用

经委托人同意，监理人员外出考察发生的费用由委托人审核后支付。

（2）检测费用

委托人要求监理人进行的材料和设备检测所发生的费用，由委托人支付，支付时间在专用条件中约定。

（3）咨询费用

经委托人同意，根据工程需要由监理人组织的相关咨询论证会以及聘请相关专家等发生的费用由委托人支付，支付时间在专用条件中约定。

（4）奖励

监理人在服务过程中提出的合理化建议，使委托人获得经济效益的，双方在专用条件中约定奖励金额的确定方法。奖励金额在合理化建议被采纳后，与最近一期的正常工作酬金同期支付。

（5）守法诚信

监理人及其工作人员不得从与实施工程有关的第三方处获得任何经济利益。

（6）保密

双方不得泄露对方申明的保密资料，亦不得泄露与实施工程有关的第三方所提供的保密资料，保密事项在专用条件中约定。

（7）通知

本合同涉及的通知均应当采用书面形式，并在送达对方时生效，收件人应书面签收。

（8）著作权

监理人对其编制的文件拥有著作权。

监理人可单独或与他人联合出版有关监理与相关服务的资料。除专用条件另有约定外，如果监理人在本合同履行期间及本合同终止后两年内出版涉及本工程的有关监理与相关服务的资料，应当征得委托人的同意。

9.3 建设工程勘察、设计合同

9.3.1 建设工程勘察、设计合同概述

1. 建设工程勘察、设计合同的概念

建设工程勘察、设计合同是委托人与承包人为完成一定的勘察、设计任务，明确双方的权利和义务关系的协议。承包人应当完成委托人的勘察设计任务，委托人则应接受符合要求的勘察、设计成果并支付报酬。

建设工程勘察、设计合同的委托人一般是项目业主或建设项目总承包单位；承包人是持有国家认可的勘察、设计证书，具有资质等级的勘察、设计单位。合同的委托人承包人均应具有法人地位。委托人必须是有国家批准的建设项目，落实投资计划的企事业单位、社会团体；或者是获得总承包合同的建设项目的总承包单位。

2. 建设工程勘察、设计合同示范文本简介

建设部、国家工商行政管理局于1996年7月25日颁布了《建设工程勘察、设计合同（示范文本）》，并于2016年和2015年颁布第二次修订版本，即《建设工程勘察合同（示范文本）》（GF－2016－0203）和《建设工程设计合同（示范文本）》（GF－2015－0209/0210）。这两个示范文本采用的是填空式文本，即合同示范文本的编制者将勘察、设计中共性的内容抽象出来编写成通用的条款，但对于一些需要在具体勘察、设计任务中明确的

内容则是留下空格由合同当事人在订立合同时填写。

《建设工程勘察合同（示范文本）》和《建设工程设计合同（示范文本）》都是由协议书、通用条款、专用条款、附录四部分组成。《建设工程勘察合同（示范文本）》通用条款共17条，内容包括：一般约定、发包人、勘察人、工期、成果资料、后期服务、合同价款与支付、变更与调整、不可抗力、合同生效与终止、索赔、争议解决等以及补充条款。《建设工程设计合同（示范文本）》通用条款共17条，内容包括：一般约定、发包人、设计人、工程设计资料、工程设计要求、工程设计进度与周期、工程设计文件交付、工程设计文件审查、施工现场配合服务、合同价款与支付、工程设计变更与索赔、专业责任与保险、知识产权、违约责任、不可抗力、合同解除、争议解决。

9.3.2　建设工程勘察、设计合同的订立

建设工程勘察合同由建设单位、设计单位或有关单位提出委托，经双方同意即可签订。建设工程设计合同须具有上级机关批准的设计任务书方能签订。建设工程勘察、设计合同在当事人双方经过协商取得一致意见，由双方负责人或指定代表签字并加盖公章后，方为有效。

9.3.3　建设工程勘察、设计合同的主要内容

1. 委托方提交有关基础资料的期限

这是对委托方提交有关基础资料在时间上的要求。勘察或者设计的基础资料是指勘察、设计单位进行勘察、设计工作所依据的基础文件和情况。勘察基础资料包括项目的可行性研究报告，工程需要勘察的地点、内容，勘察技术要求及附图等。设计的基础资料包括工程的选址报告等勘察资料以及原料（或者经过批准的资源报告）、燃料、水、电、运输等方面的协议文件，需要经过科研取得的技术资料。委托方应当在合同规定的期限内向承包人提交进行勘察、设计所需的基础资料。

2. 勘察、设计单位提交勘察、设计文件（包括概预算）的期限

这是指勘察、设计单位完成勘察设计工作，交付勘察或者设计文件的期限。勘察、设计文件主要包括勘察、建设设计图纸及说明，材料设备清单和工程的概预算等。勘察、设计文件是工程建设的依据，工程必须按照勘察设计文件进行施工，因此勘察设计文件的交付期限直接影响工程建设的期限，所以当事人在勘察或者设计合同中应当明确勘察、设计文件的交付期限。

3. 勘察或者设计的质量要求

这主要是委托方对勘察、设计工作提出的标准和要求。勘察、设计单位应当按照确定的质量要求进行勘察、设计，按时提交符合质量要求的勘察、设计文件。勘察、设计的质量要求条款明确了勘察、设计成果的质量，也是确定勘察、设计单位工作责任的重要依据。

4. 勘察、设计费用

勘察、设计费用是委托方对勘察、设计单位完成勘察、设计工作的报酬。支付勘察、设计费是委托方在勘察、设计合同中的主要义务。双方应当明确勘察、设计费用的数额和计算方法，勘察设计费用支付方式、地点、期限等内容。

5. 双方的其他协作条件

其他协作条件是指双方当事人为了保证勘察、设计工作顺利完成所应当履行的相互协

助的义务。委托方的主要协作义务是在勘察、设计人员进入现场工作时，为勘察、设计人员提供必要的工作条件和生活条件，以保证其正常开展工作。勘察、设计单位的主要协作义务是配合工程建设的施工，进行设计交底，解决施工中的有关设计问题，负责设计变更和修改预算，参加试车考核和工程验收等。

6. 违约责任

合同当事人双方应当根据国家的有关规定约定双方的违约责任。

9.3.4 建设工程勘察、设计合同的履行

1. 勘察、设计合同的定金

按规定收取费用的勘察、设计合同生效后，委托方应向承包方付给定金。勘察、设计合同履行后，定金抵作勘察、设计费。设计任务的定金为估算的设计费的 20％。委托方不履行合同的，无权请求返还定金。承包方不履行合同的，应当双倍返还定金。

2. 勘察、设计合同双方的权利义务

勘察、设计合同作为双务合同，当事人的权利义务是相互的，一方的义务就是对方的权利。在这里只介绍各自的义务。

（1）委托方的义务

1）向承包方提供开展勘察、设计工作所需的有关基础资料，并对提供的时间、进度与资料的可靠性负责。委托勘察工作的，在勘察工作开展前，应提出勘察技术要求及附图。

委托初步设计的，在初步设计前，应提供经过批准的设计任务书、选址报告以及原料（或经过批准的资料报告）、燃料、水、电、运输等方面的协议文件和能满足初步设计要求的勘察资料、需要经过科研取得的技术资料。

委托施工图设计的，在施工图设计前，应提供经过批准的初步设计文件和能满足施工图设计要求的勘察资料、施工条件以及有关设备的技术资料。

2）在勘察、设计人员进入现场作业或配合施工时，应负责提供必要的工作和生活条件。

3）委托配合引进项目的设计任务，从询价、对外谈判、国内外技术考察直至建成投产的各阶段，应吸收承担有关设计任务的单位参加。

4）按照国家有关规定付给勘察、设计费。

5）维护承包方的勘察成果和设计文件，不得擅自修改，不得转让给第三方重复使用。

（2）承包方的责任

1）勘察单位应按照现行的标准、规范、规程和技术条例，进行工程测量、工程地质、水文地质等勘察工作，并按合同规定的进度、质量提交勘察成果。

2）设计单位要根据批准的设计任务书或上一阶段设计的批准文件，以及有关设计技术经济协议文件、设计标准、技术规范、规程、定额等提出勘察技术要求和进行设计，并按合同规定的进度和质量提交设计文件（包括概预算文件、材料设备清单）。

3）初步设计经上级主管部门审查后，在原定任务书范围内的必要修改，由设计单位负责。原定任务书有重大变更而重作或修改设计时，须具有设计审批机关或设计任务书批准机关的意见书，经双方协商，另订合同。

4）设计单位对所承担设计任务的建设项目应配合施工，进行设计技术交底，解决施工过程中有关设计的问题，负责设计变更和修改预算，参加试车考核及工程竣工验收。对于大中型工业项目和复杂的民用工程应派现场设计代表，并参加隐蔽工程验收。

9.3.5 建设工程勘察、设计合同的变更和解除

设计文件批准后，就具有一定的严肃性，不得任意修改和变更。如果必须修改，也需经有关部门批准，其批准权限，根据修改内容所涉及的范围而定。如果修改部分属于初步设计的内容，必须经设计的原批准单位批准；如果修改的部分是属于可行性研究报告的内容，则必须经可行性研究报告的原批准单位批准；施工图设计的修改，必须经设计单位批准。

委托方因故要求修改工程设计，经承包方同意后，除设计文件的提交时间另定外，委托方还应按承包方实际返工修改的工作量增付设计费。

原定可行性研究报告或初步设计如有重大变更而需重作或修改设计时，须经原批准机关同意，并经双方当事人协商后另订合同。委托方负责支付已经进行了的设计的费用。

委托方因故要求中途停止设计时，应及时书面通知承包方，已付的设计费不退，并按该阶段实际所耗工时，增付和结清设计费，同时终止合同关系。

9.3.6 建设工程勘察、设计合同的违约责任

1. 勘察、设计合同承包方的违约责任

勘察、设计合同承包方违反合同规定的，应承担以下违约的责任：

（1）因勘察、设计质量低劣引起返工或未按期提交勘察、设计文件拖延工期造成发包人损失的，由勘察、设计单位继续完善勘察、设计任务，并应视造成的损失、浪费大小减收或免收勘察、设计费并赔偿损失。

（2）因承包人的原因致使建设工程在合理使用期限内造成人身和财产损害的，承包人应当承担损害赔偿责任。

2. 勘察、设计合同发包方的违约责任

勘察、设计合同发包方违反合同规定的，应承担以下违约的责任：

（1）由于变更计划，提供的资料不准确，未按期提供勘察、设计必需的资料或工作条件而造成勘察、设计的返工、停工、窝工或修改设计，委托方应按承包方实际消耗的工作量增付费用。因委托方责任造成重大返工或重新设计，应另行增费。

（2）委托方超过合同规定的日期付费时，应偿付逾期的违约金。偿付办法与金额，由双方按照国家的有关规定协商，在合同中订明。

9.4 建设工程施工合同

9.4.1 建设工程施工合同概述

1. 建设工程施工合同的概念

建设工程施工合同即建筑安装工程承包合同，是发包人与承包人之间为完成商定的建设工程项目，明确双方权利和义务的协议。依据施工合同，承包人应完成一定的建筑、安装工程任务，发包人应提供必要的施工条件并支付工程价款。

施工合同是建设工程合同的一种，它与其他建设工程合同一样，是一种双务合同，在

订立时也应遵守自愿、公平、诚实信用等原则。

建设工程施工合同是建设工程合同的主要合同，是工程建设质量控制、进度控制、投资控制的主要依据。通过合同关系，可以确定建设市场主体之间的相互权利义务关系，这对规范建筑市场有重要作用。《合同法》对建设工程合同做了专章规定。《建筑法》《招标投标法》也有许多涉及建设工程施工合同的规定。这些法律是我国建设工程施工合同管理的依据。

2. 建设工程施工合同的当事人

施工合同的当事人是发包人和承包人，双方是平等的民事主体。承发包双方签订施工合同，必须具备相应的资质条件和履行施工合同的能力。对合同范围内的工程实施建设时，发包人必须具备组织协调能力；承包人必须具备有关部门核定的资质等级并持有营业执照等证明文件。

(1) 发包人

发包人可以是具备法人资格的国家机关、事业单位、国有企业、集体企业、私营企业、经济联合体和社会团体，也可以是依法登记的个人合伙、个体经营户或个人，即一切以协议、法院判决或其他合法手续取得发包人的资格，承认全部合同条件，能够而且愿意履行合同规定义务（主要是支付工程价款能力）的合同当事人。与发包人合并的单位、兼并发包人的单位、购买发包人合同和接受发包人出让的单位和个人（即发包人的合法继承人），均可成为发包人，履行合同规定的义务，享有合同规定的权利。发包人既可以是建设单位，也可以是取得建设项目总承包资格的项目总承包单位。

(2) 承包人

承包人应是具备与工程相应资质和法人资格的、并被发包人接受的合同当事人。

3. 建设工程施工合同的特征

(1) 合同标的的特殊性

施工合同的标的是各类建筑产品，建筑产品是不动产，其基础部分与大地相连，不能够移动。这就决定了每个施工合同的标的都是特殊的，相互间具有不可替代性。这还决定了施工生产的流动性。建筑物所在地就是施工生产场地，施工队伍、施工机械必须围绕建筑产品不断移动。另外，建筑产品的类别庞杂，其外观、结构、使用目的、使用人都各不相同，这就要求每一个建筑产品都需单独设计和施工，即建筑产品是单件性生产，这也决定了施工合同标的的特殊性。

(2) 合同履行期限的长期性

建筑物的施工由于结构复杂、体积大、建筑材料类型多、工作量大，使得工期都较长（与一般工业产品的生产相比），而合同履行期限肯定要长于施工工期，因为工程建设的施工应当在合同签订后才开始，且需加上合同签订后到正式开工前的一个较长的施工准备时间和工程全部竣工验收后，办理竣工结算及保修期的时间。在工程施工过程中，还可能因为不可抗力、工程变更、材料供应不及时等原因而导致工期的顺延。所有这些情况，决定了施工合同的履行期限具有长期性。

(3) 合同内容的多样性和复杂性

虽然施工合同的当事人只有两方，但其涉及的主体却有多种。与大多数合同相比，施工合同的履行期限长、标的额大，涉及的法律关系（包括劳动关系、保险关系、运输关系等）具有多样性和复杂性。这就要求施工合同的内容尽量详尽。施工合同除了应当具备合同的一般内容外，还应对安全施工、专利技术使用、发现地下障碍物和文物、工程分包、不可抗力、工程设计变更、材料设备的供应、运输、验收等内容作出规定。所有这些都决定了施工合同的内容具有多样性和复杂性。

（4）合同监督的严格性

由于施工合同的履行对国家的经济发展、公民的工作和生活都有重大的影响，因此，国家对施工合同的监督是十分严格的，具体体现在以下几方面：

1）对合同主体监督的严格性

建设工程施工合同主体一般只能是法人。发包人一般只能是经过批准进行工程项目建设的法人，必须有国家批准的建设项目，落实投资计划，并且应当具备相应的协调能力。承包人则必须具备法人资格，而且应当具备相应的从事施工的资质。无营业执照或无承包资质的单位不能作为建设工程施工合同的承包人，资质等级低的单位不能越级承包建设工程。

2）对合同订立监督的严格性

订立建设工程施工合同必须以国家批准的投资计划为前提，即使是国家投资外的、以其他方式筹集的投资也要受到当年的贷款规模和批准限额的限制，纳入当年投资规模的平衡，并经过严格的审批程序。建设工程施工合同的订立还必须符合国家关于建设程序的规定。同时，考虑到建设工程的重要性和复杂性，在施工过程中经常会发生合同履行的纠纷，《合同法》要求建设工程施工合同的订立应采取书面形式。

3）对合同履行监督的严格性

在施工合同的履行过程中，除了合同当事人应当对合同进行严格管理外，合同的主管机关（工商行政管理机构）、金融机构、建设行政主管部门等，都要对施工合同的履行进行严格的监督。

4. 建设工程施工合同的类型

按合同的计价方式不同，建设工程施工合同主要有固定价格合同、可调整价格合同、成本加酬金合同三种。

（1）固定价格合同

固定价格合同是指在约定的风险范围内价款不再调整的合同。这种合同的价款并不是绝对不可调整的，而是约定范围内的风险由承包人承担。双方应当在专用条件内约定合同价款包括的风险费用、承担风险的范围及范围以外的合同价款调整方法。

（2）可调整价格合同

可调整价格合同是指合同价格可以调整，合同双方应当在专用条件内约定合同价款的调整方法。

通常，可调整价格合同中合同价款的调整范围包括：受国家法律、法规和政策变化影响的合同价款；工程造价管理部门公布的价格调整；一周内非承包人原因停水、停电、停气造成停工累计超过 8 小时；双方约定的其他调整或增减等。

（3）成本加酬金合同

成本加酬金合同是由发包人向承包人支付工程项目的实际成本，并按事先约定的某一种方式支付酬金的合同类型。合同价款包括成本和酬金两部分，合同双方应在专用条件中约定成本构成和酬金的计算方法。

9.4.2 建设工程施工合同示范文本简介

《建设工程施工合同（示范文本）》（GF—2017—0201）由协议书、通用合同条款、专用合同条款三部分及附件组成。附件包括承包人承揽工程项目一览表、发包人供应材料设备一览表和工程质量保修书等十个附件。

1. 协议书

协议书开头是发包人、承包人依照《合同法》《建筑法》及其他有关法律、行政法规，遵循平等、自愿、公平和诚实信用的原则，双方就某一项建设工程施工及有关事项协商一致，订立文本合同的承诺（或确认）。结尾是发包人、承包人的组织机构代码、地址、邮编、法定代表人、委托代理人、电话、传真、电子邮箱、开户银行、账号、签字盖章。中间部分是协议书内容。

协议书包括13项内容：工程概况、合同工期、质量标准、签约合同价和合同价格形式、项目经理、合同文件构成、承诺以及合同生效条件等重要内容，集中约定了合同当事人基本的合同权利义务。

2. 通用合同条款

通用合同条款是合同当事人根据《建筑法》《合同法》等法律法规的规定，就工程建设的实施及相关事项，对合同当事人的权利义务作出的原则性约定。

通用合同条款共计20条，具体条款分别为：一般约定、发包人、承包人、监理人、工程质量、安全文明施工与环境保护、工期和进度、材料与设备、试验与检验、变更、价格调整、合同价格、计量与支付、验收和工程试车、竣工结算、缺陷责任与保修、违约、不可抗力、保险、索赔和争议解决。前述条款安排既考虑了现行法律法规对工程建设的有关要求，也考虑了建设工程施工管理的特殊需要。

3. 专用合同条款

专用合同条款是对通用合同条款原则性约定的细化、完善、补充、修改或另行约定的条款。合同当事人可以根据不同建设工程的特点及具体情况，通过双方的谈判、协商对相应的专用合同条款进行修改补充。在使用专用合同条款时，应注意以下事项：

（1）专用合同条款的编号应与相应的通用合同条款的编号一致；

（2）合同当事人可以通过对专用合同条款的修改，满足具体建设工程的特殊要求，避免直接修改通用合同条款；

（3）在专用合同条款中有横道线的地方，合同当事人可针对相应的通用合同条款进行细化、完善、补充、修改或另行约定；如无细化、完善、补充、修改或另行约定，则填写"无"或画"/"。

4. 工程质量保修书

工程质量保修书是《建设工程施工合同》的一个子合同，开头是发包人（全称）、承包人（全称）对保修书的认定：发包人和承包人根据《建筑法》和《建设工程质量管理条例》，经协商一致就××××（工程全称）签订工程质量保修书。保修书最后是双方代表人签字及单位公章、时间。

保修书包括6项内容，即工程质量保修范围和内容、质量保修期、缺陷责任期、质量保修责任、保修费用、双方约定的其他工程质量保证事项。

9.4.3 建设工程施工合同双方的义务

《建设工程施工合同（示范文本）》中的双方是指发包方和承包方，在合同的通用合同条款中叫发包人和承包人。在具体合同的签订和语言交流过程中，习惯上把发包方简称甲方，把承包方简称乙方。

1. 发包人的义务

发包人有义务按专用合同条款约定的内容和时间完成以下工作：

（1）办理土地征用、拆迁补偿、平整施工场地等工作，给施工单位创造良好的工作环境，避免与周边群众产生纠纷。

（2）将施工用水、电力、通信线路等施工所必需的条件接至施工现场内。

（3）保证向承包人提供正常施工所需要的进入施工现场的交通条件。

（4）协调处理施工现场周围地下管线和邻近建筑物、构筑物、古树名木的保护工作，并承担相关费用。

（5）向承包人提供施工现场的工程地质和地下管线资料，为提供给工程设计单位作为地下工程及建筑物基础设计的依据。

（6）办理施工许可证及其他施工所需证件、批件和临时用地、停水、停电、中断道路交通、爆破作业等的审批手续等。

（7）确定水准点和坐标控制点，以书面形式交给承包人，并进行现场交验。

（8）组织承包人和设计单位进行图纸会审和设计交底。

（9）协调处理施工场地周围地下管线和邻近建筑物、构筑物（包括文物保护建筑）、古树名木的保护工作，承担有关费用。

（10）发包方应做的其他工作，双方在专用条款内约定。

由于建设工程的复杂性、个体性、生产周期长且涉及的政策法规、技术条文多，在施工过程中常常会出现一些未能预见的问题则双方在专用合同条款中做一些特殊约定。

发包人未能履行以上各项义务，导致工期延误或给承包人造成损失的，发包人应赔偿承包人有关损失，并顺延因此而延误的工期。

2. 承包人的义务

承包人应按专用合同条款约定的内容和时间完成以下工作：

（1）根据发包人委托，在其设计资质等级和业务允许的范围内，完成施工图设计或与工程配套的设计，经工程师确认后使用，发包人承担由此发生的费用。

（2）向工程师提供年、季、月度工程进度计划及相应的进度统计报表。

（3）根据工程需要，提供和维修非夜间施工使用的照明、围栏设施，并负责安全保卫。

（4）按专用合同条款约定的数量和要求，向发包人提供施工场地办公和生活的房屋及设施，发包人承担由此发生的费用。

（5）遵守政府有关主管部门对施工场地交通、施工噪声以及环境保护安全生产等的规定，按规定办理有关手续，并以书面形式通知发包人，发包人承担由此发生的费用。若是施工单位违章造成的罚款则应由施工单位自己负责。

（6）已竣工工程未交付发包人之前，承包人按专用合同条款约定负责已完工程的保护工作，保护期间发生损坏，承包人自费予以修复；发包人要求承包人采取特殊措施保护的工程部位要相应的追加合同条款，双方在专用合同条款中约定。

（7）按专用合同条款约定做好施工场地地下管线和邻近建筑物、构筑物（包括文物保护建筑）、古树名木的保护工作。

（8）保证施工场地符合环境卫生管理的有关规定，交工前清理现场达到专用合同条款约定的要求，承担因自身原因违反有关规定造成的损失和罚款。

除了上述 8 个方面，还会有承包人应做的其他工作，双方应在专用合同条款中约定。

承包人未能履行以上各项义务，造成发包人损失的，承包人应赔偿发包人有关损失。

9.4.4 建设工程施工合同的质量条款

建筑工程质量是指在国家现行的有关法律、法规、技术标准、设计文件和合同条款中，对工程的安全、适用、经济、美观等特性的综合要求。

建筑工程质量直接关系到国家的利益和形象，关系到国家财产、集体财产、私有财产和人民的生命安全，因此必须加强对建筑工程质量的法律规范。

1. 质量检查与验收

工程质量应当达到协议书约定的质量标准，质量的验收以国家或行业的质量验收标准为依据。因承包人原因工程质量达不到约定的质量标准，承包人承担违约责任。

双方对工程质量有争议，由双方同意的工程质量检测机构鉴定，所需费用及因此造成的损失，由责任方承担。双方均有责任，由双方根据其责任大小分别承担。

承包人应认真按照标准、规范和设计图纸要求以及工程师依据合同发出的指令施工，随时接受工程师的检查检验，为检查检验提供便利条件。

工程质量达不到约定标准的部分，工程师一经发现，应要求承包人拆除和重新施工，承包人应按工程师的要求拆除和重新施工，直到符合约定标准。因承包人原因达不到约定标准，由承包人承担拆除和重新施工的费用，工期不予顺延。

工程师的检查检验不应影响施工正常进行。如影响正常施工进行，检查检验不合格时，影响正常施工的费用由承包人承担。除此之外影响正常施工和追加合同价款由发包人承担，相应顺延工期。

因工程师指令失误或其他非承包人原因发生的追加合同价款，由发包人承担。

工程验收包括下列内容：隐蔽工程的中间验收、重新检验、工程试车和竣工验收。

2. 材料与设备控制

一般的建设工程材料与设备供应分两部分：重要的材料及大件设备由发包人自己供应，而普通材料及小件设备由承包人供应。

实行发包人供应材料与设备的，双方应当约定发包人供应材料与设备的一览表，作为本合同附件。一览表包括发包人供应材料与设备的品种、规格、型号、数量、单位、质量等级、提供时间和地点。发包人按一览表约定的内容提供材料与设备，并向承包人提供产品合格证明，对其质量负责。发包人在所供应材料与设备到货前 24 小时，以书面形式通知承包人，由承包人派人与发包人共同清点。

发包人供应的材料与设备，承包人派人参加清点后由承包人妥善保管，发包人支付相应费用。因承包人原因发生丢失损坏，由承包人负责赔偿。发包人未通知承包人清点，承包人不负责材料与设备的保管，丢失损坏由发包人负责。

发包人供应的材料与设备与一览表不符时，发包人承担有关责任。发包人应承担责任的具体内容，双方根据情况在专用合同条款内约定。

发包人供应的材料与设备使用前，由承包人负责检验或试验，不合格的不得使用，检验或试验费用由发包人承担。

承包人负责采购材料与设备的，应按照专用合同条款约定及设计和有关标准要求采购，并提供产品合格证明，对材料与设备质量负责。承包人在材料设备到货前24小时通知工程师清点。

承包人采购的材料与设备与设计或者标准要求不符时，承包人应按工程师要求的时间运出施工场地，重新采购符合要求的产品，承担由此发生的费用，由此延误的工期不予顺延。

承包人采购的材料在使用前，承包人应按工程师的要求进行检验或试验，不合格的不得使用，检验或试验费用由承包人承担。

工程师发现承包人采用或使用不符合设计或标准要求的材料与设备时，应要求承包人修复、拆除或重新采购，并承担发生的费用，由此延误的工期不予顺延。

承包人需要使用代用材料时，应经工程师认可后才能使用，由此增减的合同价款双方以书面形式议定。

由承包人采购的材料与设备，发包人不得指定生产商或供应商。

3. 工程试车

工程试车是指设备安装工程中部分或整体安装完毕后进行的设备试运转，用以检验安装工程质量是否合格。工程试车包括单机试车、联动试车和投料试车三种形式。单机试车是整个工程中某一部设备安装完毕，它的开机运转不影响其他设备；联动试车是整个设备系统都已安装完毕，各部分之间水、气、电管线都已连通，一旦启动整个系统都处于运转状态；投料试车是联动试车合格后在系统内投入产品原料进行试生产。

（1）单机试车

设备安装工程具备单机无负荷试车条件，承包人组织试车，并在试车前48小时以书面形式通知工程师。通知包括试车内容、时间、地点。承包人准备试车记录，发包人根据承包人要求为试车提供必要条件。试车合格，工程师在试车记录上签字。工程师不能按时参加试车，须在开始试车前24小时以书面形式向承包人提出延期要求，延期不能超过48小时。工程师未能按以上时间提出要求，不参加试车，应承认试车记录。

（2）联动试车

设备安装具备无负荷联动试车条件，发包人组织试车，并在试车前48小时以书面形式通知承包人。通知包括试车内容、时间、地点和对承包人的要求，承包人按要求做好准备工作。试车合格，双方在试车记录上签字。

（3）投料试车

投料试车应在工程竣工验收后由发包人负责，如发包人要求在工程竣工前进行或需要承包人配合时，应征得承包人同意，另行签订补充协议。

9.4.5 建设工程施工合同的管理性条款

1. 工程分包

《建筑法》明确规定：提倡对建筑工程实行总承包，禁止将建筑工程肢解发包；禁止承包单位将其承包的全部建筑工程转包他人；禁止承包单位将承包的全部建筑工程肢解以后以分包的名义转包给他人；禁止分包单位将其承包的工程再分包。

《建设工程施工合同（示范文本）》关于工程分包的条款规定：

（1）承包人按专用合同条款的约定分包所承包的工程，并与分包单位签订分包合同。未经发包人同意，承包人不得将其承包工程的任何部分分包。

（2）承包人不得将其承包的全部工程转包给他人，也不得将其承包的全部工程肢解以后以分包的名义转包给他人。

（3）工程分包不能解除承包人的任何责任与义务。承包人应在分包场地派驻相应管理人员，保证本合同的履行。分包单位的任何违约行为或疏忽导致工程损害或给发包人造成其他损失，承包人承担连带责任。

（4）分包工程价款由承包人与分包单位结算。发包人未经承包人同意不得以任何形式向分包单位支付各种工程款项。

2. 工程变更

工程变更主要是指工程设计变更。由于建设工程的技术复杂性及多专业相互配合设计，施工图纸虽经多方审核，也难免不出一丝一毫的差错。一项工程在施工过程中所用材料供应、施工方法难易、自然条件变化等因素也会影响到原设计意图的实施。因此，任何建设工程施工过程中出现一些图纸变更都是正常的。变更的原因可能来自甲方也可能来自乙方，有时可能来自城市建设管理或上级主管部门。任何工程设计变更都必须在政策法规允许的范围内进行，一些重要的设计意图如使用性质、规模、建筑坐标等与城市规划及上级批文有关的设计内容，任何方面都无权随意变更。工程设计变更的程序及责任如下：

（1）施工中发包人需对原工程设计进行变更，应提前 14 天以书面形式向承包人发出变更通知。变更超过原设计标准或批准的建设规模时，发包人应报规划管理部门和其他有关部门重新审查批准，并由原设计单位提供变更的相应图纸和说明。

（2）施工中承包人不得对原工程设计进行变更。因承包人擅自变更设计发生的费用和由此导致发包人的直接损失，由承包人承担，延误的工期不予顺延。

（3）承包人在施工中提出的合理化建议涉及到对设计图纸或施工组织设计的更改及对材料的换用，须经工程师同意。未经同意擅自更改或换用时，承包人承担由此发生的费用，并赔偿发包人的有关损失，延误的工期不予顺延。

工程师同意采用承包人合理化建议，所发生的费用和获得的收益，发包人和承包人另行约定分担或分享。

此外，合同履行中发包人要求变更工程质量标准及发生其他实质性变更，由双方协商解决。

3. 违约责任

在建设工程施工合同中的甲、乙双方，同为合同当事人。根据《合同法》的规定：合同当事人的法律地位平等，一方不得将自己的意志强加给另一方；依法成立的合同，对当事人具有法律约束力；当事人应当按照约定履行自己的义务，不得擅自变更或者解除合同；依法成立的合同，受法律保护。所以，在建设工程施工合同实施过程中，甲、乙双方都应当而且必须努力按合同约定履行自己的义务，不使自己违约。违约则应当承担责任。

发包人承担违约责任，赔偿因其违约给承包人造成的经济损失，顺延延误的工期。双方在专用条款内约定发包人赔偿承包人损失的计算方法或者发包人应当支付违约金的数额或计算方法。

承包人承担违约责任，赔偿因其违约给发包人造成的损失。双方在专用条款内约定承包人赔偿发包人损失的计算方法或者承包人应当支付违约金的数额或计算方法。

一方违约后，另一方要求违约方继续履行合同时，违约方承担上述违约责任后仍应继续履行合同。

4. 施工索赔

建设工程施工索赔在国际建筑市场上是承包商保护自身正当权益、弥补工程损失、提高经济效益的重要和有效手段。由于我们国家社会主义市场经济体制建立较晚，所以在建设工程实施过程中发生的索赔事件还很少，甚至多数工程技术人员还不了解施工索赔的程序及重要性。随着我国改革开放的不断深入及加入世界贸易组织之后，世界银行贷款项目、外资项目在国内大量开工，国内建筑承包公司也逐步走向国际建筑承包市场，建设工程施工索赔逐渐被国内的建设单位、施工单位、工程咨询公司等重视。建设工程施工索赔的具体内容参见教学单元10相关内容。

9.4.6　建设工程施工合同的订立

1. 订立施工合同的条件及原则

（1）订立施工合同应具备的条件

1）初步设计已经批准；

2）工程项目已经列入年度建设计划；

3）有能够满足施工需要的设计文件和有关技术资料；

4）建设资金和主要建筑材料设备来源已经落实；

5）招标投标工程中标通知书已经下达。

（2）订立施工合同应当遵守的原则

1）遵守国家法律、行政法规和国家计划原则

订立施工合同，必须遵守国家法律、行政法规，也应遵守国家的建设计划和其他计划（如贷款计划等）。建设工程施工对经济发展、社会生活有多方面的影响，国家有许多强制性的管理规定，施工合同当事人必须遵守。

2）平等、自愿、公平的原则

签订施工合同的当事人双方都具有平等的法律地位，任何一方都不得强迫对方接受不平等的合同条件。当事人有权决定是否订立施工合同和施工合同的内容，合同内容应当是双方当事人真实意思的体现。合同的内容应当是公平的，不能损害任何一方的利益，对于显失公平的施工合同，当事人一方有权申请人民法院或者仲裁机构予以变更或者撤销。

3）诚实信用原则

诚实信用原则要求在订立施工合同时要诚实，不得有欺诈行为，合同当事人应当如实将自身和工程的情况介绍给对方。在履行合同时，施工合同当事人要守信用，严格履行合同。

2. 订立施工合同的程序及内容

（1）订立施工合同的程序

施工合同作为合同的一种，其订立也应经过要约和承诺两个阶段。通常，施工合同的订立方式有两种：直接发包和招标发包。对于必须进行招标的建设工程项目的施工都应通

过招标方式确定承包人。

中标通知书发出后，中标人应当与建设单位及时签订合同。依据《招标投标法》规定，中标通知书发出 30 天内，中标人应与建设单位依据招标文件、投标书等签订工程承发包合同（施工合同）。签订合同的承包人必须是中标人，投标书中确定的合同条款在签订时不得更改，合同价应与中标价相一致。如果中标人拒绝与建设单位签订合同，则建设单位将不再返还其投标保证金（如果是由银行等金融机构出具投标保函的，则投标保函出具者应当承担相应的保证责任），建设行政主管部门或其授权机构还可给予一定的行政处罚。

（2）施工合同的内容

订立施工合同通常按所选定的合同示范文本或双方约定的合同条件协商签订以下主要内容：合同的法律基础；合同语言；合同文本的范围；双方当事人的权利及义务（包括工程师的权力及工作内容）；合同价格；工期与进度控制；质量检查、验收和工程保修；工程变更；风险、双方的违约责任和合同的终止；索赔和争议的解决等内容。

9.4.7 建设工程施工合同的履行

工程施工过程就是施工合同的履行过程。要使合同顺利实施，合同双方必须共同完成各自的合同责任，确保工程圆满完成。

1. 发包人的施工合同履行

发包人在合同履行中，应当严格按照施工合同的规定，履行应尽的义务。施工合同内规定应由发包人负责的工作，都是合同履行的基础，是为承包人开工、施工创造的先决条件，发包人必须严格履行。

在履行管理中，发包人也应实现自己的权利、履行自己的职责，对承包人的施工活动进行监督、检查。发包人对施工合同履行的管理主要是通过工程师进行的。在合同履行中进行以下管理工作。

（1）进度管理

按合同规定，要求承包人在开工前提出包括分月、分阶段进度施工的总进度计划，并加以审核；按照分月、分阶段进度计划进行实际检查；对影响进度计划的因素进行分析，属于发包人的原因，应及时主动解决，属于承包人的原因，应督促其迅速解决；在同意承包人修改进度计划时，审批承包人修改的进度计划；确认竣工日期的延误等。

（2）质量管理

按合同规定，检验工程使用的材料、设备质量；检验工程使用的半成品及构件质量；按合同规定的规范、规程，监督检验施工质量；按合同规定的程序，验收隐蔽工程和需要中间验收工程的质量；验收单项竣工工程和全部竣工工程的质量等。

（3）费用管理

严格进行合同约定的价款的管理；当出现合同约定的情况时，对合同价款进行调整；对预付工程款进行管理，包括批准和扣还；对工程量进行核实确认；进行工程款的结算和支付；对变更价款进行确定；对施工中涉及的其他费用，如安全施工、专利技术等方面涉及的费用进行管理；办理竣工结算；对保修金进行管理等。

（4）施工合同档案管理

发包人应做好施工合同的档案管理工作。工程项目全部竣工之后，应将全部合同文件加以系统整理，建档保管。在合同履行过程中，对合同文件，包括有关的签证、记录、协议、补充合同、备忘录、函件、电报、电传等都应做好系统分类，认真管理。

（5）工程变更及索赔管理

发包人应尽量减少不必要的工程变更，对已发生的变更，应按合同的有关规定进行变更工程的估价。

在索赔管理中应按合同规定的索赔程序和方法，认真地分析承包人提出的索赔要求，仔细计算索赔费用及工期补偿，公平、合理、及时地解决索赔争议，以便顺利完成合同。

2. 承包人的施工合同履行

在工程施工阶段合同管理的基本目标是全面地完成合同责任，按合同规定的工期、质量、价格要求完成工程。合同签订后，承包人的首要任务是选定项目经理，由他全面负责工程管理工作（目前实行的招标项目中，在投标书中承包人就已列出准备派驻该工程的主要管理和技术人员名单）。而项目经理首先必须组建包括合同管理人员在内的项目管理小组，并着手进行施工准备工作。现场的施工准备工作一经开始，合同管理的工作重点就转移到施工现场，直到工程全部结束。承包人在施工合同履行过程中的合同管理的主要工作主要有：

（1）建立合同实施的保证体系，以保证合同实施过程中的一切日常事务性工作有秩序地进行，使工程项目的全部合同事件处于控制中，保证合同目标的实现。

（2）监督承包人的工程小组和分包商按合同实施，并做好各分包合同的协调和管理工作。承包人应以积极合作的态度完成自己的合同责任，努力做好自我监督，同时也应督促发包人完成合同责任，以保证工程顺利进行。

（3）对合同实施情况进行跟踪。收集合同实施的信息，收集各种工程资料，将合同实施情况与合同分析资料进行对比分析，找出其中的偏差，对合同履行情况作出诊断，向项目经理及时通报合同实施情况及问题，提出合同实施方面的意见、建议、甚至警告。

（4）进行合同变更管理。这里主要包括参与变更谈判，对合同变更进行事务性的处理：落实变更措施，修改变更相关的资料，检查变更措施的落实情况。

（5）日常的索赔管理。在工程实施过程中，承包人与发包人、总（分）包商、材料供应商、银行之间都可能有索赔，合同管理人员承担着主要的索赔任务，负责日常的索赔处理事务，具体包括：对收集到的对方的索赔报告进行审查分析，收集反驳理由和证据，复核索赔值，起草索赔报告；对由于干扰事件引起的损失，向责任者提出索赔要求，收集索赔证据和理由，分析干扰事件的影响，计算索赔值，起草索赔报告；参加索赔谈判，对索赔中涉及到的问题进行处理。

9.4.8 建设工程施工合同的解除

施工合同订立后，当事人应当按照合同的约定履行。在一定的条件下，合同没有履行或者没有完全履行，当事人也可以解除合同。

1. 可以解除合同的情形

（1）合同的协商解除

施工合同当事人协商一致，可以解除。这是在合同成立以后、履行完毕以前，双方当事人通过协商而同意终止合同关系的解除。当事人的这项权利是合同中意思自治的具体体现。

（2）发生不可抗力时合同的解除

因为不可抗力或者非合同当事人的原因，造成工程停建或缓建，致使合同无法履行，合同双方可以解除合同。

（3）当事人违约时合同的解除

1）发包人不按合同约定支付工程款（进度款），双方又未达成延期付款协议，导致施工无法进行，承包人停止施工超过56天，发包人仍不支付工程款（进度款），承包人有权解除合同。

2）承包人将其承包的全部工程转包给他人或者肢解后以分包的名义分别转包他人，发包人有权解除合同。

3）合同当事人一方的其他违约致使合同无法履行，合同双方可以解除合同。

2. 一方主张解除合同的程序

一方主张解除合同的，应向对方发出解除合同的书面通知，并在发出通知前7天告知对方。通知到达对方时合同解除。对解除合同有异议的，按照解决合同争议程序处理。

3. 合同解除后的善后处理

合同解除后，当事人双方约定的结算和清理条款仍然有效。承包人应当按照发包人要求妥善做好已完工程和已购材料、设备的保护和移交工作，按发包人要求将自有机械设备和人员撤出施工场地。发包人应为承包人撤出提供必要条件，支付以上所发生的费用，并按合同约定支付已完工程款。已订货的材料、设备由订货方负责退货或解除订货合同，不能退还的货款和退货、解除订货合同发生的费用，由发包人承担。

9.5 建设工程其他相关合同

建筑施工企业在项目进行过程中，必然会涉及多种合同关系，如建设物资的采购涉及买卖合同及运输合同、工程投保涉及保险合同，有时还会涉及租赁合同、承揽合同等。建筑施工企业的项目管理人员不但要做好对施工合同的管理，也要做好对建设工程涉及的其他合同的管理，这是项目施工能够顺利进行的基础和前提。

9.5.1 买卖合同

买卖合同是经济活动中最常见的一种合同，也是建设工程中需经常订立的一种合同。在建设工程中，建筑材料、设备的采购是买卖合同，施工过程中的一些工具、生活用品的采购也是买卖合同。在建设工程合同的履行过程中，承包方和发包方都需要经常订立买卖合同。当然，建设工程合同当事人在买卖合同中总是处于买受人的位置。

1. 买卖合同概述

（1）买卖合同的概念

买卖合同是出卖人转移标的物的所有权于买受人，买受人支付价款的合同。买卖合同是经济活动中最常见的一种合同，它以转移财产所有权为目的，合同履行后，标的物的所有权转移归买受人。

买卖合同的出卖人除了应当向买受人交付标的物并转移标的物的所有权外，还应对标的物的瑕疵承担担保义务。即出卖人应保证他所交付的标的物不存在可能使其价值或使用价值降低的缺陷或其他不符合合同约定的品质问题，也应保证他所出卖的标的物不侵犯任何第三方的合法权益。买受人除了应按合同约定支付价款外，还应承担按约定接受标的物的义务。

（2）买卖合同的内容

买卖合同除了应当具备合同一般应当具备的内容外，还可以包括包装方式、检验标准和方法、结算方式、合同使用的文字及其效力等条款。

2. 买卖合同的履行

（1）标的物的交付

标的物的交付是买卖合同履行中最重要的环节，标的物的所有权自标的物交付时转移。

1）标的物的交付期限。合同双方应当约定交付标的物的期限，出卖人应当按照约定的期限交标的物。如果双方约定交付期间的，出卖人可以在该交付期间内的任何时间交付。

当事人没有约定标的物的交付期间或者约定不明确的，可以协议补充，不能达成补充协议的，按照合同有关条款或者交易习惯确定。如果仍不能确定，则出卖人可以随时履行，买受人也可以随时要求履行，但应当给对方必要的准备时间。

标的物在订立合同之前已为买受人占有的，合同生效的时间为交付的时间。

2）标的物的交付地点。合同双方应当约定交付标的物的地点，出卖人应当按照约定的地点交付标的物。如果当事人没有约定交付地点或者约定不明确，事后没有达成补充协议，也无法按照合同有关条款或者交易习惯确定，则适用下列规定：

第一，标的物需要运输的，出卖人应当将标的物交付给第一承运人以运交给买受人。

第二，标的物不需要运输，出卖人和买受人订立合同时知道标的物在某一地点的，出卖人应当在该地点交付标的物，不知道标的物在某一地点的，应当在出卖人订立合同时的营业地交付标的物。

（2）买受人对标的物的检验

检验即检查与验收，对买受人来说既是一项权利也是一项义务。买受人收到标的物时应当在约定的检验期间内检验，没有约定检验期间的，应当及时检验。当事人约定检验期间的，买受人应当在检验期间内将标的物的数量或者质量不符合约定的情形通知出卖人。买受人怠于通知的，视为标的物的数量或者质量符合约定。当事人没有约定检验期间的，买受人应当在发现或者应当发现标的物的数量或者质量不符合约定的合理期间内通知出卖人。买受人在合理期间内未通知或者自标的物收到之日起两年内未通知出卖人的，视为标的物的数量或者质量符合约定，但对标的物有质量保证期的，适用质量保证期，不适用该两年的规定。

出卖人知道或者应当知道提供的标的物不符合约定的，买受人不受前两款规定的通知时间的限制。

（3）买受人支付价款

买受人应当按照约定的数额支付价款。对价款没有约定或者约定不明确的，由当事人协议补充，或按合同其他条款或交易习惯确定。

买受人应当按照约定的地点支付价款。对支付地点没有约定或者约定不明确，买受人应当在出卖人的营业地支付，但约定支付价款以交付标的物或者交付提取标的物单证为条件的，在交付标的物或者交付提取标的物单证的所在地支付。

买受人应当按照约定的时间支付价款。对支付时间没有约定或者约定不明确，买受人应当在收到标的物或者提取标的物单证的同时支付。

9.5.2 货物运输合同

在工程建设过程中，存在着大量的建筑材料、设备、仪器等的运输问题。做好货物运输合同的管理对确保工程建设的顺利进行有重要的作用。

1. 货物运输合同的概念

货物运输合同是由承运人将承运的货物从起运地点运送到指定地点，托运人或者收货人向承运人交付运费的协议。

货物运输合同中至少有承运人和托运人两方当事人，如果运输合同的收货人与托运人并非同一人，则货物运输合同有承运人、托运人和收货人三方当事人。在我国，可以作为承运人的有以下民事主体：①国有运输企业，如铁路局、汽车运输公司等；②集体运输组织，如运输合作社等；③城镇个体运输户和农村运输专业户。可以作为托运人的范围非常广泛，国家机关、企事业法人、其他社会组织、公民等可以成为货物托运人。

2. 货物运输合同的种类

货物运输合同根据不同的标准可以进行不同的分类。

（1）以运输的货物进行分类

以运输的货物进行分类，可以将货物运输合同分为普通货物运输合同、特种货物（如鲜活货物等）运输合同和危险货物运输合同。

（2）以运输工具进行分类

以运输工具进行分类，可以将货物运输合同分为铁路货物运输合同、公路货物运输合同、水路货物运输合同、航空货物运输合同等。由于我国对运输业的管理是根据运输工具的不同而分别进行的，因此这种分类方式是最重要的。另外，由于科学技术的发展，运输工具的种类也越来越多，以此种方法分类，仍将不断出现新的运输合同，如管道货物运输合同等。

3. 货物运输合同的管理

在工程建设中，如果需要运输的货物是大批量的，则应做好物资供应计划，并根据自己的物资供应计划向运输部门申报运输计划。在合同的履行中还应特别注意以下问题：

（1）做好货物的包装

需要包装的货物，应当按照国家包装标准或者行业包装标准进行包装。没有规定统一包装标准的，要根据货物性质，在保证货物运输安全的原则下进行包装，并按国家规定标明装储运指示标志。

（2）应及时交付和领取托运的货物

运输行业具有较强的时间性，一定要按照约定的时间交货。同时，应及时地将领取货物凭证交付给收货人，并通知其到指定地点领取。如领取货物需准备人力、设备、工具的，则要提前安排。

（3）对特种货物和危险货物的运输应做好准备工作

特种货物和危险货物的运输，必须单独填写运单，如实写明运输物品的名称、性质等，按有关部门的要求包装和附加明显标志。如果特种货物和危险货物中须有关部门证明文件才能运输的货物，托运人应将证明文件与货物运单同时交给承运人。

（4）出现应由承运人承担的责任应及时索赔

我国的运输法规对货物运输合同的索赔时效作了特别规定，其时效大大短于我国《民法通则》规定的诉讼时效，一般都是货物运抵到达地点或货运记录交给托运人、发货人的次日起算不超过180天。这就要求托运人或收货人应对运抵目的地货物及时进行检查验收，发现由承运人承担的责任则应及时提出索赔。

9.5.3 保险合同

1. 保险合同的概念

保险合同是指投保人与保险人约定保险权利义务关系的协议。

投保人是指与保险人订立保险合同，并按照保险合同负有支付保险费义务的人。保险人指与投保人订立保险合同，并承担赔偿或者给付保险金责任的保险公司。

保险公司在履行中还会涉及被保险人和受益人的概念。被保险人是指其财产或者人身受保险合同保障，享有保险金请求权的人，投保人可以为被保险人。受益人是指人身保险合同中由被保险人或者投保人指定的享有保险金请求权的人，投保人、被保险人可以为受益人。

2. 保险合同的基本条款

保险合同应包括下列事项：

（1）保险人名称和住所；

（2）投保人、被保险人名称和住所，以及人身保险的受益人的名称和住所；

（3）保险标的；

（4）保险责任和责任免除；

（5）保险期间和保险责任开始时间；

（6）保险价值；

（7）保险金额（指保险人承担赔偿或给付保险金责任的最高限额）；

（8）保险费以及支付办法；

（9）保险金赔偿或者给付办法；

（10）违约责任和争议处理；

（11）订立合同的年、月、日。

保险人与投保人也可就与保险有关的其他事项作出约定。

3. 保险合同的分类

（1）财产保险合同

财产保险合同是以财产及其有关利益为保险标的的保险合同。在财产保险合同中，保险合同的转让应当通知保险人，经保险人同意继续承保后，依法转让合同。在合同的有效期内，保险标的危险程度增加的，被保险人按照合同约定应当及时通知保险人，保险人有权要求增加保险费或者变更合同。

建筑工程一切险和安装工程一切险都为财产保险合同。

（2）人身保险合同

人身保险合同是以人的寿命和身体为保险标的的保险合同。投保人应向保险人如实申报被保险人的年龄、身体状况。投保人于合同成立后，可以向保险人一次支付全部保险费，也可以按照合同规定分期支付保险费。人身保险的受益人由被保险人或者投保人指定。保险人对人身保险的保险费，不得用诉讼方式要求投保人支付。

4. 保险合同的履行

保险合同订立后，当事人双方必须严格、全面地按保险合同订明的条款履行各自的义务。在订立保险合同前，当事人双方均应履行告知义务，即保险人应将办理保险的有关事项告知投保人；投保人应当按照保险人的要求，将主要危险情况告知保险人。在保险合同订立后，投保人应按照约定期限交纳保险费，应遵守有关消防、安全、生产操作和劳动保护方面的法规及规定。保险人可以对被保险财产的安全情况进行检查，如发现不安全因素，应及时向投保人提出清除不安全因素的建议。在保险事故发生后，投保人有责任采取一切措施，避免扩大损失，并将保险事故发生的情况及时通知保险人。保险人对保险事故所造成的保险标的损失或者引起的责任，应当按照保险合同的规定履行赔偿或给付责任。

保险事故发生后，保险人已支付了全部保险金额，并且保险金额相等于保险价值的，受损保险标的全部权利归于保险人；保险金额低于保险价值的，保险人按照保险金额与保险时此保险标的的价值取得保险标的的部分权利。

9.5.4 租赁合同

1. 租赁合同概述

租赁合同是出租人将租赁物交付承租人使用、收益，承租人支付租金的合同。租赁合同是转让财产使用权的合同，合同的履行不会导致财产所有权的转移，在合理有效期满后，承租人应当将租赁物交还出租人。

租赁合同的形式没有限制，但租赁期限在 6 个月以上的，应当采用书面形式。

随着市场经济的发展，在工程建设过程中出现了越来越多的租赁合同。特别是建筑施工企业的施工工具、设备，如果自备过多，则购买费用、保管费用都很高，所以大多依靠设备租赁来满足施工高峰期的使用需要。

2. 租赁合同的内容

租赁合同的内容包括以下条款：

（1）租赁物的名称

租赁物的名称是指租赁合同的标的，必须是有形、特定的非消费物，即能够反复使用的各种耐耗物品。租赁物还必须是法律允许流通的物。

（2）租赁物的数量

租赁物的数量是指以数字和计量单位表示的租赁物的尺度。

（3）用途

合同中约定的用途对双方都有约束力。出租人应当在租赁期间保持租赁物符合约定的用途。承租人应当按照约定的用途使用租赁物。

（4）租赁期限

当事人应当约定租赁期限，租赁期限不得超过 20 年，但无最短租赁期限的限制。租赁期限超过 20 年的，超过部分无效。当事人对租赁期限没有约定或者约定不明确的，可以协议补充；不能达成补充协议的，按照合同有关条款或者交易习惯确定。如果仍不能确定的，视为不定期租赁。当事人未采用书面形式的租赁合同也视为不定期租赁。对于不定期租赁，当事人可以随时解除合同，但出租人解除合同应当在合理期限之前通知承租人。

（5）租金及其支付期限和方式

租金是指承租人为了取得财产使用权而支付给出租人的报酬。当事人在合同中应当约定租金的数额、支付期限和方式。对于支付期限没有约定或者约定不明确的，可以协议补充；不能达成补充协议的，按照合同有关条款或者交易习惯确定。如果仍不能确定的，租赁期间不满1年的，应当在租赁期间届满时支付；租赁期间1年以上的，应当在每届满1年时支付，剩余期间不满1年的，应当在租赁期间届满时支付。

（6）租赁物的维修

合同当事人应当约定租赁期间由哪一方承担维修责任及维修对租金和租赁期限的影响。在正常情况下，出租人应当履行租赁物的维修义务，但当事人也可约定由承租人承担维修义务。

3. 租赁合同的履行

（1）关于租赁物的使用

出租人应当按照约定将租赁物交付承租人。承租人应当按照约定的方法使用租赁物，对租赁物的使用方法没有约定或者约定不明确，可以协议补充；不能达成补充协议的，按照合同有关条款或者交易习惯确定。如果仍不能确定的，应当按照租赁物的性质使用。

承租人按照约定的方法或者租赁物的性质使用租赁物，致使租赁物受到损耗的，不承担损害赔偿责任。承租人未按照约定的方法或者租赁物的性质使用租赁物，致使租赁物受到损失的，出租人可以解除合同并要求赔偿损失。

（2）关于租赁物的维修

如果没有特殊的约定，承租人可以在租赁物需要维修时要求出租人在合理期限内维修。出租人未履行维修义务的，承租人可以自行维修，维修费用由出租人承担。因维修租赁物影响承租人使用的，应当相应减少租金或者延长租期。

（3）关于租赁物的保管和改善

承租人应当妥善保管租赁物，因保管不善造成租赁物毁损的、灭失的，应当承担损害赔偿责任。承租人经出租人同意，可以对租赁物进行改善或者增设他物。承租人未经出租人同意，对租赁物进行改善或者增设他物的，出租人可以要求承租人恢复原状或者赔偿损失。

（4）关于转租和续租

承租人经出租人同意，可以将租赁物转租给第三人。承租人转租的，承租人与出租人之间的租赁合同继续有效，第三人对租赁物造成损失的，承租人应当赔偿损失。承租人未经出租人同意转租的，出租人可以解除合同。

租赁期间届满，承租人应当返还租赁物。返还的租赁物应当符合按照约定或者租赁物的性质使用后的状态。当事人也可以续订租赁合同，但约定的租赁期限自续订之日起不得超过20年。租赁期届满，承租人继续使用租赁物，出租人没有提出异议的，原租赁合同继续有效，但租赁期限为不定期。

9.5.5 承揽合同

由于我国合同法规定，建设工程合同一章中没有规定的，适用承揽合同的有关规定。因此，承揽合同的有如下主要内容。

1. 承揽合同概述

承揽合同是承揽人按照定做人的要求完成工作，交付工作成果，定作人给付报酬的合同。承揽包括加工、定作、修理、复制、测试、检验等工作。

承揽合同的标的即当事人权利义务指向的对象是工作成果，而不是工作过程和劳务、智力的支出过程。承揽合同的标的一般是有形的，或至少要以有形的载体表现，不是单纯的智力技能。

承揽合同的内容包括承揽的标的、数量、质量、报酬、承揽方式、材料的提供、履行期限、验收标准和方法等条款。

2. 承揽合同的履行

（1）承揽人的履行

承揽人应当以自己的设备、技术和劳力完成主要工作，但当事人另有约定的除外。承揽人可以将承揽的辅助工作交由第三人完成。承揽人将其承揽的辅助工作交由第三人完成的，应当就该第三人完成的工作成果向定作人负责。

如果合同约定由承揽人提供材料的，承揽人应当按照约定选用材料，并接受定作人检验。如果是定作人提供材料的，承揽人应当及时检验，发现不符合约定的，应当及时通知定作人更换、补齐或者采取其他补救措施。承揽人发现定作人提供的图纸或者技术要求不合理，应当及时通知定作人。

承揽人在工作期间，应当接受定作人必要的监督检验。定作人不得因监督检验妨碍承揽人的正常工作。承揽人完成工作，应当向定作人交付工作成果，并提交必要的技术资料和有关质量证明。

（2）定作人的履行

定作人应当按照约定的期限支付报酬。定作人未向承揽人支付报酬或者材料费等价款，承揽人对完成的工作成果享有留置权。

承揽工作需要定作人协助的，定作人有协助的义务。定作人不履行协助义务致使承揽工作不能完成的，承揽人可以催告定作人在合理期限内履行义务，并可以顺延履行期限；定作人逾期不履行的，承揽人可以解除合同。

如果合同约定由定作人提供材料，定作人应当按照约定提供材料。承揽人通知定作人提供的图纸或者技术要求不合理后，因定作人怠于答复等原因造成承揽人损失的，应当赔偿损失。

定作人中途变更承揽工作的要求，造成承揽人损失的，应当赔偿损失。定作人可以随时解除承揽合同，造成承揽人损失的，应当赔偿损失。定作人可以变更和解除承揽合同，这是对定作人的特别保护。因为定作物往往是为了满足定作人的特殊需要的，如果定作人需要的定作物发生变化或者根本不再需要定作物，再按照合同约定制作定作物将没有任何意义。

案 例 分 析

案例 9-1

【案情简介】

A 公司为修建一座综合楼，经过一系列的招标、投标，最后选定 B 公司作为承包方，并于 2000 年 8 月 10 日签订了一份合同。合同约定，B公司于 10 月 10 日开始施工，施工前一个月内，A公司提供技术资料和设计图纸，并且在正式开工前一个月将工程的用电、用水等前期问题解决；工程造价 800 万元，A公司先行支付 200 万元的前期资金，余款在工程验收合格后由 A公司一次性付清；B公司在 2001 年 12 月 20 前交楼；工程保修期为 3 年。

合同签订后，A公司依约将有关图纸、资料交给了 B公司，用水问题也得到了解决，但直至 11 月 20 日，A公司仍未能解决工地用电问题，导致 B公司被迫停工，造成了近 5 万元的损失。2001 年 12 月，工程主体建筑基本完工。由于开工前延误工期，为了尽早交楼，B公司经 A公司同意，将工程的室内工程转包给 C公司，C公司又将该工程中的门窗安装工程分包给了 D公司。A公司在工程验收时发现，该室内装修工程质量和门窗安装质量均没有达到合同约定的标准，因此 A公司要求扣除 B公司工程款 50 万元，双方发生纠纷，A公司以 B公司违约为由向人民法院提起诉讼。

【问题】

1. 对 B公司的损失，A公司是否应承担赔偿责任？为什么？

2. B公司的转包行为是否有效？

3. C公司的分包行为是否有效？

4. 室内工程不合格，谁应当向 A公司承担赔偿责任？

5. 对于不合格的室内工程，A公司可以采取哪些措施？

6. 如果工程验收合格后，A公司经催告仍不按约定支付工程款，B公司可以怎么做？

7. 若大楼使用 10 年后，因工程质量问题导致部分楼体坍塌，给 A公司造成重大损失。对此，B公司是否应当承担赔偿责任？

【案例评析】

1.《合同法》第 283 条规定："发包人未按约定时间和要求提供原材料、设备、场地、技术资料的，承包人可以顺延工程日期，并有权要求赔偿停工、窝工等损失"。

2.《合同法》第 272 条第 2 款规定："总承包人或者勘察、设计、施工承包人经发包人同意，可以将自己承包的部分工作交由第三人完成"。B公司将部分工程分包给 C公司经过了 A公司的同意，所以 B公司的转包行为有效。

3.《合同法》第 272 条第 3 款规定："禁止分包单位将其承包的工程再分包"。C公司已经是分包单位了，所以 C公司的分包行为无效。

4.《合同法》第 272 条第 2 款规定："总承包人或者勘察、设计、施工承包人经发包人同意，可以将自己承包的部分工作交由第三人完成。第三人就其完成的工作成果与总承包人或者勘察、设计、施工承包人向发包人承担连带责任"。所以 B公司和 C公司向 A公司承担连带责任。

5.《合同法》第 281 条规定："因施工人的原因致使建设工程质量不符合约定的，发包人有权要求施工人在合理期限内无偿修理或者返工、改建，经无偿修理或者返工、改建后造成逾期交付的，施工人应当承担违约责任"。

6.《合同法》第 286 条规定：发包人逾期不支付价款的协议将该工程折价，也可以申请人民法院将该工程依法拍卖，并就该工程折价或者拍卖的价款优先受偿。

7.《合同法》第 282 条规定："因承包人的原因致使建设工程在合理的使用期限内造

成人身和财产损害的，承包人应当承担损害赔偿责任"。楼房的使用年限一般是70年，题中10年属合理使用年限。

8. 结论：

A公司应当承担赔偿责任。依据法律规定，发包人未按约定时间和要求提供原材料、设备、场地、技术资料的，承包人可以顺延工程日期，并有权要求赔偿停工、窝工等损失。

B公司的转包行为有效。

C公司的分包行为无效。

应当由B公司和C公司向A公司承担连带责任。

A公司有权要求B公司和C公司无偿修理或者返工、改建，因修理等超过合同约定的期限的，A公司有权要求B公司和C公司承担违约责任。

B公司可以与A公司协议将该工程折价，也可以申请人民法院将该工程依法拍卖，并就该工程折价或者拍卖的价款优先受偿。

B公司应当承担赔偿责任。

案例9-2

【案情简介】

原告：某市房地产开发有限公司

被告：某市沥青有限责任公司

原、被告于1999年6月16日和2000年11月1日先后签订了《住宅楼委托建设合同书》及补充规定之一、之二。被告未按合同规定履行付款义务，原告于2001年5月31日、6月4日、6月21日三次通知被告履行义务，并提出解除合同，被告既不付款，又不接受解除合同通知。为此，原告诉请法院依法解除委托建设合同及补充协议之一、之二；并判令被告承担赔偿金623200元。

被告沥青公司辩称，①原告未按期施工。我公司于1999年11月、12月已向原告付款30万元，而原告直到2000年9月18日仍未开工。②我公司基本履行了付款义务。我公司于1999年11月、12月付款30万元，2000年11月、12月又付款24万元，即使我方再付款，原告因资料不全，也难以全面履行合同。③原告称向我方发出三份通知不属实。6月21日的通知我们不知道，6月4日是双方签订的补充协议，并非单方通知。④原告未按约定竣工，应承担逾期竣工的违约责任。⑤原告未按约定将后三栋楼的施工许可证交给我公司，也应承担违约责任。

法院审理后认为，原、被告双方当事人的《住宅楼委托建设合同书》及补充规定之一、之二和"关于明月小区二组团15号、16号、17号楼建设的补充协议"都是在自愿、合法的基础上签订的，三份补充协议都是对《住宅楼委托建设合同书》的修订，均应当认定为有效合同。当事人订立和履行合同，应当遵循诚实信用原则，本案双方当事人在合同订立后，又先后三次对付款日期和工期进行修订，被告均未按照约定履行义务，已构成迟延履行主要债务，在原告发函催告其履行债务后，被告在两个月的时间内仍未履行其付款的义务，原告诉请解除合同，经调解无效，应当准予解除。原告主张被告支付赔偿金，但并未提供任何证据证明其由于被告违约而产生的经济损失数额，该项请求不予支持。最终判决如下：

1. 解除原告某市房地产开发有限公司与被告某市沥青有限责任公司签订的《住宅楼委托建设合同书》及相关的补充协议。

2. 原告某市房地产开发有限公司在本判决生效后七日内，退还被告某市沥青有限责任公司已支付的款项 54 万元。

【案例评析】

1. 这是一起典型的发包人未按合同约定支付工程款，在承包人催告的合理期限内仍未履行付款义务，依法解除合同的案例。

2.《最高人民法院关于审理建设工程施工合同纠纷案件适用法律问题的解释》第九条规定："发包人具有下列情形之一，致使承包人无法施工，且在催告的合理期限内仍未履行相应义务，承包人请求解除建设工程施工合同的，应予支持：

（1）未按约定支付工程价款的；

（2）提供的主要建筑材料、建筑构配件和设备不符合强制性标准的；

（3）不履行合同约定的协助义务的。"

3. 最高院的本条规定，对承包人解除建设工程施工合同提出了严格的前提条件：

（1）发包人的行为致使承包人无法施工；

（2）承包人催告发包人后，在合理期内，发包人仍未履行义务。

虽然在实践中，承包人行使合同解除权的并不多，但承包人在履行合同的过程中一定要注意收集发包人的违约证据，并妥善保管，一旦合同的履行对其没有任何意义时，可依法提出解除合同的请求，防患于未然。

复 习 思 考 题

1. 什么是建设工程合同？有何特征？

2. 建设工程合同的种类分别是哪几种？

3. 建设工程勘察、设计合同主要内容是什么？

4. 建设工程勘察、设计合同的订立、履行的基本内容是什么？

5. 建设工程勘察、设计合同的变更和解除及违约责任如何处理？

6. 建设监理合同的概念是什么？其当事人的权利义务有哪些？

7. 建设工程施工合同的类型有哪些？

8.《建设工程施工合同（示范文本）》关于工程分包有哪些条款规定？

9. 建设工程其他相关合同有哪些？各自主要内容有哪些？

教学单元 10　建设工程施工索赔

本单元主要介绍建设工程中索赔的概念、原因与分类；索赔的依据与程序；索赔的计算；索赔的解决方法等内容。

10.1　建设工程施工索赔概述

10.1.1　施工索赔的概念及特征

1. 施工索赔的概念

施工索赔是当事人在合同实施过程中，根据法律、合同规定及惯例，对不应由自己承担责任的情况造成的损失，向合同另一方当事人提出给予赔偿或补偿要求的行为。在工程建设的各阶段，都有可能发生索赔，但在施工阶段索赔发生较多。

2. 索赔的特征

（1）索赔是双向的

在工程建设当中，不仅承包人可以向发包人索赔，发包人同样也可以向承包人索赔。由于实践中发包人向承包人索赔发生的频率相对较低，而且在索赔处理中，发包人始终处于主动和有利地位，对于承包人的违约行为他可以直接从应付的工程款扣抵、扣留保留金或通过履约保函向银行索赔来实现自己的索赔要求。因此，工程实践中大量发生的索赔，主要是承包人向发包人的索赔。

（2）只有实际发生了经济损失或权利损害，一方才能向对方索赔

经济损失是指因对方因素造成合同外的额外支出，如人工费、材料费、施工机械使用费、现场管理费等额外开支；权利损害是指虽然没有经济上的损失，但造成了一方权利上的损害，如由于恶劣气候条件对工程进度的不利影响，承包人有权要求工期延长等。因此发生了实际的经济损失或权利损害，应是一方提出索赔的基本前提条件。例如发包人未及时交付施工图纸，对承包人的工程进度造成不利的影响，承包人有权要求工期延长；如果是不可抗力造成的承包人工程延误，承包人只能要求工期延长，不得要求经济补偿。

（3）索赔是一种未经对方确认的单方行为

索赔是一种单方行为，对对方尚未形成约束力，这种索赔要求能否得到实现，必须要通过确认（如双方协商、谈判、调解或仲裁、诉讼）后才能实现。

10.1.2　索赔的原因与分类

1. 索赔的原因

（1）合同风险分担不均

建设工程合同的风险应由双方共同承担，但是由于受"买方市场"规律的制约，合同风险主要落在承包人一方。作为补偿，法律允许它通过索赔来减少风险，所以以经验的承包人在签订建设工程承包合同之前就设定好自己的索赔权利，一旦发生索赔事件，就可根

据合同的约定提出索赔。

（2）工程项目的特殊性

现代工程规模大、技术性强、投资额大、工期长、材料设备价格变化快、综合性强、风险大，工程项目在实施过程中存在许多不确定变化因素，合同的签订是在工程开工之前，它不可能对工程项目所有的问题都能做出合理的预见和规定，这一切使得合同变更将较为频繁，必然导致项目工期和成本的变化。

（3）施工条件的变化

建设工程露天作业，受自然环境影响很大。有些由于发包人所提供的勘察资料不完全准确，如出现地质状况与设计采用的不符，或出现气候、地下水、地下文物遗址及一些人为的设计变更都会导致工期的延长和费用的增加，也会出现索赔。

（4）工程项目内外部环境的复杂性和多变性

工程项目的技术环境、经济环境、社会环境、法律环境的变化等在工程实施过程中经常发生，使得工程的计划实施过程与实际情况不一致，这些因素也会导致工程工期和费用的变化引起索赔。

（5）合同缺陷

建设工程合同文件多且复杂，经常会出现措辞不当、合同约定不清、合同文件中出现错误、矛盾、遗漏的情况，承包人应按业主或监理工程师的解释执行，但可对因此而增加的费用和工期提出索赔。

（6）发包人违约

当发包人未按合同约定提供施工条件及按时支付工程款，监理人未按规定时间提交施工图纸、指令及批复意见等违约行为发生时，承包人即可提出索赔。

（7）其他

其他包括不可抗力的发生、因发包人的原因造成的暂停施工或终止合同等，都可作为索赔的起因。

2. 索赔的分类

（1）按索赔的合同依据分类

1）合同中明示的索赔

合同中明示的索赔是指承包人提出的索赔要求，在该工程项目的合同文件中有文字依据，承包人可据此提出索赔要求，并取得经济补偿。这些在合同文件中有文字规定的合同条款，称为明示条款。

2）合同中默示的索赔

合同中默示的索赔，即承包人提出的该项索赔要求，虽然在该工程项目的合同条款中没有专门的文字叙述，但可以根据该合同的某些条款含义，推论出承包人有索赔权。这种索赔要求，同样有法律效力，有权得到相应的经济补偿。这种有经济补偿含义的条款，在合同管理工作中被称为"默示条款"或称为"隐含条款"。

（2）按索赔目的分类

1）工期索赔

由于非承包人责任的原因而导致施工进度延误，要求批准顺延合同工期的索赔，称之为工期索赔。一旦获得批准合同工期顺延后，承包人不仅免除了承担拖延工期违约赔偿的风险，而且可能提前竣工得到奖励。

2）费用索赔

费用索赔的目的是要求经济补偿。当施工的客观条件改变导致承包人增加开支，承包人要求对超出计划成本的附加开支给予补偿，以挽回不应由它承担的经济损失。

（3）按索赔事件的性质分类

1）工程延误索赔

因发包人未按合同要求提供施工条件（如设计图纸、施工现场、道路等）或因发包人指令工程暂停或不可抗力事件等原因造成工期拖延的，承包人对此提出的索赔。

2）工程变更索赔

由于发包人或监理人指令增加或减少工程量或增加附加工程、修改设计、变更工程顺序等，造成工期延长和费用增加，承包人对此提出的索赔。

3）合同被迫终止的索赔

由于发包人或承包人违约以及不可抗力事件等原因造成合同非正常终止，无责任的受害方因其蒙受经济损失而向对方提出的索赔。

4）工程加速索赔

由于发包人或监理人指令承包人加快施工速度、缩短工期，引起承包人的人、财、物的额外开支而提出的索赔。

5）意外风险和不可预见因素索赔

在工程施工过程中，因人力不可抗拒的自然灾害、特殊风险以及一个有经验的承包人通常不能合理预见的不利施工条件和外界障碍（如地下水、地质断层、溶洞、地下障碍物等）引起的索赔。

6）其他索赔

因货币贬值、汇率变化、物价、工资上涨、政策法令变化等原因引起的索赔。

10.2 索赔的依据与程序

10.2.1 索赔的依据

索赔事件发生时，要求索赔的一方一定要有充分的索赔依据才能得到另一方给予的赔偿。一般索赔的依据包括以下几方面：

1. 合同和合同文件

工程承包合同是承包人与发包人之间确立的，承包人完成约定的工程项目、发包人支付价款与酬金的协议。在合同中，只有当事人双方所接受的写入合同文件中的条款才能作为索赔的依据。

2. 合同文件和有关资料

施工图纸、技术规范等属于合同文件的内容。有些资料虽不属于合同文件，但它是工程施工中索赔的依据，较常见的有下列几类：

（1）施工前与施工过程中编制的施工进度计划；

（2）每周的施工计划和每日的各项施工记录；

（3）会议纪要：重要事件应根据会议内容写成会议纪要，由双方签字确认；

（4）由承包人提出的各项施工备忘录；

（5）由监理人检查签字批准的各类工程检查记录和竣工验收报告；

（6）来往信函；

（7）各类财物单据（工程单据、发票、收据）；

（8）施工录像和照相资料；

（9）施工现场气象资料；

（10）市场行情资料；

（11）其他资料（如会计核算资料等）。

3. 前期索赔文件

前期索赔主要是研究和解决在招标过程中，投标人在投标后至签订承包合同前所发生的索赔问题。包括如下两个方面：

（1）由于建筑市场规律，发包人在投标人确定之后可能会提出超出原招标文件范围的要求，或增加不合理的合同条款，使双方无法签订或延期签订工程承包合同，给中标方造成经济损失。

（2）投标人在投标有效期内可能要求撤销投标，或提出严重背离招标文件的要求，拒签合同，单方毁标给招标方造成损失。

以上这两种情况都会构成前期索赔，与之有关的招标与投标文件、投标保证、与招标有关的法律都为前期索赔的依据。

4. 法律法规

与建设工程有关的法律除了建筑法外，还有土地管理法、公司法、劳动法、环境保护法等，这些法律法规都会直接影响工程承包活动，当事人双方如违背了这些法律法规，或在某一规定的某一日期之后发生的法律法规变更时，均可引起索赔。

10. 2. 2　索赔的程序

在工程建设过程中索赔的事件常有发生，有承包人索赔，也有发包人索赔，无论哪种索赔都必须有一定的程序。

1. 承包人的索赔

（1）承包人索赔的提出

根据合同约定，承包人认为有权得到追加付款和（或）延长工期的，应按以下程序向发包人提出索赔：

1）发出索赔意向

承包人应在知道或应当知道索赔事件发生后 28 天内，向监理人递交索赔意向通知书，并说明发生索赔事件的事由。承包人未在前述 28 天内发出索赔意向通知书的，丧失要求追加付款和（或）延长工期的权利。

2）递交索赔报告

承包人应在发出索赔意向通知书后 28 天内，向监理人正式递交索赔报告。索赔报告应详细说明索赔理由以及要求追加的付款金额和（或）延长的工期，并附必要的记录和证明材料。

索赔事件具有连续影响的，承包人应按合理时间间隔继续递交延续索赔通知，说明连续影响的实际情况和记录，列出累计的追加付款金额和（或）工期延长天数。

在索赔事件影响结束后的 28 天内，承包人应向监理人递交最终索赔报告，说明最终要求索赔的追加付款金额和（或）延长的工期，并附必要的记录和证明材料。

（2）监理人索赔处理程序

1）监理人应在收到索赔报告后 14 天内完成审查并报送发包人。监理人对索赔报告存在异议的，有权要求承包人提交全部原始记录副本。

2）发包人应在监理人收到索赔报告或有关索赔的进一步证明材料后的 28 天内，由监理人向承包人出具经发包人签认的索赔处理结果。发包人逾期答复的，则视为认可承包人的索赔要求。

3）承包人接受索赔处理结果的，索赔款项在当期进度款中进行支付；承包人不接受索赔处理结果的，按照争议解决的约定处理。

2. 发包人的索赔

《建筑工程施工合同（示范文本）》规定：承包人未能按合同约定履行自己的各项义务或发生错误而给发包人造成损失时，发包人也应按合同向承包人提出索赔。

（1）工期延误索赔

在项目施工过程中由于多方面的原因，往往是竣工日期拖后，影响到发包人对该工程的使用，给发包人带来经济损失，发包人有权向承包人索赔，即承包人要支付误期损害赔偿费，但前提条件是工期延误的责任属于承包人的原因。一般要考虑的因素：

1）发包人盈利损失；

2）由于工期拖延而引起的贷款利息增加；

3）工期拖延带来的附加监理费；

4）由于工期拖延而不能使用，继续租用原建筑或租用其他建筑物的租赁费。

一般按每延误 1 天赔偿一定的款额计算，累计赔偿额一般不超过合同总额的 5%～10%。

（2）质量不满足合同要求索赔

当承包人的施工质量不符合合同要求，或使用的设备和材料不符合合同规定，或在责任缺陷期未满以前未完成应该负责修补的工程时，发包人有权向承包人追究责任，要求补偿所受的经济损失。

（3）承包人不履行的保险费用索赔

如果承包人未能按照合同条款指定的项目投保，并保证保险有效，发包人可以投保并保证保险有效，发包人所支付的必要的保险费可在应付给承包人的款项中扣回。

（4）对超额利润的索赔

如果工程量增加很多，使承包人预期的收入增大，因工程量增加承包人并不增加任何成本，合同价应由双方讨论调整，收回部分超额利润。

（5）对指定分包人的付款索赔

在承包人未能提供已向指定分包人付款的合理证明时，发包人可直接按照规定，将承包人未付给指定分包人的所有款项（扣除保留金）付给指定分包人，并从应付给承包人的任何款项中如数扣回。

（6）发包人合理终止合同或承包人不正当地放弃工程的索赔

如果发包人合理地终止承包人的承包，或者承包人不合理放弃工程，则发包人有权从承包人手中收回由新的承包人完成工程所需要的工程款与原合同未付部分的差额。

3. 索赔报告的内容

一个完整的索赔报告应包括以下 4 个部分。

（1）总论部分

一般包括以下内容：序言；索赔事项概述；具体索赔要求；索赔报告编写及审核人员名单。

（2）根据部分

本部分主要是说明自己具有的索赔权利，这是索赔能否成立的关键。根据部分的内容主要来自该工程项目的合同文件，并参照有关法律规定。该部分中施工单位应引用合同中的具体条款，说明自己理应获得经济补偿或工期延长。

（3）计算部分

索赔计算的目的，是以具体的计算方法和计算过程，说明自己应得经济补偿的款额或延长时间。如果说根据部分的任务是解决索赔能否成立，则计算部分的任务就是决定应得到多少索赔款额和工期。

（4）证据部分

证据部分包括该索赔事件所涉及的一切证据资料，以及对这些证据的说明，证据是索赔报告的重要组成部分，没有翔实可靠的证据，索赔是不能成功的。在引用证据时，要注意该证据的效力或可信程度。为此，对重要的证据资料最好附以文字证明或确认件。

10.3 索 赔 的 计 算

10.3.1 工期索赔的计算

工期索赔的计算依据施工进度计划中的网络图，落实要求索赔工期的工作是否为关键工作，是否影响工期。工期索赔的计算方法主要有网络图分析法和比例计算法两种。

1. 网络图分析法

网络图分析法是利用进度计划的网络图，分析其关键线路。

（1）如果延误的工作为关键工作，则总延误的时间为批准顺延的工期；

（2）如果延误的工作为非关键工作，当该工作由于延误超过时差限制而成为关键工作时，延顺的工期应为延误时间与时差的差值；

（3）若该工作延误后仍为非关键工作，则不存在工期索赔问题。

2. 比例计算法

比例计算法简单方便，但有时不尽符合实际情况，比例计算法不适用于变更施工顺序、加速施工、删减工程量等事件的索赔。

（1）已知部分工程的延期的时间：

$$工期索赔值 = \frac{受干扰部分工程的合同价 \times 受干扰部分工期拖延时间}{原合同总价}$$

（2）已知额外增加工程量的价格

$$工期索赔值 = \frac{额外增加的工程量的价格 \times 原合同总工期}{原合同总价}$$

10.3.2 费用索赔计算

1. 索赔费用的组成

索赔费用的内容与工程造价的构成基本类似，一般可归结为人工费、材料费、施工机械使用费、现场管理费、总部（企业）管理费、保险费、保函手续费、利息、分包费用等。

（1）人工费

人工费包括：施工人员的基本工资、工资性质的津贴、加班费、奖金以及法定的安全福利等费用。对于索赔费用中的人工费部分而言，人工费是指完成合同之外的额外工作所花费的人工费；由于非承包人责任的功效降低所增加的人工费用；超过法定时间加班劳动；法定人工费增长以及非承包人责任的工程延误导致的人员窝工费和工资上涨费等。在计算停工损失中的人工费时，通常采用人工单价乘以折算系数计算。

（2）材料费

材料费的索赔包括：由于索赔事项造成材料实际用量超过计划用量而增加的材料费；由于客观原因材料价格大幅度上涨；由于非承包人责任工程延误导致的材料价格上涨和超期储存费用。材料费中应包括运输费、仓储费以及合理的损耗费用。如果由于承包人管理不善，造成材料损坏失效，则不能列入索赔计价。

（3）施工机械使用费

施工机械使用费的索赔包括：由于完成合同之外的额外工作所增加的施工机械使用费；非承包人责任工效降低所增加的施工机械使用费；由于业主或工程师原因导致机械停工的停滞。在计算机械设备台班停滞费时，不能按机械设备台班费计算，因为台班费中包括设备使用费。如果机械设备是承包人自有设备，一般按台班折旧费计算；如果是承包人租赁设备，一般按台班租金加上每台班分摊的施工机械进退场费用计算。

（4）现场管理费

索赔款中的现场管理费是指承包人完成额外工程、索赔事项工作以及工期延长期间的工地管理费，包括管理人员的工资、办公费、交通费等。但如果对部分工人窝工索赔时，因其他工程仍进行，可能不予计算现场管理费索赔。现场管理费索赔金额的计算公式为：

现场管理费索赔金额＝索赔的直接成本费用×现场管理费率

其中，现场管理费率的确定可以选择下面的方法：

1）合同百分比法，即管理费比率在合同中规定。

2）行业平均水平法，即采用公开认可的行业标准费率。

3）原始估价法，即采用投标报价时确定的费率。

4）历史数据法，即采用以往相似工程的管理费费率。

（5）总部（企业）管理费

总部管理费包括：索赔款中的总部管理费主要指的是由于发包人原因导致工程延误期间所增加的承包人向公司总部提交的管理费，包括总部职工工资、办公大楼折旧、办公用品、财务管理、通信设施以及总部领导人员赴工地检查指导工作等开支。总部管理费索赔金额的计算目前没有统一方法，通常有以下几种：

1）按照投标书中总部管理费的比例（3%～8%）计算

总部管理费＝合同中总部管理费比率（%）×（直接费索赔款额 ＋现场管理费索赔

款额等）

2）按公司总部统一规定的管理费比率计算

总部管理费＝公司管理费比率（％）×（直接费索赔款额＋工地管理费索赔款额等）

3）以工程延期的总天数为基础，计算总部管理费的索赔款额，计算步骤如下：

$$对某一工程提取的管理费＝\frac{同期内公司的总管理费×该工程的合同额}{同期内公司的总合同额}$$

$$该工程的每日管理费＝\frac{该工程向总部上交的管理费}{合同实际天数}$$

$$索赔的总部管理费＝该工程的每日管理费×工程延期的天数$$

（6）保险费

因发包人原因导致工程延期时，承包人必须办理工程保险、施工人员意外伤害保险等各项保险的延期手续，对于由此而增加的费用，承包人可以提出索赔。

（7）保函手续费

因发包人原因导致工期延期时，承包人必须办理相关履约保函的延期手续，对于由此而增加的手续费，承包人可以提出索赔。

（8）利息

在索赔额的计算中经常包括利息。利息的索赔经常发生下列情况：

1）拖期付款的利息；

2）由于工程变更和工程延期增加投资的利息；

3）索赔款的利息；

4）错误扣款的利息。

这些利息的具体利率在实践中可采用不同的标准，主要有以下几种：

1）按当时的银行贷款利率；

2）按当时的银行透支利率；

3）按合同双方协议的利率；

4）按中央银行贴现率加三个百分点。

（9）利润

一般来说，由于工程范围的变更，文件有缺陷或技术性错误、发包人未能提供现场等原因引起的索赔，承包人可列入利润。索赔的利润计算通常是与原报价单中的利润百分比率保持一致，即在成本的基础上，增加原报价单中的利润率，作为该项索赔款的利润额。

（10）分包费用

由于发包人的原因导致分包工程费用增加时，分包人只能向总承包人提出索赔，但分包人的索赔款项应当列入总承包人对发包人的索赔款项中。分包费用索赔是指分包人的索赔费用，一般也包括与上述费用类似的索赔内容。

2. 索赔费用的计算

（1）实际费用法

实际费用法的计算原则是，以承包人某项索赔工作所支付的实际开支为依据，向业主要求费用补偿。用此方法计算时，在直接费的额外费用部分的基础上，再加上应得的间接费和利润，即为承包人应得的索赔金额。

（2）总费用法

总费用法也成为总成本法，即当多次索赔事件后，重新计算该工程的实际总费用，实际总费用减去投标报价时的估算总费用即为索赔金额，其公式表达：

$$索赔金额＝实际总费用－投标报价估算总费用$$

（3）修正的总费用法

修正的总费用法是对总费用法的改进，即在总费用法的基础上，去掉一些不合理的因素，使其合理。其修正的内容如下：

1）将计算索赔款的时间段局限于受到外界影响的时间，而不是整个工期；

2）只计算受到外界影响时段内的所受影响某项工作的损失，而不是计算时段内所有施工工作所受的损失；

3）与该项工作无关的费用不列入总费用中；

4）对投标报价费用重新进行核算：按受到外界影响时段内的该项工作的实际单价进行核算，乘以实际完成的该项工作的工程量，得出调整后的报价费用。

按修正的总费用法计算索赔金额的公式：

$$索赔金额＝某项工作调整后的实际总费用－该项工作的报价费用$$

10.4 索 赔 的 解 决

10.4.1 索赔的解决方法

工程建设当中索赔的事件是常发生的，它是在建设工程合同实施过程中，当事人一方因对方违约或非自身的原因而遭到的损失，向对方提出赔偿的要求。

在索赔的事件中有承包人向发包人提出索赔，有发包人向承包人提出索赔。常发生的是承包人向发包人提出索赔，所以习惯把发包人向承包人提出索赔称之为"反索赔"。无论索赔还是反索赔其解决索赔的方法一般有以下四种：

1. 合同条款解决索赔

双方通过所签订的合同条款来解决索赔，即发生索赔事件根据双方事先签订的合同中规定的方法解决索赔事件。

2. 双方协商解决索赔

当合同中没有明确规定解决的方法时则双方通过协商达到互谅互让的解决方案来处理索赔事件。

3. 行政司法解决索赔

当合同中没有明确规定解决索赔的方法及双方通过协商无法解决索赔时，则采用提交仲裁的方法解决索赔事件。

4. 专门司法解决索赔

当前三种方法都不能解决索赔事件时，则采用专门司法解决索赔事件。

10.4.2 监理人对索赔的管理

监理人是受发包人的委托，对建设项目在质量、投资、进度方面进行控制，以达到承包合同所确定的目标。监理人在监理过程中要遵循依法监理的原则、科学公正的原则、参照国际惯例的原则。

尤其在索赔事件的处理和解决过程中，监理人是核心。监理人有处理索赔问题的权力，且在索赔问题提交仲裁和诉讼过程中作为见证人提供证据。

1. 监理人对索赔的管理任务

（1）预测和分析导致索赔的原因和可能性

在施工合同的执行过程中，监理人受发包人的委托是对工程项目质量、投资、进度进行管理的管理者，承担了大量的技术、组织和管理工作。如果在这些工作中出现疏漏，对承包人的施工造成干扰产生索赔，则承包人就会提出索赔。所以监理人在工作中应能预测自己行为的后果，堵塞漏洞避免索赔事件的发生。监理人在发布指示和决定时一定要注意到正确性、完备性、严密性。

（2）加强有效的合同管理减少索赔事件发生

监理人应对合同的实施进行有力的控制，这也是监理人的主要工作。通过对合同的监督和跟踪，不仅可以及早地发现干扰事件且及早采取措施降低干扰事件的影响，减少双方损失，还可以及早了解情况，为合理地解决索赔提供条件。

（3）公平合理的处理和解决索赔

合理地解决索赔是指承包人既得到按合同规定的合理补偿，而又不使发包人投资失控，合同双方都对索赔解决结果满意，继续保持友好的合作关系。合理地解决索赔不仅符合监理人的工作目标，而且符合工程总目标。

2. 监理人对索赔的管理原则

（1）公平合理地处理索赔

监理人是施工管理的核心，要以科学公正的态度处理索赔事件，以没有偏见的方式解释和履行合同，独立做出判断，行使自己的权利。

（2）及时做出决定和处理索赔

在施工过程中，监理人必须及时地行使权利，做出决定。

（3）尽可能通过协商达成一致

监理人在处理和解决索赔问题时，应及时地与发包人和承包人沟通，保持经常性的联系。在做出决定，特别是做出价格、确定工期和费用补偿决定前，应充分地与合同双方协商，最好达成一致、取得共识，这是避免索赔争议的最有效办法。

（4）诚实守信

发包人对监理人充分信任，承包人期望监理人公平执业，所以监理人要始终做到诚实守信。

3. 监理人对索赔的审查

（1）审查索赔的证据

监理人对索赔审查时，首先判断承包人的索赔要求是否有理、有据，承包人可提供施工文件和有关资料等证据材料。

（2）审查工期顺延要求

1）对索赔报告中要求顺延的工期，在审核中要注意以下几点：

① 划清施工进度拖延的责任。因承包人的原因造成施工进度滞后，属于不可原谅的延期；只有承包人不承担任何责任的延误，才是可原谅的延期。可原谅的延期又分为给补偿费用的延期和不给补偿费用的延期，后者是指非承包人的影响并未导致施工成本的额外

支出。

② 被延误的工作应该是处于施工进度计划关键线路上的施工内容。只有在关键线路上的工作才能影响竣工日期。但也要注意，既要看工作是否在关键线路上，又要仔细分析这一延误对后续工作的影响，因为对非关键工作影响时间太长，也会使非关键线路变为关键线路，导致工期拖延。

③ 无权要求承包人缩短合同工期。监理人有权指示承包人删减掉某些合同内的工作内容，但不能要求承包人缩短合同工期。

2) 审查工期索赔计算

工期索赔计算主要有网络图分析和比例计算法。

（3）审查费用索赔要求

1) 承包人可索赔的费用

① 人工费。包括增加工作内容的人工费、停工损失费、工作效率降低的损失费等累计，但不能简单地用计日工计算。

② 设备费。可采用机械台班费、机械折旧费、设备租赁费等几种形式。

③ 材料费。

④ 保函手续费。工程延误时，保函手续费相应增加，反之减少。

⑤ 贷款利息。

⑥ 保险费。

⑦ 利润。

⑧ 管理费。分为现场管理费和公司管理费。

2) 审核索赔取费的合理性

3) 审核索赔计算的正确性

① 所采用的费率是否合理、适度。

② 正确区分停工损失与因监理人临时改变工作内容或作业方法的功效降低损失。

4. 监理人对索赔的反驳

反驳索赔仅仅指的是反驳承包人不合理索赔或者索赔中的不合理部分。反驳措施是指监理人针对一些可能发生的索赔领域，为了今后有充分的证据反驳承包人的不合理要求而采取的监督管理措施。反驳措施实际上是包括在监理人的日常监理工作中。能否有力地反驳索赔，是衡量监理人工作成效的重要尺度。

案 例 分 析

案例 10-1

【案情简介】

某分部工程时标网络计划如下图所示，施工单位与建设单位签订的施工合同中明确规定该分部工程中的①→④分项工程所用的材料由建设单位采购提供，但是由于供货商的原因使得建设单位未能按规定时间提供①→④分项工程所用的材料，使①→④分项工程开始施工的时间推后 3 天，为此施工单位向监理人提出工期延误 3 天的索赔要求。

【问题】

1. 造成①→④分项工程开始施工的时间推后 3 天的责任方是谁?

2. ①→④分项工程开始施工的时间推后 3 天是否造成该分部工程的工期延误?

3. 施工单位向监理人提出工期延误 3 天的索赔要求是否合理?

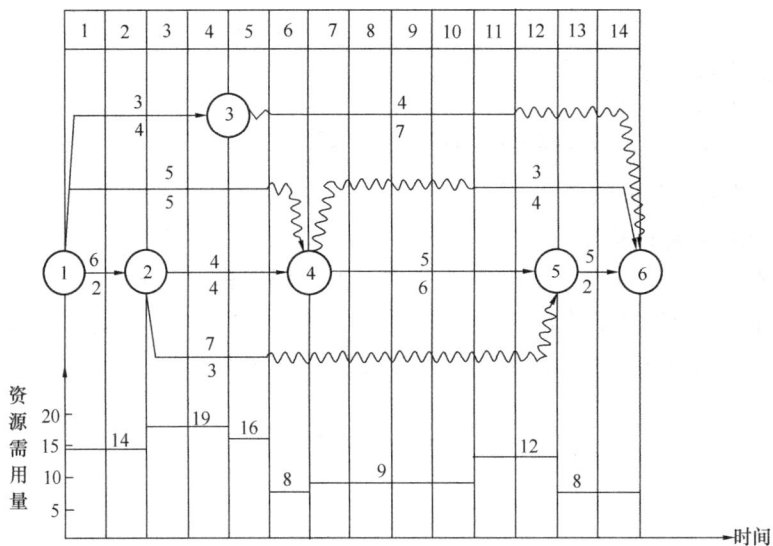

【案例评析】

1. 从该案例可知,由于建设单位没有按时提供①→④分项工程所用的材料,使得①→④分项工程开始施工的时间推后 3 天,很显然其责任方应为建设单位。

2. 从该分部工程时标网络计划可知①→④分项工程的紧后工作是④→⑤分项工程,且④→⑤分项工程在关键线路上,所以①→④分项工程的拖延会影响该分部工程的工期使其拖延。

3. 从该分部工程时标网络计划可知①→④分项工程不在关键线路上,且①→④分项工程的自由时差为 1 天,也就是说①→④分项工程有 1 天的机动时间,所以施工单位提出工期延误 3 天的索赔要求是不合理的,正确的索赔工期应为 3 天中减掉①→④分项工程的自由时差 1 天,最后索赔工期应为 2 天。

案例 10-2

【案情简介】

某工程施工为包工包料、固定总价合同。工程招标文件参考资料中提供的运砂地点距工地 4km,但开工后,检查该砂不符合要求,承包人只得从另一距工地 20km 供砂地点采购,而在一个关键工作面上又发生因几种原因造成的暂时停工:4 月 20 日~4 月 26 日承包人的施工设备出了从未出现的故障;应于 4 月 27 日交给承包人的后续图纸直到 5 月 6 日才交给承包人;5 月 7 日~5 月 12 日工地下了该季节罕见的大暴雨,造成了 5 月 11 日~5 月 14 日的该地区的供电全面中断。鉴于以上现象出现下列情况:

1. 由于供砂距离的增大,必然引起费用的增加,承包人经过仔细计算后,在发包人

188

指令下达的第 3 天，向发包人的工程师提交了将原用砂单价每吨提高 5 元人民币的索赔要求。该索赔要求是否合理？为什么？

2. 由于几种情况的暂时停工，承包人在 5 月 15 日向发包人的监理人提交了延长工期 25 天，成本损失人民币 2 万元/天（此费率已经监理人批准）和利润损失费 2 千元/天的索赔要求，共计索赔人民币 55 万元。

【问题】

1. 该索赔是否合理？如果合理，索赔款应为多少？为什么？

2. 在发包人给承包人工程款的支付中扣除竣工延期违约损失赔偿金吗？为什么？

3. 索赔成立的条件是什么？

4. 若承包人对因发包人原因造成的窝工损失，要求设备窝工按台班计算，人工的窝工按日计价是否合理？如不合理应怎样计算？

【案例评析】

1. 该索赔不合理。因为：

（1）承包人应对自己就招标文件的解释负责并考虑相关风险；

（2）承包人应对自己报价的正确性与完备性负责；

（3）材料供应情况变化是一个有经验的承包人应该预见的；

（4）批准费用 22 万元人民币，原因是：

A. 4 月 20 日～4 月 26 日属于承包人应承担的风险，不应考虑承包人的费用索赔要求。

B. 4 月 27 日～5 月 6 日假设减一天假，有效日期为 9 天，由发包人迟交图引起的，为发包人应承担的风险，但不应考虑承包人的利润。可以批准 18 万元。

C. 5 月 7 日～5 月 12 日特大暴雨属于双方共同的风险，不应考虑承包人的费用索赔要求。

D. 5 月 13 日～5 月 14 日停电属于有经验的承包人无法预见的自然条件造成，为发包人应承担的风险，但不应考虑承包人 4 万元的利润要求。

2. 不一定扣除竣工拖期违约损失赔偿金。因为工序工期的延误不等于竣工工期的延误。原因是：

（1）如果不能通过施工方案的调整将延误的工期补回，竣工延误，支付中要扣除拖期违约金。

（2）如果能通过施工方案的调整将延误的工期补回，竣工不延误，不产生拖期违约金，支付中不扣除拖期违约金。

3. 承包人的索赔要求成立必须同时具备如下四个条件：

（1）与合同相比较，已经造成了实际的额外费用或工期损失；

（2）造成费用增加或工期损失的原因不是由于承包人的过失；

（3）按合同规定，不应由承包人承担的风险；

（4）承包人在事件发生后的规定时限内提出了书面索赔的意向通知。

4. 不合理。因窝工而闲置的设备按折旧费或停置台班费或租赁费计价，不包括运转费部分；人工损失应考虑这部分工作的工人调作其他时工作效率降低的损失费用。一般用工效乘以一个测算的降效系数计算这一部分损失，而且只按成本费用计算，不包括利润。

复习思考题

1. 什么是施工索赔？
2. 为什么施工中会出现索赔？
3. 施工索赔有哪几种分类？
4. 索赔的程序有哪些步骤？
5. 监理人处理索赔应遵循哪些原则？
6. 何谓反索赔？其内容有哪些？
7. 监理人审查索赔应注意哪些问题？
8. 监理人应如何预防和减少索赔？

参 考 文 献

1. 生青杰. 工程建设法规[M]. 北京：科学出版社，2004.

2. 刘伊生. 建设工程招投标与合同管理[M]. 北京：北方交通大学出版社，2002.

3. 建设部. 建设法规教程[M]. 北京：中国建筑工业出版社，2002.

4. 中国机械工业教育协会. 建设法规与案例分析[M]. 北京：机械工业出版社，2002.

5. 史商于. 工程招投标与合同管理[M]. 北京：科学出版社，2004.

6. 叶胜川. 工程建设法规[M]. 武汉：武汉理工大学出版社，2004.

7. 程国政. 建设工程招投标与合同管理[M]. 武汉：武汉理工大学出版社，2005.

8. 中国建设监理协会. 建设工程监理相关法规文件汇编[M]. 北京：知识产权出版社，2005.

9. 任志涛. 工程招投标与合同管理[M]. 北京：电子工业出版社，2009.

10. 刘钦. 工程招投标与合同管理[M]. 北京：高等教育出版社，2003.

11. 中国建设监理协会. 建设工程合同管理[M]. 北京：知识产权出版社，2003.

12. 中国建设监理协会. 建设工程监理概论[M]. 北京：北方交通大学出版社，2003.

13. 王长永. 工程建设监理概论[M]. 北京：科学出版社，2005.

14. 黄景瑷. 土木工程施工招投标与合同管理[M]. 北京：知识产权出版社，中国水利水电出版社，2002.

15. 田恒久. 工程招投标与合同管理[M]. 北京：中国电力出版社，2004.

16. 林密. 工程项目招投标与合同管理[M]. 北京：中国建筑工业出版社，2004.

17. 苟伯让. 建筑工程工合同管理与索赔[M]. 北京：机械工业出版社，2003.

18. 本丛书编审委员会. 建筑工程施工项目招投标与合同管理[M]. 北京：机械工业出版社，2003.

19. 梁鉴. 建筑工程合同管理与案例分析[M]. 北京：中国建筑工业出版社，2004.

20. 国务院法制局，建设部. 《中华人民共和国建筑法》释义[M]. 北京：中国建筑工业出版社，1999.

21. 朱宏良. 建设法规[M]. 武汉：武汉工业大学出版社，2003.

22. 张培新. 工程建设法律基础[M]. 北京：中国建筑工业出版社，2003.

23. 中国法制出版社. 建筑法一本通[M]. 北京：中国法制出版社，2005.

24. 王天翊. 建筑合同与索赔法律事务[M]. 北京：人民法院出版社，2003.

25. 王天翊. 建筑法案例分析[M]. 北京：人民法院出版社，2003.

26. 菲迪克(FIDIC)文献译丛：施工合同条件(Conditions of Contract Construction)[M]. 中国工程咨询协会编译. 北京：机械工业出版社，2002.

27. 张能宝. 2010年国家司法考试应试指导[M]. 北京：人民出版社，2010.

28. 秦华伦. 案例分析专题例解[M]. 北京：清华大学出版社，2001.

29. 陈晓明. 工程建设法规[M]. 北京：北京理工大学出版社，2009.

30. 王锁荣. 工程建设法规[M]. 北京：高等教育出版社，2005.

31. 闫积刚. 建设法规[M]. 武汉：武汉大学出版社，2015.

32. 潘安平，肖铭. 建设法规[M]. 北京：北京大学出版社，2017.